世界主題之旅
65

澳洲

作者◎陳銘凱

打工度假聖經

U0010239

作者序

　　澳洲打工度假的這一年，對於每個經歷過的人來說，有不同的意義。流浪生活並不如你想像中的浪漫，長途旅行也沒有你所期待的自在。但這些體會，要經歷過才會明白。我並不想把打工度假說成是精神上的萬靈丹，好像去了一趟就能改變人生，尋找到自己的方向什麼的，那太濫情了。甚至認真的說，每當被人問起「去了澳洲你到底得到什麼？」這樣的經典問句時，我和一些曾去過澳洲的台灣朋友都沒辦法答得上來，頂多擠出一句「英文變好了」。可是我們也都明白，在那樣長時間變動不居的生活裡，內在確實有了一些改變。

　　會寫這本書，是希望能幫助更多的台灣青年到國外去生活。在國外生活，你會發現一些「原來也沒有什麼了不起」的事，也會發現一些「以前怎麼都沒想過」的事。而且更棒的是，你可能會發現以前沒發現的自己。如果你發現自己原來是可以更有自信的，那恭喜你，繼續加油！如果你發現自己原來有著許多缺點，那也恭喜你，因為現在就是一個改變的契機！

　　除非你最後選擇移民，不然你終究會回到台灣。長途旅行會讓人產生質變，當質變的人越來越多，而他們回到台灣之後，這個社會就有了更多不同的可能性。期許台灣能成為一個更有自信，更能深刻思考的國家。

　　在此感謝家銘、李青蛙、神童朱艾咪、Humorghost、Rita、Neo、Ken、Fion、油麵、Fiona、蝦輪、Elin、惠婷、Olivia、Roy、倒楣達人振華、貝貝、淑馨、謝政秀、陳小豬(依認識順序)。

關於作者　陳銘凱

　　熱愛故鄉的台南人。原本是個喜歡捉弄小朋友的小學老師，曾在台東海邊和南投山裡的原住民部落各服務過一年。後來流浪到台北，誤入歧途進了媒體業，開始拍片剪片的生活，喜歡做一些怪趣的片子。

　　在澳洲打工的時候，某天突然覺得應該要對社會有一些貢獻，因此發願寫了這本書，希望能幫更多人到澳洲走走。

修訂作者序

「媽，我已經買好機票，辦好簽證……我要去澳洲打工度假！」還記得，我媽當下傻眼的表情，面對先斬後奏的女兒，她只能無奈接受這個事實。也有很多人告訴我「去澳洲很難存錢」、「幹嘛去澳洲當台勞」、「世界上最兇猛的動物和最毒的植物都在澳洲喔……很危險的，妳確定要去嗎？」可是當時的我，已經毅然決然要出走，再多質疑的聲音都無法阻攔我。

以前我從來沒有自己出國過，一直很嚮往有一天能走出台灣，體驗不同國家的人文風情。直到出社會，遇到一個從美國遊學回來的同事，當時聽她分享美國的種種，真是有趣極了，埋在我心中的種子才破殼而出，再也抑制不住出走的衝動。我也想試著走出別人的期許，讓人生之船航向更遼闊的世界，雖然當時對這個世界充滿未知，但是我願意摸黑前行。

澳洲有這麼美好嗎？竟然可以一待6年！澳洲是個多元文化的移民大國，在這裡能夠拓展更寬闊的國際視野；同時，澳洲的合法工資十分優渥，只要有正常工作就能擁有不錯的生活質量。只不過，也會因為人生地不熟，而遇到數不清的挫折，看本書有多厚就知道來澳洲要注意的眉角有多少。因此，謝謝本書作者和大雅出版社，讓我有機會在離開澳洲以前，分享自己6年的澳洲生活經驗，協助這本書繼續發揮它的力量，幫助更多想來澳洲的人。

這段漫長的旅程，我很幸運地誤打誤撞熬過來了，現在我想將這份幸運分享給你，讓你有勇氣踏出台灣，創造屬於你獨一無二的澳洲故事。

關於修訂作者 一瓶 Irene Ü

一個在台中出生、台北長大的女子，畢業於國立臺北商業大學，出社會沒多久就到澳洲闖蕩，當了六年多的漂流瓶，去過伯斯、阿得雷德、墨爾本、雪梨，以及布里斯本，中途跑去紐西蘭自駕旅行一個月。

曾弄丟小時候的相片，因此特別熱愛攝影和用文字紀錄生活，希望老了以後，回憶是有畫面的，而不會隨著記憶流逝。在澳洲受到很多人的幫助，期許能夠盡自己的棉薄之力，繼續幫助更多想來澳洲的人。

 一瓶 Irene Ü 　　 @ireneu422 　　@ireneu422

目錄 Contents

行前先修班

Part 1：赴澳前期準備

在地生活諮詢

Part 2：澳洲生活技能

工作順手撇步

澳洲工作機會聯絡簿

介紹各州州府與二級城市的仲介和工作旅舍聯絡方式。

如何使用本書
How to use

恭喜勇敢的你決定開始這趟旅程，就讓本書陪你走闖澳洲天涯吧！從行前準備、到落地後的食衣住行、找工作……千變萬化的課題無所不包，不只兼顧你的生活，還搞定你的工作。畢竟賺得飽才能玩得爽；生活有訣竅，才有時間享受快樂時光。以下7大貼心設計，讓你適應澳洲生活更省時省力、不走冤枉路；除了荷包滿滿，打工度假過程更健康平安，請各位安心服用。

① Step by Step教學

書中設計4種流程教學，步驟全都錄。各種表格、申請流程均有詳細的圖文對照。

表格文字說明，即使看不懂英文也能輕鬆填完表格

就連機器設備操作都有DIY圖文教學

列出步驟流程

該點選哪裡都幫你圈出來

② 澳洲農場型錄、打工地點全都蒐

蒐錄上百筆各城市仲介、農場、工作機會的電話，並經過作者篩選，不用再上網找破頭，翻開本書，電話打下去就對了！

城市簡介　城市生活機能介紹

工作機會　　仲介、農場、工作旅舍電話簿

③ 輕薄資訊頁隨身攜帶

出門不想帶太多東西、不想再背厚重的工具書嗎？本書貼心設計，將全攻略資訊錦囊集中在全書最後面，讓你輕鬆切割帶著走。

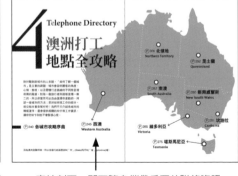

直接割下，即可隨身攜帶重要的聯絡資訊

④ 好用的BOX有3種

資訊Memo：文中出現的相關聯絡資訊，都幫你整理在Memo上

過來人提醒：實用貼心的提醒及好用的錦囊妙計，幫助你成為一個精明的背包客

各篇小結語：作者有趣、特別的體會，幫你抓住每個課題的實用方向

⑤ 工作攻略

澳洲打工不只是採採水果而已，本書有豐富的工作種類介紹、工作注意事項、打工上手祕訣。

各類型工作還有戰略教學，師父領進門、收穫看個人功力啦！

⑥ 重要名詞介紹

在澳洲生活遇到的各種辭彙，書中有中英對照，英文遜腳也能懂澳洲術語。

各項名詞解釋

名詞中英對照

臺灣太雅出版編輯室提醒

出發前，請記得利用書上提供的通訊方式再一次確認

每一個城市都是有生命的，會隨著時間不斷成長，「改變」於是成為不可避免的常態，雖然本書的作者與編輯已經盡力，讓書中呈現最新的資訊，但是，仍請讀者利用作者提供的通訊方式，再次確認相關訊息。因應流行性傳染病疫情，商家可能歇業或調整營業時間，出發前請先行確認。

資訊不代表對服務品質的背書

本書作者所提供的飯店、餐廳、商店等等資訊，是作者個人經歷或採訪獲得的資訊，本書作者盡力介紹有特色與價值的旅遊資訊，但是過去有讀者因為店家或機構服務態度不佳，而產生對作者的誤解。敝社申明，「服務」是一種「人為」，作者無法為所有服務生或任何機構的職員背書他們的品行，甚或是費用與服務內容也會隨時間調動，所以，因時因地因人，可能會與作者的體會不同，這也是旅行的特質。

新版與舊版

太雅旅遊書中銷售穩定的書籍，會不斷修訂再版，修訂時，還區隔紙本與網路資訊的特性，在知識性、消費性、實用性、體驗性做不同比例的調整，太雅編輯部會不斷更新我們的策略，並在此園地說明。您也可以追蹤太雅 IG 跟上我們改變的腳步。

🅞 taiya.travel.club

票價震盪現象

越受歡迎的觀光城市，參觀門票和交通票券的價格，越容易調漲，特別 Covid-19 疫情後全球通膨影響，若出現跟書中的價格有落差，請以平常心接受。

謝謝眾多讀者的來信

過去太雅旅遊書，透過非常多讀者的來信，得知更多的資訊，甚至幫忙修訂，非常感謝大家的熱心與愛好旅遊的熱情。歡迎讀者將所知道的變動訊息，善用我們的「線上回函」或直接寄到 taiya@morningstar.com.tw，讓華文旅遊者在世界成為彼此的幫助。

對流行性傳染病防範政策

Covid-19

澳洲防疫大事紀

　　為了遏止疫情蔓延，澳洲曾經全面鎖國，開始執行長達一年多的全國大規模封城措施。封城期間的疫情跌宕起伏，各州政策時而鬆綁、時而升級，其中以雪梨和墨爾本地區最為嚴重。直到疫苗問世，政府大力敦促人民施打疫苗，全國兩劑疫苗施打率很快就　九成，加上病毒的嚴重性漸漸減弱，為了解決經濟衰退和勞動力短缺等問題，各州政府開始一路放寬封城限制，階段性重啟國際邊境，現已全面開放邊境。

　　跟台灣相比，澳洲整體社會氛圍更傾向於與病毒共存。因為澳洲人十分重視心理健康和家庭連結，長期封城使人們無法和親朋好友團聚；同時澳洲是一個多元民族的國家，政府在政策宣導上常遇到語言上的阻礙；最重要的是，長期鎖國的政策已經讓澳洲經濟大受打擊。雖然共存後的生活仍充滿挑戰和各種隱憂，但是以上這些原因都加速推進了澳洲的邊境開放。

　　現在澳洲各地已經很少人戴口罩，看似回歸正常生活，不過疫情帶來的後遺症仍影響著各行各業，各地人手依然十分缺乏，勞動力的短缺比起以前更加嚴重。疫情也在一定程度上造成人們社會生活的改變，像是人們開始習慣使用送餐APP服務、各大零售業收銀台都多了一層隔板、出門在外更加注重衛生消毒習慣，以及學生開始能夠遠距上課等等。無論如何，如今的澳洲，已經正式邁向與疫情共存的時代。

|過|來|人|提|醒|

關於澳洲的口罩規定

Look!!

　　在疫情爆發初期，其實澳洲人民不認同戴口罩有助於減少病毒傳播，傾向「生病才需要戴口罩」，也認為既然生病就不應該出門，所以當時戴口罩走在路上，比較容易受到異樣的眼光。直到後來澳洲發生第二波疫情，加上各地專家呼籲，政府才開始宣導戴口罩的重要性，首度實施口罩令。除了少數反政府主義者，大部分澳洲人都開始戴起口罩，並逐漸對戴口罩的觀念有所改變。(雖然普遍還是不喜歡戴口罩)

一次了解澳洲的防疫策略

　　了解澳洲這次面對疫情的防疫模式，能夠幫助你有個預備心態，若未來再次發生與流行病相關的重大事件，能夠讓你穩妥應對，大概知道澳洲可能會出現的處理模式為何。

封鎖國際邊境，關閉各州邊界。

　　疫情爆發後，澳洲很快就關閉國際邊境，並禁止跨州旅行。除了澳洲公民、永久居民及其直系親屬可以入境澳洲，原則上禁止所有外籍旅客入境，除非有豁免理由，符合豁免理由入境的旅客必須強制隔離14天。**現已取消邊境封鎖。**

關閉娛樂場所，禁止餐廳內用。

　　關閉非必要的營運場所，包含酒吧、賭場、健身房及電影院等等。所有餐廳和咖啡廳等餐飲場所，只能外帶、不能內用。**以上政策隨疫情控制狀況而有所調整。**

強化社交禁令，限制出門目的。

　　加強宣導1.5公尺安全社交距離，並禁止所有非必要性集會，婚禮和葬禮亦被限制參加人數，出門目的只能是「購買生活必需品」、「醫療護理需求」、「無法遠程進行的工作和學習需求」或「遵守集會規定前提下的出門鍛煉(最嚴謹時期為最多只能兩人同行)」。墨爾本疫情失控時，曾實施過最嚴格的「夜間宵禁」。**以上政策隨疫情控制狀況而有所調整。**

快速部署病毒檢測站，積極提升疫苗覆蓋率。

　　各大醫院及部分診所皆設置新冠病毒檢測中心，所有人都可免費接受病毒檢測(出國用的PCR核酸檢測報告須付費)，或自行到藥局購買快篩試劑；新冠疫苗問世後，為了提升疫苗覆蓋率，政府告訴人民「一旦疫苗接種率達標，人們將獲准旅行。」同年12月便達到九成兩劑疫苗覆蓋率，隔年1月三劑疫苗覆蓋率也達到五成，自此，澳洲便開始逐步開放邊境。

超市入口的殺菌洗手液和濕紙巾。

疫後需注意的通關規則 Covid-19

打工度假簽證的相關政策

　　鎖國之後,澳洲背包客數量驟減,導致各地產業陷入缺工大危機,尤其是農業畜牧業,原本十分仰賴背包客勞工的農場,甚至面臨無人採收農作物的窘境。為了因應疫情造成的勞動力短缺,在疫苗覆蓋率達標後沒多久,澳洲便開放打工度假簽證入境,對於受疫情影響的打工度假簽證持有者,亦有相關補償措施。

> **暫時解除只能為同一雇主工作6個月的限制。**

　　原本打工度假簽證有規定不能在同一雇主底下工作超過6個月,但為了解決當地缺工問題,政府宣布所有打工度假簽證持有者可以在未經許可的情況下,繼續為同一雇主工作6個月以上,目前已經改回原先規定。(詳見P.15)

> **新增可集二三簽的指定工作種類。**

　　打工度假簽證本身的期限為一年,若在指定偏遠地區或指定產業工作,滿足一定的工作天數,就可以獲得續簽資格。以下是因應疫情而列入集簽的指定工作種類:(詳見P.20)

● **與COVID-19相關的工作(Critical COVID-19 work):** 與COVID-19有直接相關的醫療保健或醫療部門的工作(2020年1月31日起)。

● **旅遊飯店業(The tourism and hospitality):** 澳洲北部或部分偏遠地區的工作,已被列入可集簽的指定工作之一(2021年6月22日起)。

與澳洲COVID-19相關的網站
澳洲政府針對疫情的政策依然瞬息萬變,出發前請留意最新消息。

 台灣外交部—最新入境澳洲之規定說明
旅外安全→旅外安全資訊→各國暨各地區簽證、旅遊及消費者保護資訊→駐澳大利亞辦事處(坎培拉、布里斯本、墨爾本及雪梨)→簽證及入境須知

 澳洲移民局—最新入境澳洲之規定說明

 澳洲移民局針對打工簽證的最新消息

1 Preparation
赴澳前期準備

在赴澳之前,你一定充滿了期待和緊張。本章將告訴你關於澳洲打工度假到底是什麼、相關簽證怎麼辦理、並且幫助你在台灣的時候就作好所有行前準備。

簡介篇

打工度假在台灣已經開放了好長一段時間，你一定也從許多前輩們的口中，聽過他們在澳洲的各種體驗。不過不用太羨慕他們，因為在不久之後，你也將要踏上那片土地。

● 何謂「打工度假簽證」
Working Holiday Visa

澳洲對台灣開放打工度假計畫開始於2004年11月1日。只要是年滿18歲，未滿31歲的台灣人都可以向澳洲政府申請打工度假簽證(Working Holiday Visa)，在澳洲旅行及合法工作一年。若完成續簽規定且依然符合年齡限制，可以申請二簽和三簽，最長可以待到3年。

打工度假簽證簡介

【效期】申請簽證通過後，必須於下簽日起12個月內入境澳洲。當你抵達澳洲第一天開始往後推算12個月，才是你的實際簽證有效期限。簽證持有期間可自由出入境澳洲。例如在2022年1月1日通過打工度假簽證申請，則必須在2023年1月1日前抵達澳洲，否則簽證失效；若在2022年12月31日抵達澳洲，那麼簽證截止日就是2023年12月31日(建議不要壓底線，否則班機出問題就糟了。)

【權益】最多可以申請4個月(17週以內)的課程，並且可從事任何類型的工作，不限工作時數，但只能為同一雇主工作6個月。

【續簽延長】目前最多可以續簽兩次，每次可延長一年，就是俗稱的二簽(Second Year Visa)和三簽(Third Year Visa)。需要在偏遠地區從事指定工作，並滿足一定工作天數才符合續簽資格。(關於續簽，詳見P.19)

關於6個月工作限制的例外情況

- 任一地方從事與「動物及植物種植」直接相關的工作，可為同一雇主工作最長12個月。
- 在「北領地全域」、「北西澳和北昆士蘭(南迴歸線以北所有地區)」的某些行業工作，包含老年照護、一級產業(農、林、漁、礦、營造業等)及旅遊飯店業，皆不受6個月時間限制。
- 與恢復2019年澳洲叢林大火及2022年嚴重洪災直接相關的工作，不受6個月時間限制。

請注意：以上限制不一定是永久的，澳洲政府會定期評估作調整，請以官方最新消息為準。

 了解6個月工作限制詳情

● 大概要帶多少錢去澳洲？

　　大部分背包客在澳洲每個月開銷落在澳幣1,500～2,000元左右，少數非常節省的可以花不到澳幣1,000元(聽過有人餐餐吃泡麵，但筆者不建議為了省錢而傷身體)，如果住在市區當外食族，每個月開銷可能會超過澳幣2,500元。剛到澳洲比較多地方需要花錢，建議至少帶澳幣2,500～3,000元。另外，現在澳洲二手車比以前貴很多，買車預算大約澳幣3,000～6,000元左右。要注意的是，根據澳洲海關規定，入境攜帶澳幣1萬元以上或等值外幣現鈔均須申報。

在澳洲常見的支出

- **住宿：**剛來可以先住背包客棧，一晚約澳幣20～30元。適應後再開始找房子，單人房每週房租約澳幣100～250元，和朋友合住雙人房較便宜。
- **飲食：**外食一餐約澳幣12～20元。自炊的話，每週食材採買約需澳幣50～150元。省錢可盡量買特價品。
- **交通：**大眾交通以布里斯本為例，在市區搭公車來回大約澳幣6元。開車則需支付包含油資、車險、路權(澳洲強制險)和定期保養等。
- **其他：**手機電信每個月約澳幣20～40元，其他還有生活用品、娛樂支出、保險、緊急預備金(醫療或意外)等，都要列入預算。

註：澳洲花費通常以「每週」計算。

如果你已經確定要去澳洲打工度假，卻擔心沒有時間作好行前準備，或是害怕自己英文還不夠好等等。那就先辦簽證吧！簽證辦好了，事情就解決一大半，感覺上也比較踏實。當你收到核簽通知的那一刻，你的生活就會開始發生改變了！

如何申請打工度假簽證
Working Holiday Visa

在疫情爆發之前，已有超過20萬的台灣年輕人到澳洲打工，當地的多元文化、舒適氣候、自然資源，以及誘人的薪資，讓澳洲成為目前全世界最熱門的打工度假國家之一。隨著疫情緩和，澳洲邊境終於重新開放，背包客也開始蠢蠢欲動……如果你已經鐵了心要出發，萬事俱備、只欠簽證，這篇將教你一步步完成你的澳洲打工度假簽證申請。

【申請資格】
- 年滿18歲，未滿31歲(二、三簽也要未滿31歲才能申請)。
- 持有所屬國籍的有效護照。
- 簽證無不良紀錄，且從未申請過澳洲打工度假簽證。
- 通過體檢檢查，品格測試等相關要求。
- 通過財力證明(至少澳幣5,000元，請見下方補充說明)。

【申請費用】
- 申請費：澳幣635元(2023年7月起)，約台幣13,500元。
- 體檢費：台幣2,500～3,000元。

財力證明說明
澳洲規定打工度假簽證申請者必須上傳澳幣5,000元的英文版財力證明(約台幣10～12萬)，以及回程機票(或證明足夠資金購買回程機票)。為了確保簽證一次通過，財力證明建議至少提供澳幣5,500元以上(約台幣12萬)。移民局會隨機抽查申請者，要求提供近3個月銀行存款明細，證明這澳幣5,000元是長期持有，而非短期匯入。有預計要來澳洲的人，記得提早做好準備。

如何申請打工度假簽證(一簽)

Step 1 建立澳洲移民局帳號

澳洲移民局帳號(ImmiAccount，IMMI)攸關日後所有澳洲簽證的申請，非常重要。帳號請填寫常用E-mail，密碼設定比較麻煩，必須包含「數字」、「大寫字母」、「小寫字母」及「符號」的其中3項。另外，3個自訂問題的答案記得填寫英文，之後忘記密碼時，會需要回答這些問題，為避免忘記，建議截圖或用其他方式記下來。

掃QRcode
註冊移民局帳號

Step 2 登入帳號，進入申請頁面

登入你的IMMI帳號並按下帳號頁面上的「New Application」，再點選「Working Holiday Maker」底下的「Working Holiday Visa(417)」，即可進入申請頁面；或是直接掃描下方QR Code，登入後就會直接進入打工度假簽證的申請頁面。

Step 3 填寫申請資料

填寫的資料多且冗長，但並不難，如果擔心英文不好看不懂，建議直接Google搜尋關鍵字「澳洲打工度假簽證申請教學」，會看到很多熱心網友或留遊學代辦所寫的線上教學，基本上只要按照所列的項目步驟，耐心填寫完就可以了。

掃QRcode
申請417打工度假簽證

Step 4　上傳文件，並完成付款

　　填完Step 3的資料後，會要求你上傳兩項文件：護照掃描影本及英文版的財力證明(至少澳幣5,000元加上回程機票的費用)，上傳成功後就會進入付款頁面。

Step 5　列印體檢單並完成體檢

　　扣款成功後回到登入後的頁面，這時會多出一筆申請資料，就可以準備列印體檢單(必須付費完成才能進入體檢系統)。點擊「Health examinations」進入體檢系統(有些人的體檢系統會比較慢出現)，回答個人健康相關問題就可以下載體檢表(Referral letter)，記得28日內要到指定醫院完成體檢。出發體檢時，記得帶體檢單、身分證、護照、兩張大頭照和體檢費用。體檢大約30分鐘，會做基本的身體檢查及胸腔X光檢查等。完成體檢後，醫院會直接幫你上傳資料到移民局。

Look!!

|過|來|人|提|醒|
記下你的HAP ID

　　請務必把體檢表上面的「HAP ID」記下來，若下次要續簽或申請其他澳洲簽證，移民局要求體檢，只要你一年內有體檢過，可能就不需要再體檢一次，省下一筆體檢費！證明的方式就是提供上一次體檢的HAP ID。做完體檢後，就可以隨時注意E-mail有沒有收到簽證信，或登入移民局帳號查看簽證進度，通常等待時間為1~4週。

關於二簽和三簽

　　自2019年7月1日起，打工度假簽證從可以續簽一次變成兩次，每次可延長一年，最多可以待3年。第一年俗稱「一簽」，第二年俗稱「二簽」，第三年俗稱「三簽」，第四年……還沒有第四年啦！如果你有打算在澳洲待一年以上，為了有資格申請二簽和三簽，必須分別在一簽和二簽期間，完成「特定區域＋特定工作＋做滿要求的工作天數」，才能獲得續簽資格。獲得續簽資格即可申請續簽，續簽方式和一簽相同，而且一樣要符合年齡要求，具備財力證明才能申請喔！(關於申請資格，請參閱P.16)

符合續簽資格的工作天數

【 二簽 】曾經或目前持有一簽，並於一簽期間從事指定工作滿3個月(88天)。

【 三簽 】曾經或目前持有二簽，並於二簽期間從事指定工作滿6個月(179天)。

符合續簽資格的工作種類

　　如果想要申請二、三簽，除了滿足上述要求工作天數，還要做指定集簽工作，主要是一級產業，像是農、林、漁、牧、礦以及相關的初級加工業，還有營造業等等，而且還要看工作地點的郵遞區號是否符合偏遠地區，如果是在市區的工廠就不符合集簽資格。過去背包客最常集二、三簽的地方，主要是農場、工廠和工地等等。

　　另外，從2015年8月31日開始，「非支薪」的義工工作已不在指定工作範圍，建議要做像是WWOOF、HelpX和CVA等交換食宿或是義工性質的工作，要先確認清楚是否符合集簽資格。

　　如果不確定這份工作可不可以集簽，直接問老闆或HR最快，他們如果有找過背包客也幫他們處理過續簽，就會知道你在說什麼。找工作時，有些公司也會直接在徵人資訊上面寫可不可以集簽。

偏遠地區的定義

　　謹慎起見，還是要自己查詢你要去集簽的工作地點是否符合「官方定義的偏遠地區」，只要你工作地點的郵遞區號有符合，就算公司註冊的ABN在市區也沒關係，但是要有證明來佐證你是在偏遠地區工作；若反過來，你不在偏遠地區工作，就算公司註冊的ABN在偏遠地區也是不行。如果自己查詢後還是不太確定的話，最保險的作法，可以直接E-mail問移民局。

可以集二簽和三簽的偏遠地區：

州	可拿到二簽和三簽的郵遞區號
新南威爾斯 New South Wales	2311～2312／2328～2411／2420～2490／2536～2551／2575～2594／2618～2739／2787～2898 不包括雪梨(Sydney)、新堡(Newcastle)、中央海岸(Central Coast)、臥龍崗(Wollongong)
北領地 Northern Territory	整個北領地都算是偏遠地區
昆士蘭 Queensland	4124～4125／4133／4211／4270～4272／4275／4280／4285／4287／4307～4499／4510／4512／4515～4519／4522～4899 不包括大布里斯本地區(Greater Brisbane area)與黃金海岸(Gold Coast)
南澳 South Australia	整個南澳都算是偏遠地區
塔斯馬尼亞 Tasmania	整個塔斯馬尼亞都算是偏遠地區
維多利亞 Victoria	3139／3211～3334／3340～3424／3430～3649／3658～3749／3753／3756／3758／3762／3764／3778～3781／3783／3797／3799／3810～3909／3921～3925／3945～3974／3979／3981～3996 不包括墨爾本都會區(Melbourne metropolitan area)
西澳 Western Australia	6041～6044／6055～6056／6069／6076／6083～6084／6111／6121～6126／6200～6799 不包括伯斯及其周邊地區(Perth and surrounding areas)

特殊指定集簽工作

- 2020年1月31日起，澳洲任何地方與COVID-19相關的關鍵醫療部門工作。
- 2021年6月22日起，澳洲部分北部及部分偏遠地區的旅遊飯店業工作。
- 2019年澳洲叢林大火及2022年嚴重洪災恢復直接相關的工作。

註：特殊指定工作的郵遞區號與上表不同，詳情請掃下方QRCODE查詢。

為什麼有特殊指定工作？
　　為了因應短期內因為天災人禍等，而造成部分產業人力不足的問題，移民局可能會暫時將相關工作列為可集簽工作，吸引背包客前往。倘若之後不再需要這麼多人，就有可能會取消或調整政策，若有疑慮請以澳洲移民局公布之消息為主。

完整偏遠地區郵遞區號及
指定工作說明

如何申請二簽和三簽

事前準備

過去背包客申請續簽時，會要求填寫1263表格，如今移民局已經統一改成線上申請(若有1263表格，依然可以作為工作證明文件，但不是必要的)。基本上二、三簽的申請方式相同，一樣要透過申請一簽時的移民局帳號(ImmiAccount)申請。申請續簽之前，你需要先準備以下資料，大家可以先了解，等到開始集簽時，就知道要提前收集哪些訊息，保留哪些文件，省得日後麻煩。

〔 工作證明文件 〕

這是申請續簽最重要的部分，以證明你有符合申請二、三簽的要求。以下是官網公布可作為證明文件的清單，總之文件要能證明你的工作地點，且有做超過要求的天數和時數。大家最常提供的佐證文件是薪資單，薪資單有分成每週(Weekly)或每兩週(Fortnightly)，或是可以提供銀行轉帳記錄、工作照片等等。佐證的資料盡量充分，簽證審核比較能一次通過。

● 薪資單(Payslip)。
● 報稅單(Tax document)。
● 工作合約書(Employment contract)。
● 雇主推薦信(Work reference)。
● 個人年度扣繳憑單，又稱薪資總表(PAYG Payment Summaries)。
● 計件工作協議(Piecework agreement)。
● 雇主開支扣除同意書(Employer deduction agreement)。
● 工作期間的銀行對帳單(Bank transaction statement for specified work period)。
● 其他相關工作紀錄證明，例如工作照片、1263表格等。(不是必要，但依然可上傳當作證明)。

〔 其他證明資訊 〕

除了備妥證明文件，在網上申請續簽的過程中，你會需要填寫一些資料，包含雇主聯絡資訊，很多背包客離職後忘了要，等到要申請時再聯絡上一家公司要這些資料就會很麻煩。

● 雇主名稱、雇主ABN、雇主聯絡資訊(姓名、職稱、電話、E-mail)、工作地點和郵遞區號等。
● 目前或上一個持有的打工度假簽證號碼(Visa Grant Number)或TRN號碼(Transaction Reference Number)，以上號碼都可以在簽證核准信找到。如果申請二簽，就要提供一簽的號碼；申請三簽，就要提供二簽的號碼，以此類推。

● 一年內的體檢號碼(HAP ID)。若體檢已超過一年，就不用提供了，因為需要重新體檢。

指定體檢醫院
基本上都要先預約，建議先致電確認。

境內指定體檢醫院(澳洲)
● Bupa Medical Visa Services / 📶 www.bupa.com.au/bupamvs

境外指定體檢醫院(台灣)
● 台北馬偕醫院 / 📞 (02)2543-3535，分機2860
● 台北台安醫院 / 📞 (02)2771-8151，分機2773
● 台中中國醫藥大學附設醫院(健檢中心) / 📞 (04)2205-2121，分機5620～5623
● 高雄醫學大學附設中和紀念醫院 / 📞 (07)3121-101，分機6871、6863、6866

申請流程

申請流程和申請一簽時相同，都是透過澳洲移民局網站申請，只是需要填寫的資料和提供的文件有些許不同，建議直接Google搜尋「二三簽申請教學」就可以找到。二簽和三簽的申請方式是一樣的。筆者之前經常參考「ABC澳洲背包客中心」網站的教學，非常清楚，提供大家參考。

ABC澳洲背包客中心
續簽教學

二、三簽的常見Q&A

【境內申請和境外申請的差別】

● **境內申請：** 境內遞交二簽或三簽的申請後，簽證還未核准前，你會立即獲得「過橋簽A(BVA)」，過橋簽A的生效日是從一簽或二簽的截止日隔天開始算起。持有過橋簽A期間，就是乖乖在境內等簽證下來；若不得已要在等待期間出境，因為過橋簽A一旦離境就會失效，這樣原本的續簽申請也會跟著失效，所以出境之前你要另外付費申請「過橋簽B(BVB)」並在規定期限內回到澳洲，重新等待二簽或三簽的核准下來。

● **境外申請：** 境外遞交二簽或三簽的申請，不會產生過橋簽，但是在簽證還未核准前，不得入境澳洲。

如何申請過橋簽B

境內遞交申請後，如果確定要出境，建議直接打電話通知移民局，告知你的出境原因、出境日期，以及預計再次入境的日期，他們會告訴你怎麼做。若英文不好，可撥打翻譯電話，請接線人員轉接移民局即可。
● 澳洲移民局 ☎ 13-18-81
● 免費中文翻譯 ☎ 13-14-50

了解更多過橋簽

過橋簽A(BVA)詳情　　過橋簽B(BVB)詳情

【如何計算工作天數】

這要根據你的雇傭關係種類和不同產業的工時標準。基本上，如果是全職(Full time)工作，每週工作滿38小時，一週即使只有做5天，也可以算成7天；如果是兼職(Part time)或派遣(Casual)，就只能算實際的工作天數。集二簽和三簽時，在「不同日期」到「不同指定工作地點」集簽，都可以一併列入計算工作天數。若「相同日期」到「不同指定工作地點」集簽，則只能算一份工作的集簽天數。一般建議不要剛好做88天或179天，多做幾天比較保險，以免抱憾終身啊！

【申請續簽常犯錯誤】

最常出現的錯誤是不同ABN的問題。很多人是透過仲介到工廠工作，因為工廠自己有一個ABN，而仲介公司自己有另外一個ABN。如果發你薪水的人是仲介，你薪資單上面的ABN會是仲介的，這樣你拿薪資單作為你的工作證明就容易造成誤會，因為移民局會認為你不是在工廠工作。解決方式為線上申請的「雇主資訊」要註明是仲介公司，而「工作資訊」再填寫你實際工作的地點即可。若有疑慮，一開始工作就要找雇主或仲介問清楚。

另外有些人在做二簽和三簽的指定工作時，沒注意到雇主把你的稅號(TFN)寫錯(關於稅號，請參閱P.50)，結果等到申請時才發現寫錯稅號！當然就不能列入工作天數，這是非常誇張的情況，不過還是要注意。

● 其他常見簽證

觀光簽(Vistor Visa)

顧名思義就是純觀光用的簽證。許多人在打工度假期間拼命工作，賺飽後才發現簽證快到期，來不及完成旅行計畫，於是就申請觀光簽繼續留在澳洲。然而，要在澳洲境內把打工度假簽證轉成觀光簽是很有難度的，因為簽證官會覺得你打工度假已經一年以上，還想接著辦觀光簽一定居心叵測，有跳機意圖，所以通常不會讓你通過。除非，你能提供足夠於旅行期間支出的財力證明，以及旅遊計畫書，又稱臨時入境者聲明(GTE)，一定要寫得很詳盡，若能買好返台機票，更有說服力，也比較有機會從打工度假簽證轉觀光簽。

【 澳洲電子旅遊簽證(ETA) 】

這是澳洲政府給予特定國家的護照持有人，一種申請手續比較簡單的旅遊簽證。自2022年2月21日起，台灣旅客可以自行透過手機APP「Australian ETA」申請該項簽證。最長可以停留3個月。

【 觀光簽證(Visitor Visa) 】

以線上申請為主，境內外皆可申請，境外申請費澳幣190元，境內申請費澳幣475元。這個簽證需要填寫的資料和提交的證明文件比較多，通常會被要求購買澳洲的海外觀光醫療保險(OVHC)才能獲得簽證。最長可停留12個月。

過境簽(Transit Visa)

過境簽是指當你計畫從A國經B國轉機到C國時，你在B國轉機如果會停留一定長度的時間，就要申請B國的過境簽。以澳洲為例，若你準備在澳洲轉機，但是會在澳洲機場停留8小時以上，或是想趁轉機時間的空檔入境澳洲到市區逛逛，你就需要申請澳洲的過境簽。只能境外申請，有了過境簽，你就可以在澳洲境內逗留最長72小時。申請過境簽是免費的，但一樣需要填寫資料和提供證明文件。

落地簽(Visa on Arrival)

落地簽則和過境簽相反，是到了當地，也就是飛機落地後才能申請。有些國家是不能申請落地簽的，出發之前要先確認清楚。

去其他國家玩的簽證

若你想從澳洲前往其他國家，依然以台灣護照為主。根據不同國家對台灣的外交政策，有些國家可以「免簽證」入境，代表只要有台灣護照就可以入境；有些國家則需要「落地簽」才能入境，代表可以到當地再申請；有些國家可以直接從網上申請電子簽證，這部分每個國家申請方式都不同。如果要去中國旅遊，則需要事前申請台胞證，除非你有帶來澳洲，不然就要請家人幫你代辦再寄給你。若還是不知道怎麼申請，可以找該國家

在澳洲的大使館，直接到現場辦理，或以郵寄的方式辦理。

免簽證的國家與效期	
關島 / 45天	愛爾蘭 / 90天
新加坡 / 30天	歐盟 / 90天
古巴 / 30天	斐濟 / 120天
韓國 / 90天	英國 / 180天
澳門 / 30天	加拿大 / 180天
日本 / 90天	帛琉 / 90天
馬來西亞 / 30天	印尼 / 30天
紐西蘭 / 90天	美國 / 90天
可申請落地簽的國家與效期	
泰國 / 15天	尼泊爾 / 30天
汶萊 / 14天	柬埔寨 / 30天
馬爾地夫 / 30天	孟加拉 / 30天

以上資料時有異動，依台灣外交部最新公告為準。

學生簽(Student Visa)

結束澳洲打工度假後，如果你想要繼續留在澳洲進修，完成出國讀書的夢想，或是想開啟讀書移民之路，就可以向移民局申請學生簽，年齡超過7歲即可申請。只是申請流程十分繁瑣，準備的文件包含入學通知書(CoE)、海外學生保險(OSHC)、讀書計畫(GTE)、個人學歷證明、財力證明……等，建議透過澳洲當地知名的留遊學代辦處理，會順利許多。

澳洲的課程種類十分多元，除了基本的語言課程，還有包含商業、幼教、廚師、飯店管理、設計、美容、電影等等，若有考慮讀書移民，由於澳洲的移民政策每年都會更改，強烈建議要審慎評估，多諮詢不同的移民仲介再做決定；如若只是單純想留在澳洲進修，相較於美國和英國，澳洲的學費便宜許多，在澳洲留學也是一個不錯的選擇。澳洲學生簽可以申請的課程類別：

【語言學校)】

澳洲的語言學校有分兩種，一種是私立澳洲語言學校，每週學費大約澳幣250～300元，另一種是大學附設語言中心的語言課程，每週學費大約澳幣350～500元。課程種類包含商業英語、IELTs考試準備課程等，可根據個人需求選擇。

【專科學院課程(VET)】

專科學院(Vocational Education and Training，簡稱VET)也有分兩種，一種是私立技術學院，每年學費約澳幣6,000～7,000元，主要學生來自世界各地；另一種是公立技術學院，又稱TAFE，每年學費約澳幣15,000元以上，主要學生來自澳洲當地。在台灣必須要高中畢業才可以申請專科學院，課程分級為：一級證書(Certificate I)、二級證書(Certificate II)、三級證書(Certificate III)、四級證書(Certificate IV)、文憑課程(Diploma)、進階文憑課程(Advanced Diploma)。

【高等教育課程】

澳洲的高等教育課程每年學費通常要澳幣40,000元以上，比較適合有明確目標的人就讀，有些產業如果擁有外國知名大學的學歷，將有助於回國之後的加薪升職；但是大部分會在澳洲讀高等教育的人，基本上是奔著讀書移民而來的。分級為：大學(Bachelor)、碩士(Master)、博士(PhD)。

出發前可以在腦子裡想像一下到異地可能發生的事情、可能會需要準備的東西。不過因為還沒去過，大家的想像力通常會太過豐富，所以帶了一些可能到了澳洲之後從來不會使用的東西。建議如果有時間的話，可以在出發前先在台灣有個小旅行，邊玩邊想你可以捨棄什麼東西。說真的，你在旅行時所需要的東西遠比你想像的少。

行程規畫

每一個有過背包客經驗的人總會告訴你「計畫趕不上變化」，那我們還要計畫作什麼呢？也許一年份的、大略的計畫只能當作參考，但有總比沒有好。建議可以先做個短期的小計畫，到了當地暫時有個依據，心裡也比較不會慌亂。而且在作功課的過程裡，會讓你對這個國家更了解，也會得到一些意想不到的資訊，加強你動身前往澳洲的決心。

如何作功課？

首先恭喜你買了這本書！本書詳述了所有在澳洲必知的背包客攻略，幫助你一到澳洲就能快速適應澳洲生活。不過到了當地，難免會出現更多問題，這時候網路就是你最方便的解決管道。

【FB社團：澳洲打工度假不去會死】

這是一個由「狄靜」建立的FB社團，社團人數已超過15萬，以台灣背包客為主。成立宗旨為幫助背包客解決各種疑難雜症，如果有針對打工度假的最新消息，也有機會在這邊獲得第一手資訊。由於成立已久，裡面的老包都比新包多了，如果你有新包疑問，可以在裡面發文請教，通常會有很多熱心老包回答你。記得發問前先善用Google，不然……你知道的。

【FB社團：背包客同鄉會】

除了不去會死社團，還有各州都有的「背包客同鄉會」，並且細分成工作版、住宿版、買賣版……(台灣人真的很屬害)，雖然活躍度沒有前者高，但也有機會獲得不少資訊。總之，只要在FB搜尋關鍵字「澳洲」並留意成員人數多且互動性高的社團，就大膽地加入吧！他們將會成為你在澳洲最實用的小幫手。

【背包客棧】

　　説到澳洲打工旅行相關網站，首推「背包客棧」論壇。除了徵旅伴、徵室友和二手交易外，還可以找到工作資訊，不過發文者主要是以華人老闆為主，找到黑工的機率超高，要特別注意。

http www.backpackers.com.tw

【一般部落格】

　　有需要小型景點或個別事件的資訊時，有時旅行者的Blog會更快找到資訊。記得要留意他們的文章更新日期，以免被舊的資訊誤導。

推薦的旅遊書

除了澳洲當地，你也可以在打工度假期間到附近的國家看看，若想知道更多國家的自助旅遊書，歡迎上各大書局網站搜尋「太雅出版社」就可以找到。

開始在澳洲自助旅行：本書以澳洲東邊三大城市的旅遊資訊為主，想去東岸旅行的必備收藏書。

布里斯本市議會

墨爾本火車站

雪梨歌劇院

如何決定澳洲第一站？

　　這要根據不同城市的氣候、機票費用、工作機會和生活物價等指標，以及個人旅行計畫來決定。以下提供幾個常見的考慮因素，以供大家參考。(各州介紹及工作資訊，請見第四章「澳洲打工地點全攻略」P.238)

【氣候】

　　位於南半球的澳洲，和台灣的季節是相反的。澳洲的12～2月是夏季，3～5月是秋季，6～8月是冬季，而9～11月是春季。不過澳洲很大，各大城市有著不同的氣候特色。布里斯本(Brisbane)的天氣是全澳洲最宜人的。雪梨(Sydney)和墨爾本(Melbourne)冬天比布里斯本冷，但還算舒適。伯斯(Perth)的夏天會比東岸三大城市乾熱。塔斯馬尼亞(Tasmania)到了冬天會冷得半死，但可以看到美麗的雪景，而且雪季特別地長，不論澳洲人或觀光客都很愛這裡。而最北邊的達爾文(Darwin)夏天非常濕熱，但是越近北邊，工作競爭者就越少。

【機票】

　從台灣飛澳洲，不同城市的機票價格差距很大。飛伯斯是最便宜的，不過伯斯的市區工作機會沒有東岸多。若飛布里斯本、雪梨、墨爾本這三大城市，機票價格都差不多貴，但相對有比較多的工作機會。如果要飛其他小城市，可能需要在雪梨或墨爾本轉機。

【物價】

　雖然與台灣相比，澳洲的物價很高，但是澳洲的薪資相對也高，只要有工作，通常負擔得起生活費。不過，還是有些地方真的特別難存錢，像是雪梨。雪梨的物價是全澳洲最高的，其次是墨爾本，雖然這些地方工作機會很多，但是誘惑也很多，因為生活機能很方便。就看大家來澳洲的目的是什麼，每個城市都有自己的特色。

【澳洲節慶活動一覽表】

　在計畫澳洲的旅程時，也可以了解一下澳洲當地的節慶活動，如果有機會碰到千萬不要錯過，參加節慶活動是最快融入當地生活的一種方式。以下列出澳洲各大活動舉辦的時間和地點：

月分	節　慶
一月	● 元旦(New Year's Day)：1月1日，各地都有慶祝活動。 ● 國慶日(Australia Day)：1月26日，各地都會有慶祝活動和煙火表演。 ● 農曆新年(Chinese New Year) ● 坎培拉車展(Summernats)：有車展和特技表演。 ● 墨爾本澳洲網球公開賽(Australian Open) ● 雪梨藝術節(Sydney Festival)
二月	● 雪梨同性戀大遊行(Sydney Gay & Lesbian Mardi Gras Parade) ● 伯斯藝術節(Perth Festival)：2月初～3月初，有一系列表演藝術活動。 ● 阿得雷德藝術節(Adelaide Festival)：2月底～3月初，每兩年一次。 ● 阿得雷德藝穗節(Adelaide Fringe)：2月到3月，有一系列盛大的表演活動。
三月	● 墨爾本蒙巴水節(Moomba Waterfest)：第二個週一開始，盛大的嘉年華會，有鳥人大賽。 ● 墨爾本一級方程式賽車(Melbourne F1 Grand prix) ● 墨爾本國際喜劇節(Melbourne International Comedy Festival) ● 坎培拉國際民俗節(National Folk Festival)：每年3月或4月。 ● 坎培拉藝術節(Canberra Festival)：每年3月或4月。
四月	● 墨爾本國際花卉展(Melbourne International Flower & Garden Show) ● 阿得雷德復活節賽馬嘉年華(Adelaide Horse Racing) ● 佛誕節(Buddha Birth Day Festival)：聽起來有點奇妙，但是東岸的大城都有在慶祝佛誕節，會有遊行和表演節目。 ● 墨爾本國際爵士音樂節(Melbourne International Jazz Festival)

月分	節　慶
五月	● 達爾文運動大賽(Arafura Games)：也許你聽都沒聽過，但是每年都會有台灣代表隊出賽。 ● 塔斯馬尼亞農業展(Agfest)：在倫瑟斯頓附近，有農產展與園遊會。
六月	● 阿得雷德歌舞表演節(Adelaide Cabaret Festival)
七月	● 愛麗絲泉駱駝盃(Alice Spring Camel Cup) ● 達爾文啤酒罐賽船(Darwin Beer Can Regatta)：參賽的船隻都是用啤酒罐做成的。
八月	● 達爾文藝術節(Darwin Festival)：有表演和音樂會。 ● 阿得雷德巴洛薩爵士週末(Barossa Jazz Weekend)
九月	● 坎培拉百花藝術節(Floriade Festival) ● 布里斯本藝術節(Brisbane Festival)：9月中～10月初
十月	● 墨爾本國際藝術節(Melbourne International Arts Festival) ● 黃金海岸印地賽車(Gold Coast Indycar) ● 愛麗絲泉陸上行舟賽(Henley-on-Todd Regatta)：參賽者拿著無底船殼在乾涸的河上賽跑。
十一月	● 墨爾本賽馬嘉年華(Melbourne Cup Horse Racing) ● 阿得雷德耶誕節前大遊行(Christmas Pageant)：才11月，不知道在急什麼？
十二月	● 耶誕節(Christmas)：12月25日。 ● 全國折扣日(Boxing Day)：12月26日。 ● 荷巴特美食節(Food Festival)：12月底～1月初。 ● 雪梨荷巴特帆船大賽(Rolex Sydney to Hobart Yacht Race)。 ● 雪梨跨年煙火(Sydney New Year Fireworks)：12月31日。

澳洲節慶查詢

澳洲各地的節慶非常多，這裡只列出比較大型、有趣的活動。另有皇家秀(Royal Show)的相關訊息，請參閱第三章。如果你想進一步知道澳洲還有哪些節日或是公共假期，可上網查詢：

澳洲假日查詢

http www.australia.com/zh-tw/events/australias-events-calendar.html

雪梨同性戀大遊行的變裝皇后。
(圖片提供：Olivia)

有各種表演活動的雪梨藝術節。
(圖片提供：Olivia)

如果你是網球迷，千萬不要錯過澳洲網球公開賽。

赴澳時機？

當然說起來是什麼時候出發都可以，不過有2個時間點需要注意。

每年的6月30日是會計年度的結算日。在這天之前所有的公司行號都會忙著處理一年來的稅務。所以在6月下旬這段期間在城市裡找工作的話，雖然不能說沒有機會，但相對地難度比較高。如果你打算一來就先去玩，那就沒什麼差了。

澳洲人的生活比我們無聊多了，所以只要一有節慶，大家都會瘋狂地玩樂。每年到了12月，耶誕節氣氛漸漸濃厚，大家工作起來都會心不在焉，尤其耶誕節到跨年這段日子根本沒有人在工作。這是一個玩樂的月分，如果你想一來就找工作的話，最好不要選12月，不然連仲介都會叫你先出去玩。

不過相反的，如果你想來感受一下基督教國家的耶誕節氣氛，並且享受耶誕後出清日(Boxing Day)的瘋狂購物樂趣，那就非來不可啦！只是12月的機票不管出境入境都會很邪惡地變貴，所以當然是越早訂越好。

準備澳幣

如何換澳幣？

台灣各大銀行都可以換澳幣，要換之前可以先上網查匯率，看哪間匯率比較漂亮。如果你要換澳幣現鈔，是看「現金賣出」。如果你是直接把帳戶中的台幣線上換匯到你的外幣帳戶，就是看「即期賣出」。即期匯率比現金匯率漂亮，前提是你要有外幣帳戶。以下簡單說明幾個兌換澳幣的方法，大家可以選擇適合自己的方式去兌換澳幣。

【臨櫃兌換】這是最傳統的做法，直接拿台幣現鈔到銀行櫃檯換澳幣現鈔，通常會有手續費，而且是根據現金匯率兌換，會比較貴一點。

【線上結匯】這是另一種兌換澳幣現鈔的方式，可以到各大銀行網站，選定幣別、數量、取鈔分行及時間，然後過了一定時間再去指定銀行或機場分行臨櫃取澳幣。

【線上換匯】跟結匯不一樣的是，這個是直接將澳幣存入你的外幣帳戶。你需要先開一個外幣帳戶，才可以把台幣帳戶的錢，根據即期匯率轉成澳幣入到你的外幣帳戶。

【外幣ATM】外幣提款機的好處是可以馬上兌換外幣現鈔，不過要找有提供澳幣現鈔的外幣ATM。

台灣銀行牌告匯率

如何帶澳幣入境澳洲？

【現金】最簡單的方式就是直接帶澳幣現鈔入境，但是入境澳洲不能帶超過澳幣10,000元，超過需要申報。建議大家可以帶少量現鈔在身上，剩下的再利用國際轉帳把錢從台灣匯到澳洲。另外，如果你不想看到澳洲人找錢時對你翻白眼的話，最好不要換100元面額的現鈔，而是以50元面額以下的現鈔為主。

【國際轉帳】你可以在離開台灣前，找一間銀行開外幣帳戶，先線上換匯存澳幣進去，等之後到了澳洲開完戶，再把外幣帳戶的澳幣用國際轉帳的方式匯到澳洲。有了外幣帳戶，之後要把澳洲賺的錢匯回台灣也比較方便，考量到國際轉帳手續費，筆者推薦台灣銀行和兆豐銀行，不管是哪一間都可以，建議來澳洲之前一定要辦一個！(國際轉帳的方法，請見P.168)

【行動支付】現在澳洲的行動支付(EFTPOS)功能十分普遍，結帳時只要拿出手機叫出錢包功能就可以付款，前提是要先有信用卡或簽帳卡，並事先綁定到行動裝置。不過拿台灣的卡到國外消費，通常會有1.5%左右的手續費，可以找現金回饋不錯的銀行，申辦一張專門帶來澳洲用的信用卡。有了行動支付，你就不需要帶一堆現金在身上，在澳洲開戶後，記得改成綁定澳洲的簽帳卡，這樣在澳洲消費才不會有手續費的問題。

澳洲的自助電子支付(EFTPOS)。

【旅行支票】隨著信用卡越來越普及，加上行動支付問世，美國運通已不再發行旅行支票，旅支將逐漸走入歷史。澳洲各大銀行已經不收旅支了，強烈建議不要攜帶旅支到澳洲。

Look!!

|過|來|人|提|醒|

小心私人換匯被詐騙

有些人會在網路上找人直接私人換匯，但是這種方法被騙的風險機率非常高，每年都有不少受害者，就算是朋友之間也是有可能跟你搞人間蒸發。因此，強烈不建議用這個方式，還是乖乖帶現金到澳洲或用國際轉帳吧！

沒有錢怎麼辦？

　　「我很想休學一年出去看看這個世界，可是學生除了窮什麼都沒有，要怎麼出去呢？」同學，旅行之神聽到你的哭喊了。台灣的教育部青年發展署有一項計畫「青年海外生活體驗專案貸款」，只要年滿18歲且35歲以下，無不良信用紀錄，即可申請。不過旅行之神不是借錢給你出去揮霍再破產回家的，如果申請貸款，一到澳洲就要趕快想辦法賺錢、存錢，不然之後回到台灣，等著你的可能是更多困境，所以貸款之前一定要考慮清楚！

青年海外生活體驗
專案貸款

● 準備證件

護照

　　出發前記得把護照的號碼、發行的日期抄起來，另外準備一份護照影本與2張2吋的大頭照，以備不時之需。如果弄丟了護照請參考「意外篇」P.178。

國際駕照和台灣駕照

　　帶護照正本、駕照正本、身分證正本、2吋大頭照2張，就可以到各地監理站辦理國際駕照。現辦現拿，工本費台幣250元，效期可以維持3年。國際駕照可以將5種不同的駕照記錄在同一張駕照上，所以申請時，如果你有小客車或是機車駕照也可以一起登記上去，費用相同。到了澳洲要租車或被臨檢的時候，記得2張駕照都要出示，並說明你是用Working Holiday Visa的，基本上就可以了。

　　如果你打算在澳洲待久一點，或是工作上有需要的話，你也可以考慮到了澳洲再用台灣駕照直接申請換澳洲駕照，過程不需要考試，只是需要一點申請時間和相關費用。如果你一開始就打算換澳洲駕照，那麼不用申請國際駕照也沒關係。(不過澳洲駕照申請的費用比較高，詳情可參考「交通篇」P.146)

YHA卡

　　「YHA卡」也叫「YH卡」或「HI卡」，是國際青年旅舍聯盟(Youth Hostel Association)所發行的會員卡。卡片的外型三不五時會更新一下，但皆可通用。有了這張卡，在世界各地有YHA認證的旅舍住宿都可以享有折扣，而且除了旅舍，參加旅行團、搭長途客運等，出示YHA卡都可能會有折扣，記得要先問一下，有問有保

庇。如果是網路訂房，在「Membership Status」的欄位記得要選「Hi card holder」，再填入卡上的會員編號。

國際學生證

國際學生證(ISIC，International Student Identity Card)可以說是卡中之王啊，不論買車票、去博物館、看電影、逛Royal Show、參加旅行團……幾乎只要有買票的機會，大家看你拿出國際學生證，都會恨得牙癢癢的，因為折扣實在是太多了！而且享有海外平安保險，還能當電話卡使用。如果你還在讀大學或研究所，可以試著休學一年，利用這個機會出去。在辦休學手續之前先用學生證去申請國際學生證。如果你打算在澳洲讀語言學校超過12週的話，也可以用語言學校的入學許可證在台灣先辦好申請。不過澳洲每個省對國際學生證能使用的範圍規定不同(像雪梨和墨爾本就不能用國際學生證買公車的學生票)，就碰碰運氣囉！

國際青年證

國際青年證(IYTC，International Youth Travel Card)是由國際學生旅遊聯盟(ISTC)發行，也被聯合國教科文科組織(UNESCO)認可的青年旅遊證件。聽起來好像很權威，事實上也是。上述國際學生證能用的優惠，國際青年證大部分也都能用，但最大的限制在於：只有30歲以下的人才能辦。

證件申辦網站
關於以上的YHA/ISIC證件，詳細申請辦法可以參照以下網站。

中華民國國際青年旅社協會
http www.yh.org.tw　f @TaiwanYHA

ISIC Taiwan
http www.isic.com.tw　f @isictaiwan

● 準備行李

首先，到底帶行李箱好還是大背包好呢？各有優缺點，我們來分析一下。

行李箱

 用拖的對身體的負擔比較小，箱子對內容物有一定程度的保護。因為不是背在身上，所以可以裝的東西也比較多。箱子通常有附鎖，安全性也比較高。

 行李箱體積大，裝多裝少體積都一樣，箱子本身就有一定重量。有些地方箱子沒辦法用拖的，活動起來沒有大背包來得靈活。

【行李箱的選擇】行李箱的功能重點不外乎這4點：

1. **重量輕、強度大**：行李箱本身要輕一點，否則行李秤重時很吃虧；但同時強度也要夠，以免託運時被摔壞。
2. **輪子大**：輪子越大越好，才能駕馭各種路面和高低落差。
3. **拉桿粗且穩固**：拉桿如果太細容易被折彎變形。
4. **手把強**：以免搬動拖拉時斷掉。

【行李箱打包技巧】T恤和小型衣物盡量用捲的，一捲一捲地擺放。這樣打開行李一目了然又方便拿取。重物放在靠輪子的一側，以降低重心。同理，睡袋最好放靠拉把處的上方。襪子可以一雙為一組反折塞在角落填縫。

大背包

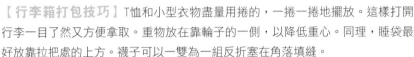

優 體積相對小，活動性高，可空出一雙手做事。最重要的是比較帥氣，尤其準備要騎腳踏車遠征的，請帶大背包吧！

缺 揹起和卸下背包時，錯誤的動作容易導致肩膀、脊椎或腰部受傷，尤其日子一久就容易疏忽。

【背包的選擇】選擇大背包需要考慮到性別、身高體重、背包尺寸及揹負系統等因素，一般而言，適合長途旅行的背包大約是50～75公升之間。好的揹負系統可以把大部分的重量轉移到胯部和臀部，讓肩膀更輕鬆。購買前務必做足功課、找有經驗的朋友幫忙，而且一定要現場試揹，貼身適合自己最重要，千萬不要貪便宜或是迷信品牌。

【大背包裝填技巧】一般而言重的物品放在頂部，越重的東西要離背部越近，讓背包的重心比較高一點，這樣走起路來腰才會比較挺直。不過當然也要看你的重心在哪裡作一點調整。男生的重心比較靠近胸部，所以在背的時候重物可以放高一點。女生的重心比較靠近腹部，背的時候重物至少要在腰部以上。總負重最好不要超過體重的三分之一。

● 衣物的準備

衣服

　　澳洲氣候很乾燥，不易流汗，而且有許多二手
衣店，所以大約準備一星期的量即可。準備的衣
服以功能性考量為主：長、短袖T恤數件、保暖衛生衣一
件、厚、薄外套各一件(防風防水最好)、牛仔褲、運動
褲、短褲、泳衣、內衣褲和襪子。可多帶一套不喜歡的
舊衣褲當工作服。以上是最低要求，其他如農場防曬裝
備、襯衫或西裝褲都視個人需求決定。

鞋子

　　你將有大量的步行需求，所以鞋子好走、耐磨非常重要。外加一雙拖鞋，藍白
拖也可以；還可以多帶一雙好走的涼鞋。至於皮鞋，筆者建議不帶，皮鞋很占行
李空間，而且當地就買得到便宜的皮鞋。另外，功夫鞋也是很好的備用鞋選項，
不但輕、可以折，穿起來又舒服，隨身攜帶也不占空間，萬一腳上鞋子不小心弄
濕了，功夫鞋就派上用場。

Look!!

|過|來|人|提|醒|
台灣和澳洲的季節是相反的

　　當準備衣物行李時，如果出發時間是台灣夏天，澳洲就是冬天，所以反而要多帶一點
冬天的衣物。若出發時間是台灣冬天，則相反。有趣的是，由於季節相反的關係，若你
出發的季節是台灣的夏天，就可以趁機在台灣購買冬天的衣服，剛好都會處於特價。反
之，若是在澳洲冬天返台，也有機會在澳洲買到便宜的夏季衣物！

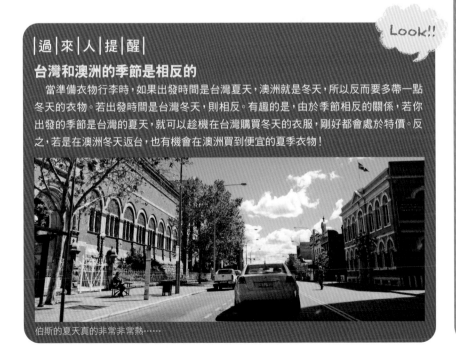

伯斯的夏天真的非常非常熱……

● 要帶的物品

必備物品

check ✓	項 目	備 註
☐	證件	除了護照和上述的證件們之外，記得準備電子機票影本、電子簽證影本。如果你報名了語言學校，記得帶學校註冊確認信、學費收據、學校地址、電話、聯絡人資料。如果你有特殊疾病，最好再帶英文病歷和處方箋。大部分的證件最好都影印一份放在不同的地方，電腦裡最好也存一份電子檔。準備一個夾鏈袋把你的證件們裝起來吧！
☐	錢	現金要隨身帶好，再帶一張台灣的信用卡以備不時之需，去之前記得開通網路銀行。 20分　10分　5分 2元　1元　50分 雖然澳幣最小的幣值是5分(Cent)，但是當你加油或是在超市結帳的時候，還是會遇到像是5.03(5元3分)或是5.07(5元7分)這樣的情形。這種時候就要二捨三入，也就是說，不管是5.03還是5.07你都是付5.05。如果是5.08的話，你就得付5.10了。
☐	手機	換個SIM卡就可以使用了，非常方便。另外也推薦下載離線地圖APP來使用。
☐	藥品	基本款就是感冒藥、消炎藥、OK繃、萬金油這類。依各人需要可以再加上止痛藥、痠痛藥膏、防蚊液、行氣散、除疤膏之類的東西。請盡量保留藥品的外包裝，以便海關查驗。如果是醫生開的藥，記得帶處方箋和整個藥袋。女生可以再加帶中將湯或四物湯的茶包，以免來澳洲後水土不服導致經期不順。
☐	盥洗用具	毛巾、牙刷牙膏、洗面乳、沐浴乳、洗髮乳、保養品、指甲剪等，帶旅行組的就好了，反正澳洲還是買得到。

check ✓	項目	備註
☐	睡袋	一個品質好、體積小的睡袋，絕對是你旅程中最好的朋友。羽絨睡袋的正確收納方法是隨便亂擠到袋子裡。如果固定一種折法，久而久之會讓睡袋出現折痕，影響羽絨的均勻散布。 關於清潔的部分，羽絨千萬不能丟洗衣機，也不要用一般的洗衣粉來洗，不然羽絨裡面的天然油脂會被洗掉。要是沒有很髒，曬一曬就好了。真要洗的話，把整個睡袋丟到浴缸裡泡完水再打開，用水或是專用的洗劑搓一搓。不要擰乾，丟烘乾機低溫烘，烘乾機裡也不能有尖銳的東西。
☐	文具用品	澳洲的文具不如台灣精緻，不但種類比較少，而且價格貴得驚人。所以建議筆可以多帶一些，特別是想畫圖或寫紙本日記的人。另外依需要可以再帶口紅膠和膠帶之類的東西。
☐	轉接插頭	澳洲的電壓是220伏特，插頭是三孔的，和台灣不同。所以出發之前先要去五金行或3C用品店買轉接頭。買一個就好，因為如果再搭配台製的延長線(要注意電壓可接受220伏特)，或一對多接頭，插座這種東西要幾個有幾個。而且萬一轉接頭弄丟了，澳洲當地還是買得到的。
☐	變壓插頭	如果你有帶吹風機，就一定要搭配變壓插頭，變壓插頭可以把220V轉成台灣一般電器使用的110V。通常像相機、手機的充電器，還有電腦的變壓器都自動具有變壓的功能，詳細規格都會寫在變壓器上，除此之外的都要裝個變壓插頭。

可考慮攜帶的物品

以下建議攜帶的物品並非必備，不帶也沒有關係，而且很多東西可以在澳洲二手用品店買到，或透過Facebook的Marketplace找到便宜的二手貨，請依個人需求斟酌決定。

check ✓	項目	備註
☐	筆電或平板	在澳洲不管是要找工作、查資料、處理簽證、上網訂票等，筆電或平板會是非常方便的工具，建議多帶一個隨身碟或外接硬碟，除了備份重要資料，還可以存放旅行途中的照片影片等等。不過畢竟是貴重物品，帶來澳洲會有被偷的風險，所以找住宿的時候，記得慎選室友，盡量找可以鎖門的房間，然後避開治安不好的地區。

check ✓	項目	備註
☐	書	這一生中也許再也沒有機會能讓你這麼思念正體中文了。帶本書吧！找一本適合旅行看的書，用智慧型手機或是電子閱讀器來看電子書也是不錯的選擇。
☐	相機	務必要多帶一顆電池。
☐	備用眼鏡	包括備份的鼻墊和迷你螺絲起子，澳洲配眼鏡和修眼鏡都超貴的。另外因澳洲大部分城市的緯度高、陽光較斜，開車時最好有太陽眼鏡。近視的人也可以考慮一下要不要帶有度數的墨鏡或是變色眼鏡。如果是習慣戴隱形眼鏡的人，建議預計來一年就帶滿一年的量，因為澳洲買隱形眼鏡都要先驗光，除了麻煩還很貴。
☐	行動電源	帶一個行動電源以備不時之需。提醒：搭飛機的時候行動電源不能託運，必須放在隨身行李中，一人最多只能帶2個。
☐	防身警報器	澳洲治安好，但是還是有可能碰上搶劫、強暴犯、鬧事的酒鬼、種族歧視等。因為澳洲政府規定不能攜帶防狼噴霧器，可以考慮一拉就發出驚人聲響的防身警報器。
☐	生活用品	● 衛生棉：澳洲衛生棉沒有台灣好，也比較貴一點，尤其是夜用型的，可以多帶一點。 ● 防曬乳：澳洲也有在賣，可是只防曬傷不防曬黑，如果你很在乎的話，就從台灣帶吧！ ● 防曬衣物：去農場工作可能會需要帽子、布手套和袖套。手套當地就有，但是袖套就很難找了。袖套可以保護你防止曬傷和刮傷，也可以暫時擋一下摘芒果時可能沾到的毒液。 ● 髮圈和髮夾：澳洲的髮圈超貴的。 ● 密碼鎖：如果是帶大背包的話，最好再買個密碼鎖把拉鍊鎖起來，因為到處都有小偷，防人之心不可無。 ● S型掛勾：有些地方的浴室沒有掛勾，自備掛勾就不用擔心弄溼衣服。 ● 筷子：最好帶兩副。筷子最好託運，不要隨身帶著，不然海關有可能會把它們丟了。 ● 眼罩、耳塞：如果你是一個很容易被吵醒的人。 ● 保鮮盒：可裝食物微波的那種，最好帶2個，出外也可當野餐盒。 ● 其他：大部分的生活用品在澳洲都買得到，基本不用帶，如隱形眼鏡藥水、打火機、牙線、調味料、泡麵等。某些物品可能有個人使用習慣或偏好，如果不嫌重，可以自備，如輕便雨衣、梳子、隨身鏡、針線包、手電筒、太陽眼鏡、吹風機、電動刮鬍刀等。

參考物品

以下這些物品不一定用得到，除非你非常確定你會拿出來用，不然帶了只是徒增困擾。我已經警告過你了，如果你帶了到時覺得後悔，本書概不負責。

check ✓	項目	備註
☐	墨筆	旅途中一定會遇到有對漢字有興趣，或是希望你幫他取個中文名字的外國朋友。這個時候一拿出墨筆，整個氣勢就不一樣啦！
☐	萬用頭巾	又稱魔術頭巾或多功能頭巾。除了頭巾的功能，還可以用來當圍巾、口罩。非常好用，登山用品店買得到。
☐	頸枕	坐飛機或長途火車時使用。有充氣式和乳膠式的。
☐	打薄刀	如果想要自己剪頭髮，光用剪刀是不夠的，這個時候打薄刀就是你的好朋友。不過如果你技術不好的話……
☐	小型電鍋	比較小台的大同電鍋可煮3人份的飯，真的看過有人帶。
☐	腳踏車補胎組	如果你計畫到了澳洲後想買台腳踏車代步，或者你根本就是想要腳踏車環澳的那種人，就一定要帶個腳踏車補胎組。在澳洲補胎超貴的，自己來最划算。
☐	GPS衛星導航	這當然是開車時用的。如果你在台灣已經有GPS，也可以帶到澳洲來使用，不過使用前要先灌澳洲這邊的地圖軟體。當然澳洲也買得到。
☐	才藝用品	口琴、笛子、尤克里里琴(迷你吉他)、扯鈴、毽子……如果你有各種奇怪的才藝，而且表演的用具不會很大(如果你會的是豎琴那很抱歉)，空間允許的話可以考慮帶著，也許會因此交到一些朋友，走投無路的時候還可以去街頭賣藝。

check ✓	項 目	備 註
☐	車用點煙供電器	如果你要以車為家,如何幫你的電器用品充電(手機、相機、電腦)就是個大問題。將點煙供電器的一端插上車子裡的點煙器,你就有插座可以使用了,在各大汽車用品店可以買得到。不過這東西還滿重的,也可以到澳洲再買,名字叫「12V DC to 240V AC Power Inverter」,只是澳洲貨當然會比較貴一點,而且插座是三孔的。

● 訂機票 / 申請語言學校 (有需要的話)

關於機票請參閱「交通篇」P.122。如果你想申請語言學校請參閱「學習篇」P.170。

● 檢查牙齒和剪頭髮

在澳洲看牙齒超級貴的!看一顆牙大概要澳幣200元,趕快在台灣先看一下牙醫,該補的補一補,該拔的拔一拔。至於剪頭髮,澳洲理髮是比台灣貴一點,不過也沒有太誇張。但是既然都要出國了,先剪一下也沒什麼不好。

● 保險

在澳洲一旦發生意外或突發重大疾病,當地的醫療支出相當驚人,建議為自己好好規畫一份醫療保險。以下是海外打工建議規畫的保險種類:

種類	內容說明
台灣全民健保	台灣健保針對海外的醫療保障,屬於「補償性質」的補助,無法全額核退海外醫療費用,建議加保商業保險,轉移在海外可能產生的醫療鉅額負擔。
台灣商業保險	1.旅遊平安險:保障意外身故、意外失能、海外急難救助等,建議加保意外實支實付,彌補發生意外時,可能產生的醫療費用。 2.旅遊不便險:保障班機延誤而損失的額外費用,及行李損失補償等。 3.醫療險和壽險:若有預算,可加強保障住院實支實付、住院日額等。
澳洲醫療險	背包客可以購買澳洲當地的海外遊客健康醫療險(OVHC),保費雖然比較貴,但是保障額度比較符合當地醫療,請參閱「安身篇」P.56。

記得買保險時候要問業務員「如果我在國外就醫，需要準備什麼證明文件才能理賠？」因為每間保險公司理賠情況不同，一定要先問清楚，以免日後麻煩。

關於健保的續保、停保和復保

　除了自己加買的保險，還有全民健保可以用。雖然人在國外，續繳健保的話一樣可以受到健保的保護。在澳洲受傷生病看醫生，6個月內都可以申請健保給付。詳情請參考「意外篇」P.181。

　如果確定自己會離開台灣超過6個月，那也可以選擇申請停保。如果你是在你家附近區公所加保的話，可以線上申請停保。如果是投保在公司行號、工會、農漁會，那就得對原本的投保單位申請，或者直接去健保局辦。停保從申請的那一天開始生效，回國後再找之前的投保單位復保就可以了。

　如果出國不到6個月就返國，就不符合停保的規定，健保局會註銷之前的停保註記，並且追繳停保期間未繳的保險費。如果你回國後要再出去，而且預計會超過6個月的話，還需要重新辦理一次停繳。不然健保也會繼續計算。

全民健保行動快易通APP
這是健保局出的APP，Android和iOS系統都有，可以線上申請停保或復保。

● 預訂住處或聯絡寄宿家庭

　剛到的幾天一切都在適應中，還要申辦一些瑣事，有個固定的住處是很重要的。可以在網路上預訂客棧的住宿，只要輸入要去的城市和客棧的關鍵字(如：輸入「Perth」和「Backpacker」或「YHA」)就會出現許多網頁，再連進去網路預約，信用卡付費就可以了。建議先訂3天，再決定要不要續住。

　另外很重要的是飯店的位置和營業時間，因為一般背包客會買的廉價機票抵達時間通常是晚上，所以最好選在市中心而且半夜可以Check in的(大部分市中心的YHA是可以半夜入住的)。

　關於找寄宿家庭請參閱「住宿篇」P.68。

Look!!

|過|來|人|提|醒|
住宿常見詐騙手法
　很多人來澳洲之前會先上網找房子，在網路上看幾張照片就直接付押金給對方，結果到了澳洲發現聯絡不到房東，才發現被騙了。建議大家先住背包客棧，或透過Booking.com或Airbnb預定住宿，等到了澳洲再慢慢看房，千萬不要還沒實際看到房子就付錢，已經有太多人因為這樣被騙了！

設計履歷

在澳洲找工作之前,你要先準備英文履歷,澳洲習慣稱履歷為CV。你可以先在台灣準備好,不過到了當地可能還是需要調整履歷內容,所以不用印太多張,只是浪費紙而已。或是先設計好版面,等過來以後再修改內容,到當地的圖書館或文具行(例:Officeworks)列印。由於背包客都是做短期的工作,履歷不需要太正式,基本上以一張A4大小為主。(關於履歷,請見「CV製作小技巧」P.196)

用不同顏色的紙張,加一點小設計,讓自己的履歷與眾不同。

畫上插圖排版一下,印一張可以裁成好幾張用。
(圖片提供:Neo)

海關的入境規定

請確保你帶去澳洲的行李,哪些東西需要申報,哪些東西絕對不能帶。因為澳洲海關非常嚴格,屆時你可能會遇到「AQIS偵查犬」過來聞你的行李,有時候聞比較久可能只是聞到食物(包含1～2天前放的),若你沒有攜帶違禁品就不需要緊張;若發現有攜帶違禁品,當場就會罰款至少澳幣250元以上,嚴重一點甚至會面臨起訴,或取消簽證直接遣返。

澳洲邊境署
針對旅客的入境須知

台灣外交部
針對澳洲的入境須知

絕對不能帶的物品

- 所有蛋奶製品，例如含有蛋或肉餡的月餅。
- 所有活的動物和植物。
- 所有非罐裝的肉類食品。
- 新鮮蔬果、花卉和種子，包含爆米花。只要是有機會長成植物，或可能夾帶昆蟲的都不行。
- 危險物品、各類武器彈藥絕對不能帶，另外，若有美工刀、廚房鋒利器具，一定要放託運行李，不可以放在隨身行李。

需要申報的物品

以下物品可以帶，但是需要如實申報，通常會放行。

- 食品類：真空包裝或罐裝的食品，烹調原料、乾貨、米和麵條、零食和茶葉等，需要符合自用量且有正規包裝。
- 動物類產品：包含羽毛、皮革、動物角、牙齒、骨骼、貝殼等之類的物品。
- 植物類產品：任何植物製成的手工藝品、植物材料線繩等。
- 蜜蜂相關產品：包含蜂蜜、蜂蠟、蜂巢等。

常見物品入境規範

- 中草藥和傳統藥物：有些傳統中草藥在申報後，一般可以帶入澳洲，像是陳皮、菊花、樹皮和靈芝等。但是任何使用動物軀體製成的中藥，像是鹿茸、鹿角、燕窩、牛尾、冬蟲夏草等等，都不可以帶入澳洲。
- 如果是處方藥，每人可攜帶「3個月(90天)」以內的劑量，為了避免被誤認為毒品，記得準備醫生處方籤，以備不時之需。處方籤上須寫明診斷結果、藥品名稱及使用劑量，並確認為患者本人使用，也就是說不可以幫別人帶藥！非處方藥物必須要有完整包裝，每種最多1～2盒。以上皆須申報。(若不確定什麼藥可以帶，請到澳洲藥物管理局網站用「藥物成分」查詢：www.odc.gov.au)
- 攜帶菸酒類產品一定要申報。2019年7月1日起，年滿18歲以上，每人可攜帶最多2.25公升的酒類，以及25克任何形式的菸草(或25支香煙)。若沒申報，不僅會被當場銷毀以及開罰單，嚴重一點可能會遭受起訴或被取消簽證，直接遣返。
- 2018年6月30日起，攜帶任何形式的粉末皆須申報。分成無機粉末(Inorganic powders)和有機粉末(Organic powders)。無機粉末包含鹽、去角質鹽、砂、滑石粉、清潔粉等，無機粉末不得帶超過350克；有機粉末包含嬰兒配方奶粉、粉狀食物、咖啡、蛋白粉、麵粉、糖、化妝品等，有機粉末基本上沒有限制重量。
- 禁止攜帶任何毒品入境澳洲，否則最重可能面臨鉅額罰款甚至終身監禁。

入境申報物品的方式

在飛機即將落地澳洲時，機組人員會發給每位乘客一張「澳洲入境卡」。過海關時，你需要拿護照和填寫好的入境卡給海關人員檢查。填寫時，若不確定該物品需不需要申報，選擇「YES」就對了。因為有申報的話，即使不能帶入澳洲，你也不會受到懲罰(毒品例外)。

若沒有申報，被海關發現你攜帶違禁品或需要申報的物品，你可能會受到嚴重處罰！需要申報的人，從掛有紅色牌子的出口出關，接受檢查；若沒有需要申報的物品，可以直接從掛有綠色牌子的出口出關。

澳洲入境卡中文版

這是中文版的澳洲入境卡，填寫的時候會是英文版，可以對照填寫。

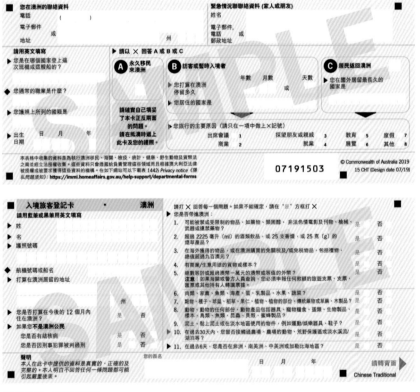

(圖片來源：澳洲邊防署)

2

LIFE skills

澳洲生活技能

準備要到澳洲的你，心裡緊張是難免的，因為在異地生活，總是有太
多的不確定。這個時候，掌握情報就是最重要的事了。在第二章裡，
我們要幫你建立起對在澳洲生活各個面向的想像。讓你在還沒有入境
澳洲之前，就有了足夠的心理準備；也讓你到了澳洲之後，臨事時有
所依靠。

安身篇

剛到澳洲需要辦理的事

剛到澳洲，人生地不熟，有些人甚至是第一次出國。那麼初來乍到一開始要作些什麼呢？本章將幫助你在到了澳洲之後的第一週就迅速打好基礎。

● 從機場到住處

下了飛機出關之後，第一個面臨的問題是怎麼到你預定的住所。有以下幾種方式：

專人接機

也許是親友、房東、寄宿家庭主人，或者出發前在台灣聯繫好的接機服務。你可以連上機場的免費Wi-Fi，透過通訊軟體聯繫他們。萬一需要打電話的話可以：

【手機漫遊直撥】用台灣門號的手機以漫遊的形式撥號。(不過在台灣就要先確認好你的手機方案有提供這項服務)

【找公共電話】用50分的硬幣撥打公共電話。通常剛到澳洲你不會有50分的硬幣，可以去機場裡的販賣部或是找其他人換。(詳細使用電話的方法請參閱「通訊篇」P.114)

投50分硬幣就可以講一段時間，不用太緊張。

計程車

計程車是最貴的交通方式，但是機動性最強，可以直接抵達目的地，而且隨時隨地都能搭乘。現在澳洲市區的叫車服務十分發達，其中最知名的是Uber、Didi和Ola，除了透過手機APP叫車，澳洲各大機場也有Taxi專區可以叫車，價格透明，比傳統計程車方便許多。記得坐在計程車後座也要繫安全帶喔！

【傳統計程車】澳洲主要的傳統計程車公司是「13Cabs」，顏色不像台灣是黃色的，而是分成白色和黑色。跟台灣一樣是跳表計價，且有設定起跳價。

【計程車平台】澳洲最知名的叫車平台為Uber和Didi，其次是Ola。比傳統計程車便宜許多，偶爾還會推出搭乘優惠，但如果遇到上下班尖峰時刻或大型活動結束時，也就是同時很多人叫車，但司機卻不夠的情況，價格就會大幅提高。

大眾運輸工具

大家也可以從機場搭大眾運輸到市區，再想辦法抵達住處。搭乘之前需要先購買交通卡(詳見P.132)。

(詳見P.132)

|過|來|人|提|醒|

Look!!

嚴守交通法規

澳洲交通規則比較嚴格，上車後無論坐在前座或後座，都要立刻繫上安全帶，否則可能吃上罰單。若在市區搭計程車，記得選在可臨時停車的路段，避開公車停車格(Bus Zone)，因為澳洲罰單太貴了，澳洲司機不會冒險在不能臨停的路段讓你上車，通常使用共乘平台APP叫車，也會自動引導你到可以合法臨停的路段。

留意司機行車路線

上車之後也要保持危機意識，不要一直滑手機，注意司機是否有照路線駕駛，時刻保持警惕是在海外生存的不二法門。

澳洲四大機場	連接市區的主要大眾運輸工具
雪梨機場 (Sydney Airport)	**搭乘機場快線火車(Airport Link)：**營運時間為05:00～凌晨00:00左右，跟著「Train」標示即可找到搭乘點。於第一月台(Platform 1)搭乘機場快線(T8)，可直達雪梨市區「中央車站(Central Station)」。
布里斯本機場 (Brisbane Airport)	**搭乘機場快線火車(Air Train)：**營運時間為05:00～22:00左右，跟著「Train」標示即可找到搭乘點，在第一月台(Platform 1)搭車，可前往布里斯本市區「中央車站(Central Station)」。
墨爾本機場 (Melbourne Airport)	**搭乘機場快線巴士(Skybus)：**營運時間為04:30～凌晨00:00左右，可於T1、T3和T4航廈找到搭乘點，並搭乘「Melbourne City Express」。這個巴士會先停T4，再到T3、T1，終點站是墨爾本市區的「南十字星車站(Southern Cross Station)」。
伯斯機場 (Perth Airport)	**搭乘機場巴士(Bus)：**如果在T1、T2航廈，搭乘380號公車可到市區；如果在T3、T4航廈，搭乘40號公車可到市區。記得不要搭到「航廈循環巴士(Terminal Transfer Bus)」，否則會一直在機場裡面繞，出不來哦。

抵達澳洲必辦三大號碼

1 辦理手機門號

抵達澳洲最優先的任務就是辦門號，不管找工作、開戶，或是申請各種資料，你都需要有澳洲手機號碼。背包客主要用預付卡(Pre-paid)居多，從機場出關後，可以直接在機場內的各大電信門市辦理，或等安頓好後，再到各大超市購買預付卡，包裝上面會教你如何線上開卡，直接按照上面操作即可。記得找一個有免費Wi-Fi的地方開卡(關於電信公司及預付卡開通，詳見P.116)。

2 申請稅號 TFN, tax file number

稅號是一組9位數的號碼，將來你要找工作，老闆就會要求你填一份稅務單，以便幫你報稅，這時候就要用到稅號了，如果你沒有申請稅號，會被扣45%的稅！當你要申請退稅的時候，也會用到這組號碼(關於退稅請參閱「財務篇」P.152)。因為從申請到核發需要一點時間，而且只能在澳洲境內申請，沒辦法先在台灣線上辦，所以最好一到澳洲就馬上辦。

線上申請稅號流程

 Step 1 首先掃QRcode進入澳洲稅務局網站的稅號申請頁面，初始頁面上會說明申請稅號的條件，按下「Start」進入下一頁。

Step 2 開始填寫個人資料：按照1～5依序完成，填完後按下「Next」就會出現下一頁。最後會出現「Successfully submitted」畫面，代表申請成功結束，你會得到一組申請號碼(ATO receipt ID)，可以用來向稅務局查詢進度。

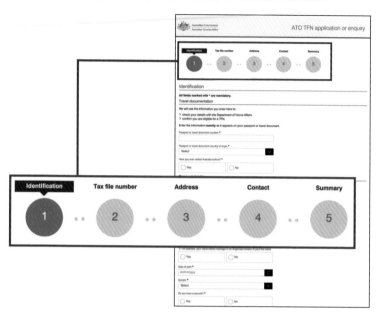

❶**Identification**：輸入護照號碼、國籍、有沒有來過澳洲、姓名(護照上的英文拼音)、生日、性別，如果已婚要填寫配偶的名字(英文拼音)。

❷**Tax file number**：回答你和澳洲稅務的關係，是否申請過TFN或ABN、是否退稅過、有無置產等，全部選「No」。

❸**Address**：輸入郵寄地址。稅號會寄送到這個地址，寄送時間約1～2週，若不確定到時會住哪裡，可先選擇寄到朋友家或附近的郵局，不過要記得去收信啊！

❹**Contact**：輸入聯絡電話和E-mail。

❺**Summary**：再次確認自己提供的資訊是否正確。

Step 3 收到稅號後，就可以到銀行開戶了。記得要告訴銀行你的稅號，以免之後的存款利息也被扣稅。

Look!!

|過|來|人|提|醒|

如果沒有收到稅號怎麼辦？

　　如果過了28天還沒收到稅號的信，可以打電話到稅務局詢問。若擔心英文不好，可以撥打免費翻譯電話，由翻譯人員幫你轉接，協助線上翻譯。接通稅務局並說明來意後，對方會詢問你的姓名、生日、電話、地址，以及當初的申請號碼(ATO receipt ID)，然後就會直接在電話中把你的稅號(共9碼)告訴你。如果稅號的地址有更改，也應該告知客服人員。請注意，這個稅號非常重要，每個人一輩子只有一組稅號，請牢牢記好，也不要告知他人，以免被不肖份子盜用。
澳洲稅務局 ☎ 13-28-61
免費中文翻譯 ☎ 13-14-50

3 建立澳洲銀行帳戶

　　最後一個必辦的就是銀行帳號了！在澳洲工作，需要提供雇主你在澳洲的銀行帳號和退休金帳號，雇主才能匯薪水給你(退休金帳戶說明詳見P.164)。另外，像是出門買東西時也會需要，總不可能帶一堆現金在身上。澳洲有很多間銀行可以選擇，你可能要思考一下哪一間最適合你，在此之前，先了解在澳洲開戶的基本概念吧！

澳洲開戶方式

【線上開戶】

　　現在澳洲銀行都有線上開戶的功能，不過線上開戶後，還需要親自到銀行進行身分驗證，才能正式開通帳戶。在未進行身分驗證之前，你只能轉錢進去，不能提款或從裡面轉錢出來。有些人會在台灣線上開戶，把錢匯進去，等抵達澳洲後再到銀行完成身分驗證，就可以提領出來或放在銀行。

在台灣線上開戶時，需要你的護照、E-mail、台灣地址、台灣手機號碼、預計抵達澳洲的時間和地點，以及台灣稅號(就是你的台灣身分證號碼)。

【臨櫃開戶】

不習慣線上開戶的人，可以等到了澳洲再去銀行開戶，請現場專員幫你處理，也會比較安心。如果英文不好，可以到中國城(China town)附近的分行開戶，通常華人區的銀行都會安排中文專員。開好帳戶後，一樣可以把台灣的澳幣匯過來。

澳洲臨櫃開戶時，需要你的護照、E-mail、台灣地址、台灣稅號，還有你的簽證信、澳洲地址、澳洲手機號碼、澳洲稅號，以及最低預存現金(根據不同銀行規定，有些不需要預存)。

澳洲開戶種類

基本上背包客在澳洲需要開戶的種類有「日常帳戶」和「活儲帳戶」這兩種，建議各開一個，這樣放在銀行的錢比較有保障，同時享有較好的存款利率。

【日常帳戶 Transaction accounts】

主要用來提存款、轉帳和日常交易的戶頭。建議申請日常帳戶的簽帳金融卡(Debit Card)，開通帳戶後，大約7～10天會收到簽帳金融卡，有了卡片就可以綁定行動支付。行動支付在澳洲十分普遍，當你刷卡時，會從你的日常帳戶扣款，裡面有多少錢，才能刷多少錢，不過有一定的透支額度，一旦透支沒有即時補上，可能會有罰款。很多人會把錢先放在儲蓄戶頭，等到需要用錢時再轉到日常戶頭。

【活儲帳戶 Savings accounts】

就是儲蓄用的戶頭，活儲帳戶不會有簽帳卡，唯一的功能就是讓你把錢放著生利息而已。如果你想動用裡面的錢，就把錢轉去日常帳戶就好，不能轉去其他銀行的帳號。活儲帳戶雖然存款利率比較高，但是需要符合特定條件才能享有，像是一定期限內不能從裡面提款。有些銀行開戶首3個月可享有優惠利率等等，根據不同銀行有不同的利率優惠和相關規定。

澳洲四大銀行

來澳洲一定要知道的四大銀行分別是NAB、Commonwealth、ANZ和Westpac，不管你是申請哪一間，只要在這4間的ATM提款，都不用跨行手續費。建議剛到澳洲，可以從這4間銀行中選一間來開戶，等適應澳洲生活後，再考慮跳槽到其他利率較好的銀行(例：數位銀行)。別忘了下載該銀行的APP，日後轉帳或是檢查薪水到帳了沒等，利用APP會十分方便！

銀行名稱	銀行介紹及適合背包客的開戶種類	線上開戶
National Australia Bank (NAB) 澳洲國民銀行	澳洲歷史最悠久的銀行，沒有最低存款要求、免費開戶、不需要帳管費，是最多背包客選擇的銀行。有很多分行據點，手機APP和網路銀行的介面設計比較中規中矩，利率通常是四大銀行之中最低的。 日常帳戶名稱：NAB Classic Banking account 活儲帳戶名稱：NAB Reward Saver、NAB iSaver	
Commonwealth Bank (CBA) 澳洲聯邦銀行	澳洲最大的銀行，同時也是據點最多的銀行。每個月有帳管費澳幣4元；低於25歲、全日制學生或每月現金流動超過澳幣2,000元可免帳管費。風評很高，手機APP和網路銀行的設計介面是4間銀行中最好的。 日常帳戶名稱：Everyday Smart Access account 活儲帳戶名稱：NetBank Saver account	
Australia & New Zealand Bank (ANZ) 澳盛銀行	每個月有帳管費澳幣5元；低於25歲、全日制學生或每月現金流動超過澳幣2,000元可免帳管費。若帳戶被透支會有小小罰款。分行據點在4間銀行中相對較少。國際轉帳回台灣的手續費有稍微便宜一點。 日常帳戶名稱：ANZ Access Advantage 活儲帳戶名稱：ANZ Online Saver	
Westpac 西太平洋銀行	每個月有帳管費澳幣5元；低於30歲、全日制學生、新開戶首12個月或每月現金流動超過澳幣2,000元可免帳管費。分行據點跟ANZ一樣，相對較少。這是最少背包客申辦的銀行。 日常帳戶名稱：Westpac Choice 活儲帳戶名稱：Westpac eSaver	

以上資料時有異動，依最新公告為準。

【其他常見銀行】

　　除此之外，還有聖喬治銀行(St.George)和大家比較熟悉的HSBC匯豐銀行(和台灣的匯豐是不同營運體系)，以及地方性的銀行，像西澳的BankWest、南澳的BankSA、維多利亞的Bendigo等，這些銀行的開戶難度會比四大銀行高一些。來澳洲一段時間且有存到錢以後，也可以考慮申請數位銀行的帳戶，像ING、UP bank、Revolut等等，存款利率通常比較好。每間銀行的利率都是浮動的，不定期會推出高利息或其他特別的定存方案，可以上網隨時注意最新消息，或是開戶前，先到各大銀行的官方網站進行比價。

如何轉帳和提款？

【一般轉帳】

　　無論轉帳給朋友，或是租房需要轉錢給房東，只需要對方的帳戶名稱、BSB號碼及Account號碼，就可以直接線上轉帳，基本上不需要轉帳手續費。轉帳前，一定要仔細檢查所輸入的BSB和Account號碼，確認正確再轉出去！

【國際轉帳】

　　如果從台灣轉帳到澳洲，或是從澳洲轉帳到台灣，就會產生國際轉帳手續費。以NAB為例，若轉澳幣到台灣，轉帳手續費為澳幣30元；若換成美金再轉去台灣，轉帳手續費是美金10元，但是會產生「中轉費」和「解款費」，加起來其實也差不多。不過，每間銀行的國際轉帳手續費都不一樣，詳見P.169。

【提款與Cash Out】

　　除了透過各大ATM之外，你還可以在澳洲超市提款。澳洲每間超市都有提供一個服務叫做「Cash Out」，當你到超市買東西結帳時，你可以跟店員說你要Cash Out，店員會問你要Cash Out多少錢，並請你刷卡，除了扣掉買東西的金額，同時也會扣掉你想Cash Out的金額，購物時順道提款，不需要再跑一趟ATM，超級方便。

● 買個澳洲醫療保險最安心！

　　開始享受澳洲旅程之前，強烈建議大家買個澳洲當地的醫療保險，因為澳洲醫療費用十分高昂，看個醫生就會荷包大失血。若發生重大事故，一趟救護車動輒上千澳幣，開刀住院費用更是天價！澳洲甚至有一個笑話，很多人受傷昏倒前，最後一句説的不是「救命」，而是「別叫救護車！」而台灣的醫療險則像是遠水救不了近火，尤其我們在澳洲人生地不熟，一旦發生事故就會很麻煩，有了澳洲當地的醫療險，生活上就會比較安心。

澳洲醫療保險種類

　　澳洲的醫療保險主要分成兩種：全民健康保險(Medicare)及私人健康保險(Private Health Insurance)，打工度假背包客不符合全民健康保險的申請資格，只能購買私人健康保險之下的「海外遊客健康醫療險(OVHC，Overseas Visitor Health Cover)」這一項，可理賠的項目主要包含「醫院醫療(Hospital)」和「門診醫療(Medical)」。不同價位的私人健康保險，分別提供不同級別的保障，以及不同返還比例的補貼，你還可以根據預算加保附加醫療(Extra Cover)。

醫療種類	常見醫療項目	常見理賠方式(OVHC)
醫院醫療 (Hospital)	於醫院治療所產生的所有費用，例如掛號、住院、手術(包含特定義肢器材和手術植入假體)、急診，以及緊急救護車(Ambulance)服務。澳洲救護車非常貴，雖然昆士蘭州說他們的救護車服務是免費的，但是這並不適用於背包客喔！	公立醫院治療可按MBS標準報銷100%費用；私立醫院則需要去保險公司有配合的醫院才能申請理賠。
門診醫療 (Medical)	家庭醫生(GP)、專科醫生(Specialist)、血液測試(Pathology)、X光檢查(Radiology)及處方藥物。	根據保單不同，可按MBS標準報銷85%～100%，超過需自費。
附加醫療 (Extras)	包含普通牙科(洗牙、補牙及簡單拔牙等)、眼科、物理治療、心理健康等等。	過了等待期才會理賠，根據不同保單可報銷50%～90%左右，超過需自費。

註1：MBS(Medicare Benefits Schedule)指的是澳洲醫療保險福利計畫，該計畫列出了各項醫療的報銷標準，是當地醫療保險公司設定理賠範圍的重要指標。

註2：附加醫療及既有疾病治療的理賠通常會有「等待期」及「年度限額」，等待期約2～12個月不等。等待期間所產生的醫療費用，或超過年度限額的部分，保險公司一概不負責，建議大家購買前，要仔細了解所選方案的保險涵蓋範圍，再進行投保。實際理賠方式，請以實際保單合約為準。

澳洲醫療保險線上申請教學

　　以澳洲最大間的醫療保險公司Bupa來示範，一步步教大家如何申請打工度假的醫療保險！(以下內容為2022年5月更新)

 Step 1 輸入網址或直接掃描QRcode，進入BUPA網站的報價頁面，並依序回答頁面上的問題。
http www.bupa.com.au/health-insurance/quote

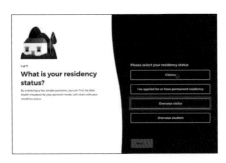

1 選擇你在澳洲的居留身分

打工度假背包客算是Overseas visitor(海外遊客)。

2 選擇保單類型

選項包含：Singles(單人)、Couples(情侶或夫妻)、Families(家庭，兩個成年人+未成年孩子)、Single parents(單親家庭，一個成年人+未成年孩子)。由於背包客是不能帶小孩來澳洲的，所以基本上就是Single或Couple二選一。Couple的保單金額是Single的兩倍以上，因為保險公司認定情侶或夫妻有機會產生懷孕的開銷，所以保費比較貴。若沒有打算在澳洲懷孕的話，就保Single就好，比較便宜。

3 出生日期

澳式寫法為「日/月/年」。

4 你在澳洲居住的州

選擇你預計待的州或目前所居住的州即可,之後若去其他的州,一樣可以申請理賠,只是搬家了要記得告知保險公司。

5 選擇簽證種類

打工度假背包客屬於「Working holiday visa」,不是「Working visa」。

6 選擇簽證類別和國籍

如果你的護照是台灣,國籍就選Taiwan;台灣人的打工度假簽證類別是「417-Holiday Working」。

7 選擇保險涵蓋範圍

這裡的Hospital only是指「醫院醫療＋門診醫療」,而Hospital and Extras是指「醫院醫療＋門診醫療＋附加醫療」,依個人需求選擇即可。(請參閱表格P.56)

8 填寫聯絡資料

姓名/電話/E-mail。這邊可以選擇「Decide later」先跳過，直接進入保單選擇頁面，有確定要買再填資料就好。

Step 2 根據你填寫的資料，網站會列出所有符合你資格申請的保單，選擇最適合你的方案。

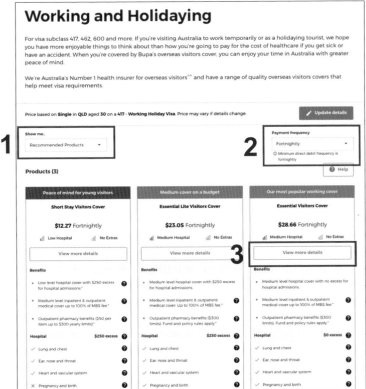

Working and Holidaying

For visa subclass 417, 462, 600 and more. If you're visiting Australia to work temporarily or as a holidaying tourist, we hope you have more enjoyable things to think about than how you're going to pay for the cost of healthcare if you get sick or have an accident. When you're covered by Bupa's overseas visitors cover, you can enjoy your time in Australia with greater peace of mind.

We're Australia's Number 1 health insurer for overseas visitors^^ and have a range of quality overseas visitors covers that help meet visa requirements.

Price based on **Single** in **QLD** aged **30** on a **417 - Working Holiday Visa**. Price may vary if details change.

Update details

1 Show me..
Recommended Products ▼

2 Payment frequency
Fortnightly ▼
ⓘ Minimum direct debit frequency is fortnightly

Products (3)

❓ Help

Peace of mind for young visitors	Medium cover on a budget	Our most popular working cover
Short Stay Visitors Cover	**Essential Lite Visitors Cover**	**Essential Visitors Cover**
$12.27 Fortnightly	**$23.05** Fortnightly	**$28.66** Fortnightly
Low Hospital · No Extras	Medium Hospital · No Extras	Medium Hospital · No Extras
View more details	View more details	**3** View more details

Benefits

Short Stay Visitors Cover:
- Low level hospital cover with $250 excess for hospital admissions.*
- Medium level inpatient & outpatient medical cover. Up to 100% of MBS fee.*
- Outpatient pharmacy benefits ($50 per item up to $300 yearly limits).*

Essential Lite Visitors Cover:
- Medium level hospital cover with $250 excess for hospital admissions.
- Medium level inpatient & outpatient medical cover. Up to 100% of MBS fee.*
- Outpatient pharmacy benefits ($300 limits). Fund and policy rules apply.*

Essential Visitors Cover:
- Medium level hospital cover with no excess for hospital admissions.
- Medium level inpatient & outpatient medical cover. Up to 100% of MBS fee.*
- Outpatient pharmacy benefits ($300 limits). Fund and policy rules apply.*

Hospital	$250 excess	Hospital	$250 excess	Hospital	$0 excess
✓ Lung and chest		✓ Lung and chest		✓ Lung and chest	
✓ Ear, nose and throat		✓ Ear, nose and throat		✓ Ear, nose and throat	
✓ Heart and vascular system		✓ Heart and vascular system		✓ Heart and vascular system	
✗ Pregnancy and birth		✓ Pregnancy and birth		✓ Pregnancy and birth	

1 顯示所有表單

一開始，頁面只會列出3
個推薦保單(Recommeded
Products)，通常比較貴。你
可以選擇顯示所有產品(All
Products)，才會出現比較
便宜的保單。

2 選擇付款頻率

Weekly (每週)
Fortnightly (每兩週)
Monthly (每月)
Quarterly (每季)
Half Yearly (每半年)
Yearly (每年)
基本上多久繳一次是沒差
的，不會比較優惠，只是有
些保單的最低付款頻率是
Fortnightly(每兩週)，如果
選Weekly(每週)，就不會顯
示這個保單。

3 看詳細介紹

找到最適合你的方案後，
按下「View more details」，
可以看見更多詳細介紹。

Step 3 再次確認所選保單的內容，確定購買就點「Join Now(加入)」。

Essential Visitors Cover $28.⁶⁶

Medium level hospital and medical cover for protection from the unexpected when working in Australia. Designed for those on working visa types 457, 482, 485 and more.

Weekly ▾
ⓘ Minimum direct debit frequency is fortnightly

1 ▮▮ Medium Hospital $0 excess ▾ ▮▮ No Extras Extras not included **3** **Join Now** ›

Call me back

Price based on **Single** in **QLD** aged **30** on a **417 - Working Holiday Visa**. Price may vary if details change. Change ✎

Important files

Essential Visitors Cover
PDF Download ⬇

2

Hospital cover

This cover is suitable for the following visa types:

- Temporary Work Skilled visa (457)
- Temporary Skill Shortage visa (482)
- Temporary Graduate visa (485)

The following information explains what is included and what is not included. We will pay for all services included on your cover as listed below. Remember that you could incur out-of-pocket costs for some of these items.

Please note, when you click on 'Find a Provider', this does not include a full list of providers.

On all Bupa Hospital cover:

Find a Provider ◉

Bupa Medical Gap Scheme available | Operating theatre, intensive care, ward fees | Accommodation for overnight or same-day stays

1 選擇醫院出險費(excess)

意思是如果申請理賠醫院的治療費用，你需要自付的金額。根據出險費的不同，保費也會有差。不過有些保單已預設不用出險費。

2 再次確認保單內容

3 確定申請就按下「Join Now」

Step 4

進入申請頁面,逐一填寫申請資料。(示範以保單「Essential Visitors Cover」為例,其他保單產品步驟一樣。)

1 選擇保單開始日期

2 填寫個人資料
姓名、性別、生日及國籍
(Main country of citizenship)。

3 你是否正在澳洲?
是就選Yes,接著填寫澳洲電話號碼、E-mail和澳洲居住地址;境外選No。

4 你在澳洲是否有保其他間的醫療保險(這邊是指OVHC)
基本上選No。如果選Yes,你需要填另一間OVHC的保險資料,然後Bupa會幫你取消掉舊的OVHC,因為在澳洲只能保一間OVHC。

5 是否持有澳洲簽證?
填寫簽證開始日及截止日。

6 填寫付款資料

填寫你預計用來定期扣款的戶頭。澳洲帳戶選Bank Debit；其他信用卡或簽帳卡付款，選Credit Card，或選PayPal付款。填完付款資料後，詳讀下方條款內容並打勾，再按下右下角的「Pay and submit」，即完成申請。寄出申請後，通常有3～5天的審核期，審核通過後才會實際扣款。

Step 5

通過審核並確認扣款成功後，你會收到手機簡訊通知並取得BUPA專屬會員號碼(Membership number)，代表申請成功，記得再到myBupa頁面(網址：myBupa.com.au)完成會員註冊並設定密碼，登入帳號(Login ID)是你的E-mail。以後需要理賠時，可以直接拿Bupa會員卡給配合的診所或醫院，或是拍下繳費收據，到Bupa網站線上申請理賠(Make a claim)。

|過|來|人|提|醒| Look!!

現場請專員協助承保

　　各家保險公司申請流程都大同小異，如果嫌線上申請太麻煩，也可以親自到澳洲當地的Bupa中心，請現場專員協助承保，通常位於市區或華人街的店面，會有中文專員服務。有任何問題也可以直接撥打Bupa的中文專線1300-368-623。如果提早離開澳洲，要記得通知你的保險公司幫你停保，否則你的帳戶會一直被扣款喔！

結語 以上就是初來乍到，在前面幾天需要做好的事情。反正你終究會遇到這些事，不如早點解決，也可以趁機逛逛城市，就當作是玩樂的一部分吧！

住宿篇

背包客在澳洲的15種住宿方式

住宿和交通是旅行中最花錢的兩個部分。背包客在澳洲的住宿方式有很多種，如果運氣好，你可以在這個環節省下不少錢。以下介紹在澳洲15種你可能會碰到的住宿形式。

● 打工時住哪裡

1 客棧
Backpacker

價位：一晚20～30元，視地點和季節而定。

背包客剛到一個城市通常第一個選擇就是客棧。客棧通常會位於城鎮的中心，要去哪裡都方便。依地點、季節、設備而有不同的價格，每間的風格都差很多。名稱從「Backpacker」、「Hostel」到「Lodge」都有。通常客棧裡只有簡單的上下鋪以及廚房等公共空間。住在裡頭可以使用廚房裡的各種器具來烹飪，只要記得用完洗淨歸位就可以了。住客棧的另一個好處是會莫名其妙地認識很多人，會很容易交到新朋友，也能得到比較多的生活情報。

塔斯馬尼亞的遊客中心可以拿到許多客棧的酷卡(Cool Card，宣傳卡)。

3

4

1. 許多背包客的第一個家：伯斯市中心YHA。
2. 伯斯許多台灣人聚集的Hay St. Backpacker。
3. 在雪梨時住得最舒適，最喜歡的一間客棧 The Pod Sydney。
4. 大洋路上的一間背包客棧，觀察一下，有沒有發現台灣國旗！

可以找到背包客棧的網站

Booking
🔗 www.booking.com

Agoda
🔗 www.agoda.com

澳洲YHA
🔗 www.yha.com.au

Look!!

|過|來|人|提|醒|

客棧可以給你哪些幫助

☐ **可能有免費食物：**
通常冰箱裡都會有個寫著「Free Food」的格子(就是看起來都沒有人放東西的那一格)，如果你要離開了，東西吃不完又不想帶走，可以寫張紙條，把食材留在Free Food的格子裡，其他善心人士就會幫你吃掉。可是相反的，千萬不要把你要用的食材放在那一格！

☐ **可當成你的郵件收發站：**
客棧通常可以代收信件和寄放行李，當然要事先和櫃檯說。有些客棧還會提供無線網路、免費早餐、旅行團代辦、甚至幫你找工作等優惠，入住前別忘了先打聽一下。

☐ **住宿時間長也許有折扣：**
如果預定入住的時間比較長(通常是一週)，客棧會給你一點折扣。也別忘了出示YHA卡問有沒有打折，有些即便不是YHA系統的客棧也可以打折，所以多問一定有好處的。

☐ **工作機會可能來源：**
萬一你快沒錢了，也可以問一下客棧有沒有工作可以做(客房整理、準備早餐、掃廁所什麼的)，有時可以用工作抵消宿費，好一點的還會付你薪水。

☐ **提醒：**
客棧裡旅客來來去去，財物失竊的機率很高，一定要好好保管隨身物品。

2 合宿
Share House

價位：單人房一週130～200元
左右，雙人床房每人一週100
～150元左右。市中心的合宿會
更貴。

如果你找到工作，打算在一個城市久待，想省錢的話不妨考慮找合宿。合宿簡單來說就是和幾個人合租一間房子或公寓，住在一起。長期住下來可以節省很多錢。不過合宿通常需要跟房東簽約，預付1、2週的押金。所以移動上會比較不自由，而且房東好不好對生活品質的影響也很大，找合宿之前一定要好好想清楚。

找合宿的方法

目前有非常多管道可以找到合宿，像是FB社團、各大論壇，以及租屋網站。也可以透過Facebook的Marketplace找到租屋資訊，Facebook搜尋「Room for rent」就會出現你所在位置附近的出租資訊，這種方式找到的房東以澳洲人居多，適合想創造全英文環境的人。畢竟跟台灣人一起住，英文永遠不會進步。記得一定要先看房，無論房型看起來多美多漂亮，房東說得多天花亂墜，還沒看房之前都不要先付押金給房東！

找合宿的注意事項

找合宿不像找客棧那麼方便，通常除了朋友介紹之外，還可以到城市或小鎮裡有公布欄的地方找資料(購物中心、旅行社、超市、圖書館、中華街、日本餐廳、語言學習中心等)。上網的話，「背包客棧」的「住宿徵求」子版面會有合宿的訊息，再不然也可以到澳洲當地的租屋網尋找，不過要小心的是，網路上的租屋資訊常常會有一些騙人的傢伙。通常留學生越多的地方合宿就越好找，寒暑假留學生們回國的時候還可以撿到一些便宜的住宿。

【 **看房前** 】 在和房東預約看房之前，可以先了解地址、租金、押金、最短租期、搬家多久前通知、是否含水電網和車位等等資訊。如果是在Facebook找到的租屋資訊，可以先看PO文者的個人檔案，如果看起來像假帳號就跳過，才能降低被騙風險。

【 **看房中** 】觀察地理位置，例如公共交通、治安問題、噪音問題(施工、近主幹道、近火車站)。之前筆者(Irene)住過一間合宿，結果每到白天樓下餐廳都會有很重的油煙味傳上來。再來，也要了解未來可能跟你一起住的室友有多少人，分別哪些國籍、了解生活習慣等。其他就是注意隔音、空

氣流通、房間西曬、冰箱及廚房位置是否足夠你放等等，基本上跟在台灣看房一樣。

【看房後】 如果找到最鍾意的房子，就可以和房東確定搬入日期和付押金。為了避免日後紛爭求助無門，最好事先簽訂租屋合約(RTA, Resi-dential Tenancies Authority)，一式兩份雙方都要簽名，千萬不要怕麻煩，因為等到發生問題的時候，後悔就來不及了。

很多人一起住，所以東西很多。

澳洲租屋資訊

網站	論壇	Facebook
Flatmates http flatmates.com.au 輸入所在區域，就可以找到很多出租資訊，可以直接在網站私訊房東。	台灣背包客棧 http www.backpackers.com.tw 台灣最大的背包客論壇，進入澳洲打工度假的子頁面，選擇所在地區就可以找到租屋資訊。	Marketplace http www.facebook.com/marketplace 除了可以找到租屋資訊，還可以找到不少二手用品。
Gumtree http www.gumtree.com.au 澳洲最大生活綜合網，可以在上面找到房子出租。	Ozyoyo http brisbanebbs.com http www.adelaidebbs.com http sydneybbs.com 以華人為主的論壇，可以在上面找到房屋出租資訊。	背包客同鄉會住宿版 http www.facebook.com/groups/a0zsb 其中一個針對租屋資訊的FB社團，主要是華人房東會在上面找房客。

Look!!

|過|來|人|提|醒|

如果想自己承租一間房來分租

上面列出的網站，主要都以分租(Share)為訴求；如果你打算長期待在一個地方，想乾脆自己承租(Rent)一棟房子或是一間公寓來作二房東的話，可以參考以下這兩個以承租為主的網站，不過可能要自己申請電費、繳水費之類的，會稍微麻煩一點。

http ljhooker.com.au　　http raywhite.com　　http www.realestate.com.au

慎選房東，當個優良租客

若你真的不幸被詐騙，可以上澳洲網路犯罪線上通報系統(www.acorn. gov.au)申訴。其實房東也會怕遇到不好的房客，入住後也要遵守對方的租屋規則，當一個優良的租客，畢竟人在國外時，代表的 就是自己的國家。

3 寄宿家庭
Home Stay

價位：一週約200元，當然依不同情況還會有更高的。

找寄宿家庭的網站

AHN

http www.homestaynetwork.org

AHN是澳洲最大的寄宿家庭提供者，擁有專業的寄宿家庭管理系統，包括24小時服務支持。

Global experience

http www.globalexperience.com.au

Oz Homestay

http www.ozhomestay.com.au

寄宿家庭是指寄住在澳洲當地人的家裡。除了會提供三餐之外，還有機會和寄宿家庭的成員們(也就是所謂的Home爸、Home媽)互動。常常和主人們吃飯聊天，英文會進步得很快。如果住到好的寄宿家庭，主人很親切，那就會像你在海外的另一個家，要分開時還會依依不捨。當然也有很糟糕的寄宿家庭。除了靠運氣之外，能做的就是事前想辦法打聽囉！

找寄宿家庭的注意事項

澳洲的住商分離做得很好，所以寄宿家庭大多位於城市近郊，且通常會提供三餐，居住環境也比客棧好，對背包客來說算是比較豪華的住宿方式(當然價錢也比較貴)。如果是安排到澳洲的第一站，可先在台灣以電子郵件和寄宿家庭的主人商量接機事宜。不過住寄宿家庭畢竟是寄住在別人家，要遵守人家裡的規矩。每個家庭不同，限制也不同，但該有的禮節其實差不多，有所自覺就可以了。如果你是一天到晚喜歡在外頭玩、早出晚歸型的人，或是不愛陪主人聊天，想有多一點自己的空間，那就不適合住寄宿家庭了，壓力大反而不能放鬆。

住寄宿家庭最大的誘因不外是學英文，但不是每個寄宿家庭的成員都很想跟入住的背包客聊天，有很高的機率你會遇到愛理不理的主人。比較理想的寄宿家庭，最好主人們是退休的老夫婦之類的。他們會想提供寄宿家庭，基本上就是比較喜歡和外人接觸的，而且因為退休了時間比較多，所以也比較有空和你聊聊天。如果遇到很合得來的主人，離開時不妨寫張卡片感謝他們的照顧，留下台灣在國外的好形象。

找寄宿家庭的方法

如果一開始就找了語言學校，通常代辦的人員就會幫你安排寄宿家庭，不用傷腦筋。如果你是自己找，最好的方法就是朋友的口碑。或是透過專業的代理機構網站來找寄宿家庭，不管是安全性還是住宿品質，都比較有保障。

4 國際安親
Au Pair

價位：免費。但是請仲介幫忙的話費用另計。

國際安親網路資訊
國際安親的媒合網站
http www.aupairworld.com/en
http www.aupair-australia.net
http www.findaupair.com
http www.greataupair.com

「Au Pair」源自法文，意思是「互助、互惠」，古早一點還叫「互褓」（但這個翻譯也只有在學術文章看得到）。現在的意思是「年輕女生到外國人家裡照顧小孩」，簡單講就是安親，在英語系國家已行之有年，可以說是寄宿家庭的進階版：一開始有人來接機、有免費的食宿、可以住在外國人家裡練習英文；不過別忘了責任是要照顧小朋友，帶他們上下學、陪他們玩遊戲、教他們整理房間等等。因為要求不像保姆那麼專業，所以也沒有相應的薪水，但是會有微薄的零用金(Pocket Money)。對於初到澳洲的女背包客來說，如果剛好喜歡這種食宿方式，且對小孩子很有辦法的話，會是個不錯的選擇(對了，這個通常只限女生，男背包客請跳下一項)。

找國際安親的注意事項

雖然關於國際安親的說明是放在住宿篇裡，但是**請記得這不只是一個讓你有地方住的方法，它更是一份需要責任感的工作。**通常要從事國際安親都需要有一些條件，像是要有一定的英文能力、曾有過兒童照護經驗、有駕照會開車(因為要載小孩上下學)，可能住的時候還得幫忙做一點家事，

所以請衡量自己的能力。另外還要特別注意停留時間的問題，找國際安親不是住客棧，可以說走就走，而且通常找國際安親的家庭都會希望你待久一點，所以至少都會花上好幾個月的時間。

國際安親的風險幾乎都來自你所選中的家庭。因為時間很長，關係密切，相處得好，會是很愉快的經驗；相處得不好，輕則得到不愉快的回憶，重則被告上法庭都是有可能的。住到別人家裡時，也別忘了要小心自身的安全。

找國際安親的方法

找國際安親有兩種方法，一種是找代辦，台灣和澳洲都有，需要支付手續費。代辦會審核你的條件，有的會有一些協助的訓練課程。如果你被安親家庭要求做許多超過分內工作的事，經過溝通無效後，也可以有申訴的管道，是比較有保障的。另一種是在網站上找安親的家庭，直接和他們聯絡。因為對方是需要能照顧小孩的人，所以挑人的時候也會比較仔細，溝通期間可能需要多次的書信往返或電話聯絡。

5 工作旅舍
Working Hostel

價位：一晚20～28元，視地點和季節而定。

當你住進工作旅舍之後，旅舍的老闆就會要你填稅務單，在你住宿的期間幫你找工作，通常是附近的農場或工廠工作。大型的工作旅舍在旺季的時候甚至可住到六、七十人，像是巨型的工寮。

基本上工作旅舍的住宿形態類似客棧(Backpacker)，多半是附廚房與公共空間的上下鋪形式。但由於旺季時工作及等工作的人會很多，失竊的事情自然就多。住房又多是男女混合，偶爾會出現一些過於親密的洋人情侶，所以住宿品質當然就會比較差。可能會遇到用餐時間大家在廚房搶鍋子、洗澡的時候大家搶浴室什麼的，不幸的話還會遇到床蟲(Bed Bugs)。不過換個角度想，這裡也可以交到很多奇奇怪怪的朋友。

找工作旅舍的注意事項

找工作旅舍的重點是季節，季節不對通常就沒什麼好工作(當然也有人是逆向操作賺到錢的，但還是要看機運啦)，農產品成熟的旺季就幾乎都是爆滿。要去之前最好先調查清楚，免得花大錢跑去卻沒工作。

有些工作旅舍為了怕你下雨天停工時無聊，還有撞球檯、桌球桌等設備。

工作旅舍大多位在小鎮，附近沒什麼娛樂，如果你沒工可做的話，可能會無聊到開始玩蒼蠅。另外旅舍的老闆也很重要，因為老闆一來是聯絡農家幫你找工作的人，二來是打理整個旅舍生活環境的人，好壞就差很多啦！好的老闆看你沒工作很可憐，還會想辦法生工作給你；壞的老闆還會放假消息騙人來住，結果根本沒有工作可做。一個鎮可能會有兩三間不同的工作旅舍，住之前最好先打聽、比較一下。

工作旅舍的住宿費和客棧差不多，旺季依地方可能會有所調整，有時候旅舍出車接送你去田裡工作也會收取小額的交通費。(各地區工作旅舍的資料請參考第四章，P.238)

6 旅館
Hotel

價位：一晚40元以上，依旅館等級而有所不同。

醒醒吧！旅館通常不是給我們這種窮背包客住的，會進去的背包客，大概都是去詢問工作機會的。

旅行時住哪裡

7 汽車旅館
Motel

價位：一晚30元以上，依旅館等級而有所不同。

　如果你是以車為家、或是開車長途旅行的人，總是要洗澡休息一下。雖然每個小鎮不一定都有客棧，但幾乎每個小鎮都有汽車旅館。澳洲的汽車旅館當然比不上台灣那種偷情專用的那麼豪華，通常車子也只是停在你房間門口，不過對背包客來說已經像天堂一樣了。汽車旅館多半會提供早餐，整體價位當然也比客棧貴一點。

1. 澳洲地大，汽車旅館常常只有一、兩層樓。
2. 沙漠裡的汽車旅館。
3. 汽車旅館是背包客長途旅行時的天堂。
4. 車子就停在房間前面。
5. 玩旅館彈簧床的瘋狂加拿大人。

8 露營 Camping

價位：一晚10～15元，如果有租帳篷的話要另外付租借費。

　　如果你找到農場的工作，可是附近的工作旅舍都客滿了；或者你想開車旅行，又不想睡車上；或者你要一個人騎腳踏車旅行……這些時候帳篷就會是你的好朋友。你可以在戶外用品專門店找到它，但是更推薦你留意各大客棧的公布欄，常常有人在賣二手帳篷，而且幾乎都是半價！買帳篷的話，記得要再搭配防潮墊，睡覺的時候可當床墊用。這樣，你就可以去露營了。如果想更進階一點，書店裡還有很多教你露營、生火、煮露營餐的專書，可以挑一本合用的帶著。

適合露營的地點

【露營公園】想在小鎮附近合法露營，就要找露營公園(Caravan Park)住。露營公園裡面有電、廚房、簡單的廚具、冰箱和衛浴設備，讓你不會因為長時間的露營而變成野人。跟露營公園租營地搭帳篷一晚約10～15元。

【國家公園】某些國家公園或自然保護區也會提供露營地，要在國家公園關門前先打電話去預訂。有收費的通常會有電和衛浴設備。不過有些地方有禁止生火的限制，要看清楚。

　　只要在地圖上看到有這個標誌的都是可以露營的地方。

澳洲露營必備APP
WikiCamps

IOS版　　　　Android版

露營公園的相關網站
http www.big4.com.au
http www.familyparks.com.au
http www.goseeaustralia.com.au

國家公園的相關網站
http www.atn.com.au/parks/parks.htm

|過|來|人|提|醒|　Look!!

露營小禁忌

　　露營睡帳篷雖然省錢又方便，不過還是要小心一些禁忌。

☐ **天候**：雨季或冬天最好不要露營，沒有必要為了省錢弄壞身體。

☐ **地點**：不是每個地點都可以搭營，一般搭帳篷的地點最好都是荒郊野外、沒人管你的地方，不然大部分靠近市鎮的地方都是禁止露營的。如果附近治安不好，千萬不要拿生命開玩笑。也盡量不要在河床或是海灘上搭營。

9 露營車
Camper Van

價位：依不同車公司、不同車種和出租日數而有所不同。人多的話平均起來通常可以在20元以下。遇到回送車的話一天可能只要3～5元。(關於回送車請參閱「交通篇」P.140)

露營車就是你在電影裡看到的，一台有床、廚房、廁所和洗手台的車。露營車其實可以分成兩種，一種是床車一體的露營車(Camper Van)，一種是獨立一間，可以掛載在汽車後面的露營拖車(Caravan)。一般背包客租得到的只有露營車，依乘客人數決定車子大小。

澳洲因為地廣人稀，發展出了露營車旅遊的文化。你可以和幾個朋友合租一台露營車，白天開車到處玩，晚上就睡在車裡，不用擔心天候的問題，租車費和油錢平均分攤下來也不會太貴。而且露營車出租公司通常提供甲租乙還的服務(Return to Different Location)，就是在甲地租的車，可以讓你開到乙地還。

露營車注意事項

露營車是一個移動的好選擇，特別是荒涼的西北澳，非常適合找幾個好朋友一起開露營車旅行。不過千萬記得要保全險，不然萬一車子撞壞就賠死了。

雖然露營車讓你免去住宿的困擾，但也不是什麼地方都可以直接停下來睡覺的。只有在寫著「FREE CAMPING SITE」和路邊休息有「24HR STOP-PING」招牌的地方才可以停。租車的時候可以跟租車公司要一本露營地指南(Camping Area Guide)，或是付一點小錢跑去露營公園(Caravan Park)或國家公園，裡頭通常會有專供露營車使用的充電插頭與廢水排放口。不然被警察抓到會罰錢，一個人約澳幣100～130元。

另外要注意的是，有些加高的露營車因為車頂比較高，吃風面積大，如果開太快，車身會容易搖晃。澳洲的公路品質沒有台灣好，如果再有什麼小動物跑出來的話，比一般的車子更容易發生危險。建議時速不要太快，也盡量不要在晚上開車。

露營公園都會附有插座讓你充電。

露營車出租網站

聯合租車網站
🔗 www.motorhomerepublic.com
🔗 www.drivenow.com.au
🔗 www.travellers-autobarn.com.au

Birtz
🔗 www.britz.com.au

車身有隻綠蜥蜴的露營車公司，車子的種類非常多，還有在出租重型機車。

Apollo
🔗 www.apollocamper.com

也是全澳連鎖的露營車公司。

Wicked
🔗 www.wickedcampers.com.au

如果你在路上看到車身有奇怪塗鴉的麵包車，那八成就是Wicked公司出租的露營車。他們的車種只有麵包車，不過看起來很有意思。有興趣的人還可以去應徵彩繪車子的工作，他們常常會徵人。

10 露營公園的車屋
Cabin

價位：車屋有兩人或四人房，一般而言價格比客棧便宜，但依季節和地方略有不同。

就算你沒有露營車，一樣可以去露營公園問問看，有些露營公園本身會提供車屋給顧客住宿。露營公園的車屋通常會比客棧還要便宜，不過大概只有偏遠地方的小鎮才會有。如果你自己開車來鄉下小鎮找到工作，鎮上卻沒有便宜的客棧，那就去遊客中心問問看附近有沒有露營公園吧！

11 睡車上
Car

價位：免費

後車廂改裝成床的車子。

除非你的車子有改裝，像是把旅行車(Wagon)後排椅子拆掉改成床，不然這只會是臨時找不到住宿的過渡選擇，因為真的很難睡，還不如搭配帳篷旅行！

|過|來|人|提|醒| Look!!

睡車上要注意的事和露營車一樣，不是到處都可以睡，請停在合法的地方，不然是會被開罰單的。睡覺時記得鎖門，窗子留通氣的小縫。

12

沙發衝浪
Couch Surfing

價位：免費

沙發衝浪簡單講就是一種交換住宿，是節省住宿費和結交新朋友的好方法。基本上會叫沙發衝浪，是因為你到別人家裡可能就是打地鋪或睡沙發，所以一定要自備睡袋。與寄宿家庭最大的不同是，提供沙發的主人通常只是為了交朋友，所以不收錢。相對的，沙發客的心態就很重要，該有的禮節一點都不能少。

找沙發衝浪的注意事項

【安全】沙發衝浪最大的問題就是危險。雖然沙發衝浪的網站都有註冊和評價的功能，不過就跟網拍一樣，沙發主有心的話，還是可以想辦法自己衝評價。有些沙發主醉翁之意不在酒，也有入住的女性遭到強暴的案例。所以，就算你希望能敞開心胸與沙發主交朋友，也無論如何都不能疏忽了防備之心。

【生活禮節】既然是住在別人家，請將心比心，不要未經同意就使用了對方的東西。作息時間要注意、水電別浪費，更不要白目挑戰別人的禁忌話題。最後，離開前記得要好好整理一下環境，到了下一個地點也別忘了打個電話報平安。

Look!!

|過|來|人|提|醒|

沙發衝浪教戰守則

☐ 務必選擇經過身分認證的會員，仔細閱讀會員評價，特別留意曾留宿者的負面經驗。

☐ 要抵達的前幾天，請再跟對方確認一次。

☐ 一定要有備案，譬如附近的旅館地址和電話。

☐ 隨時與親友保持聯絡，告知自己身在何處，入住的時候也要提高警覺，顧好行李。

☐ 一定要有對方的手機號碼(最好有兩組以上)和地址，以免要聯絡時發生問題。地址也可以在你不小心迷路時派上用場。

☐ 獨自旅行的女性在選擇沙發主時，最好找同為女性，或有家人同住、評價也很好的會員(注意先前曾單獨入住的女性沙發客的評價)。最好不要選註明只接待女性的男性會員。有疑問的話，也可以寫信給之前留下評價的其他會員。

☐ 真的遇到問題就報警吧！事後記得上網寫下事情經過，以免之後的人受害。

沙發衝浪必備APP
Couchsurfing Travel

IOS版

Android版

沙發衝浪的網站
參加辦法：上各大沙發衝浪網站註冊，隨著旅遊經歷的增加還可以累積評價。

Couchsurfing
🔗 www.couchsurfing.org
沙發衝浪的創始網站，沙發數最多。

Look!!

|過|來|人|提|醒|

如何寫住宿徵詢信

只要反過來想，如果你是沙發主，什麼樣的人寫信來你才願意借呢？當然是資料越詳細越好！國籍、年齡、性別、職業、興趣、去過哪些地方旅行……。信件要有誠意，最好第一封信就把預定抵達和離開的日期、人數和到達的交通方式寫清楚，讓對方有考慮的機會。

13 民宿 AirBnb

Airbnb澳洲區網站
🔗 www.airbnb.com.au

價位：根據不同民宿類型，一晚至少100～200元左右，比較豪華的民宿會更貴。

講到民宿就不能不提到現在全世界最大的民宿訂房網站「Airbnb」，上面有著各式各樣風格的民宿，雖然比一般背包客棧貴，但是很多民宿的裝潢設計，絲毫不遜色於大型飯店的裝潢，價格也比飯店來得親民。

澳洲有著豐富的大自然資源，許多當地的民宿景觀都美得不可思議，有時候不是為了去旅行而住民宿，而是為了住民宿而旅行。若有機會來到澳洲，偶爾想犒賞一下自己，可以在Airbnb找找看澳洲當地富有特色的民宿，有時候可能會有意外驚喜，像是

找到猶如世外桃源的農莊祕境、隱匿在森林中的小木屋、坐擁無敵山海景的夢幻民宿……等。根據不同民宿的性質，有些民宿主人還會安排活動給房客體驗，像是騎馬、瑜珈及農場導覽等等，比起制式化的飯店多了更多風土民情。如果遇到熱情的主人，還有機會跟他們交朋友，分享彼此的文化和故事。

● 特殊住宿類型

14 食宿交換
Help Exchange

價位：免費

WWOOF出版的手冊

食宿交換簡單來說就是到農場幫忙工作(一天大概4～6小時，視不同農場而定)，以換取免費食宿。是介於工作和旅遊之間的一種生活方式。因為沒有支薪，所以不用申請Working Holiday簽證也可以去。想食宿交換的人，可以到以下3個全球打工換宿平台找到資訊，分別是WWOOF、HelpX和Workaway。

申請澳洲WWOOF
http wwoof.com.au
f @WWOOFingAustralia
o @wwoofaustralia

WWOOF
(World Wide Opportunities on Organic Farms)

WWOOF是「全球有機農場體驗機會」的縮寫，中文翻譯成音近義合的「務福」。WWOOF是世界性的聯盟，不過它沒有統一的國際組織，要去不同的國家當WWOOFer都要再註冊一次會員，台灣也有提供WWOOF的機會，可以也可以邀請你的外國朋友到台灣來。

澳洲的WWOOF不只限於農場和牧場，還有野生動物醫護中心、觀光景點的小旅館或是鄉村餐廳之類，內容非常多元。參加WWOOF要先付費加入會員，為期1～2年。加入會員後會得到一本WWOOF的會員手冊，會員編號和姓名就寫在手冊背後，還會幫你保險。手冊的內容是全澳近1,200家WWOOF主人的通訊聯絡方式、農場環境和工作內容的介紹，有的還會列出對WWOOFer的要求。

找到你想要去的地方後，就直接跟WWOOF的主人(Host)聯絡，打電話是最快的，若用E-mail，很可能在你要去的兩、三週之前就要寄了。

加入WWOOF的方式

【在台灣線上加入】

到澳洲WWOOF的網站，找到「Join WWOOF」。把資料填一填，再用信用卡付費就可以啦！到時會員手冊會寄到台灣來給你，你就可以依書上的資料聯絡你想去的農家主人。申請一年的會費是30～50元，申請兩年是70元。若兩人合辦只能申請兩年的，會費是120元。不過合辦只適用於兩人同行，只會收到一本會員手冊，如果會分開旅行的話還是獨立入會吧。

會員資格啟用時間(Starting date for WWOOF membership & Insurance cover)是可以自己填的，不是交了錢就立刻開始算，只要在填表的時候填上你預定要去WWOOF的時間即可。

Look!!

|過|來|人|提|醒|

交換食宿的風險

交換食宿的地點通常都在偏遠的鄉下或深山裡，如果發生問題沒辦法說跑就跑。去之前請上網查詢相關的評論，在與主人聯絡時盡量多聊一點，並且在如何抵達和離開的交通問題上多留意。如果遇到素行不良的主人，事後一定要在網路上告訴大家，除了消消氣，也可防止其他人再踩雷。

HelpX

2001年成立的HelpX，是相當老牌的全球打工換宿媒介，整個機制和WWOOF差不多。不同於WWOOF主打田園生活的工作，HelpX的工作更加廣泛。在網站介面上，比澳洲WWOOF更加方便操作。入會費是目前全球打工換宿平台最便宜的，在網站上搜尋Host的時候，有些可以看到過去換宿者的評論。

Workaway

Workaway是全球打工換宿平台的後起之秀，相較於HelpX和WWOOF這兩個老牌媒介，Workaway的網站介面設計最新穎，因此有越來越多的Host在上面刊登資訊，對於換宿者而言，也比較多換宿工作可以選擇，是目前最熱門的打工換宿平台。

由於網站上有訊息系統，Host的回覆時間比較快，網站上還可以看到許多過去換宿者的心得評論，這對一個即將要去陌生地方打工換宿的人而言，非常有幫助，能夠大大降低踩雷的機會。

除此之外，Workaway的社群媒體亦相當活躍，持續都有更新，在Facebook和Instagram都可以看到各式各樣的分享。在這裡會稱換宿者為Workawayers。

Workaway網站	HelpX網站
http workaway.info	http helpx.net
f @workaway.info	f @grouphelpX

三大全球打工換宿平台比一比

	WWOOF Australia	HelpX	Workaway
入會費用	單人： 澳幣70元 / 兩年	單人： 歐元20元 / 兩年	單人： 美金49元 / 一年
工作類型	農作物種植與管理、牧場照顧動物等工作為主。	工作內容廣泛多元，除了農場、牧場等戶外園藝工作，還有旅館清潔、照顧小孩等等。	工作內容廣泛多元，除了農場、牧場等戶外園藝工作，還有旅館清潔、照顧小孩等等。
平台 優缺點	● 適合對農場有興趣、想體驗澳洲農場生活的人。 ● 網站介面較亂，也沒有提供過去換宿者的評論。	● 會員費用是三大平台中最便宜的。 ● 網站介面老舊，雇主資訊不太完整。可以看到換宿者的評論。	● 會費是三大平台最貴的。 ● 網站新穎、資訊齊全，有許多換宿者的評價可供參考。
運作機制	你可以登記資料成為WWOOFer等Host來聯絡你，或是在網站上找Host主動聯絡對方。	分成兩種會員。免費會員只能等Host主動聯繫；付費會員可以看到Host的聯繫方式及相關評論。	Host和換宿者之間都可以互相搜尋之外，還可透過網站訊息功能直接與Host聯繫。
推薦指數	★★	★★★	★★★★

以上資料時有異動，依最新公告為準。

15 CVA環保志工
Conservation Volunteers Australia

價位：依參加的活動內容性質、天數而有所不同。

　　CVA會在各地徵求志工，參與環境清潔(例如去Uluru拔草、到山區修築步道)，以及生態維護(比如到袋鼠島上調查蜥蜴的數量、去Monkey Mia餵海豚)等活動。可以在網站查詢相關的訊息，如果你有找到感興趣的，可以直接在網路上或是到各地的辦事處現場報名。費用依計畫而定，價格從免

費的到一天澳幣50幾元的都有，通常包含食宿與交通費。可選擇的時間從單日到數週不等。其實比較像是另類的生活體驗。

因為這個工作是不支薪的(大部分都還要自己付錢)，所以和食宿交換一樣，也是不需要打工度假簽證，只要觀光簽就可以參加的。而且紐西蘭也有喔！

CVA及義工團體網站

CVA
http www.conservationvolun
teers.com.au

Port Macquaire的無尾熊醫院也有在招募義工
http www.koalahospital.org.au

非政府組織義工團
http www.volunteering.org.au

義工工作搜尋網站
http www.volunteer.com.au

結語

住宿是一件有趣又麻煩的事。不管怎麼樣，有安全的地方可以睡最重要。筆者曾有因為沒有訂到房間，半夜轉機時躲在機場哺乳室洗手台下方偷睡，結果被忍著笑意的警衛請出去，最後睡在停車場長椅上迎接晨曦的慘痛(有趣)經驗。所以，盡量能先訂房就先訂吧！

生活篇

介紹各種商家與機構的功能

在生活篇裡，我們要介紹許多和你生活相關的商家與機構，讓你的自由生活可以過得更便利，也從它們的功能裡，給你一些關於生活方式的想像與線索。

好用的官方機構

遊客中心(Information Centre)

　　身為觀光大國的澳洲，這點真的做得很棒，各大城小鎮一定都有遊客中心。開車旅行迷路時，只要看到寫著「i」的標誌，就開過去準沒錯！遊客中心裡會有該地的各種旅遊資訊，還有免費的地圖可以拿。除了借廁所、問住宿之外甚至還可以詢問當地的工作機會。如果你要使用黃頁(Yellow Page，即電話簿)找東西，也可以到遊客中心裡來借。不管你去到什麼地方，想要馬上進入狀況，遊客中心就是你的第一步。

有的遊客中心還會跟當地產業結合，販賣一些有趣的特產。

移民局與稅務局(Immigration Office & Tax Office)

這兩間政府機關在每個州的首府都有，看地圖或是去遊客中心問就可以找到。移民局可以幫你處理簽證的相關問題；稅務局就是讓你申請稅號和退稅的地方。

墨爾本的州政辦公大樓，移民局和稅務局都躲在裡面。(圖片提供：振華)

郵局(Post Office)

郵局當然就是你寄信的地方啦！如果你沒有固定的地址，或是你已經要前往下一個城市，卻還想要收信的話，也可以請對方寄到郵局去，他們會有留局待領(Poste Restante)的服務，你再憑護照去領就好了。關於郵局服務的詳細內容請參閱「通訊篇」P.112。

圖書館(Library)

　　澳洲幾乎每個鄉鎮都有圖書館，圖書館裡通常會有無線網路，要不然也有免費的電腦可以上網(每個圖書館規定不同，請詢問服務人員)。除了網路之外，圖書館還有這些功能：

上圖：墨爾本圖書館
下圖：雪梨圖書館(圖片提供：Olivia)

【列印輸出】你要印機票、印履歷，或者是傳真、影印，都可以到圖書館來。

【情報收集】尤其是在小鎮裡，圖書館的公布欄可能是鎮民們交流訊息的所在，你可以找到租屋、臨時工或是二手物品買賣的訊息。而且根據「有無線網路的地方就有台灣人」的定理來看，圖書館也是認識台灣人朋友，交換情報的好地方。

【借書】沉溺在網路世界的背包客們通常都會忘記圖書館還有這個功能。不管是哪裡的圖書館，只要用護照辦借書證就可以借書啦！大圖書館還有DVD可以租借。在大城市裡的分館通常還會有中文書可以借，可惜大部分是簡體字書。

> **Look!!**
>
> |過|來|人|提|醒|
>
> **注意圖書館開放時間**
>
> 　　特別要注意的是澳洲的圖書館到週六、日都會比較早關門，在小鎮甚至假日根本不開。請記好時間以免撲空。

● 生活補給站

超市(Supermarket)

　　澳洲有許多連鎖的生鮮超市和日用品連鎖店，提供日常所需。即將過期的生鮮肉類都會有打折出售的情形(快關店時的烤雞出清更是超值)，而各超市的自家品牌更是省錢的好幫手。

【Woolworths】、【Coles】

　　「Woolworths」、「Coles」這兩間是澳洲最常見的大型連鎖生鮮超市。接下來的一年內你和他們關係會非常密切。由於兩家每週推出的特價品都不一樣，而

且特價品真的會便宜很多，所以比價就變成一種購物的樂趣。Woolworths和Coles都有提供「Rain check(貨到優先購物憑單)」的服務。當你想買的特價品缺貨，為了補償你的損失，可以跟他們要一張Rain check。等之後有貨了，只要在一定期限內拿著商品去結帳並秀出這張Rain check，就算這時候已經沒有特價，你依然能以「當時的特價優惠」購買商品。真是超有良心的政策呀！

澳洲兩大超市比一比

	Woolworths	**Coles**
會員卡名稱	Everyday Rewards	Flybuys
會員卡相關規定	● 每消費1元可累積1點，不定期有10倍積分獎勵，滿2,000點可折抵10元。 ● 單次消費滿30元，於合作加油站加油，可享有每公升0.04元的折扣。	● 每消費1元可累積1點(相關加油站為2元1點)，滿2,000點可折扣10元；10,000點可折扣50元。 ● 單次消費滿30元，於合作加油站加油，可享有每公升0.04元的折扣。
合作加油站	AMPOL(已經沒有Caltex囉！)	Shell Coles Express
相關企業	BWS、BIGW、Qantas及Bupa等。	Target、Kmart、Bunnings、Liquorland、Officeworks等。
特價品更新時間	每週三推出新一週的特價品。	每週三推出新一週的特價品。
特價品查詢		

註：會員卡的使用規定將不定期調整，依最新公告為準。

1~4. 傳統市場是撿便宜的好地方，而且通常在快收攤的時候都會有超便宜的破盤大出清。但是如果太晚到市場東西又會被搶光，要怎麼拿捏出手時間就是微妙的地方。

【ALDI】

ALDI是德國來的超市，算是全澳洲第三大的超市，市占率沒有Coles和Woolworths高，它的優勢在於可以買到許多歐洲來的好東西，像是歐洲的甜點零食等等。店裡還會擺著一大排的折扣專區讓你挖寶，通常都是CP值高，而且物美價廉的電器用品、生活用品及食品等等。

其他超市

小型超市	Spar、Foodworks、亞超、IGA(通常出現在偏遠郊區)
生活用品	Target、Kmart、BigW
藥妝品	Chemist Warehouse、Priceline、TerryWhite
電器用品	JB HI-FI、Harvey Norman、Officeworks

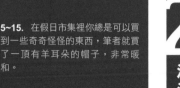

5~15. 在假日市集你總是可以買到一些奇奇怪怪的東西，筆者就買了一頂有羊耳朵的帽子，非常暖和。

假日市集
(Sunday Market)

只有在週末才會出現的臨時市集，各大城都有，小鎮的話就要碰碰運氣。會賣便宜的蔬菜水果、居民自製的果醬、手工肥皂之類的東西，更多的是一些稀奇古怪的東西。背包客也可以去承租攤位賣東西。

市場(Market)

除了超市之外，當然也有傳統市場，靠海港的地方還會有魚市場。這些市場通常比超市更便宜，逛起來也更好玩。不過只限於人多的大城才會有。你也可以到裡頭的攤位投履歷，也許會有賣菜的工作可以做。

跳蚤市場(Flea Market)

跳蚤市場除了是撿便宜、買二手衣和腳踏車的好地方，也是個文化觀察的好景點。可以從那些稀奇古怪的東西裡，去看看澳洲人到底在想什麼。跳蚤市場通常位於都市周邊，只有週末才會開市，詳細地點可詢問各地遊客中心。

另外，在路上偶爾可以看到車庫拍賣(Garage Sale)，就是屋主把用不到的東西拿出來賣，當然也非常便宜。如果遇到了，不買也可以看看，你會驚訝一個正常人的家裡怎麼會有這些怪東西。

1.在南澳聽廣播時常常會出現的 It's So Big家具店。
2.位於西南澳,自稱是全國冠軍的餡餅店。
3.愛麗絲泉的行人徒步區是街頭賣藝的好地方。
4.高超的珠寶店行銷手法。

2元店

2元是澳洲硬幣最大的幣值,也因此出現了一些專賣廉價商品的店家,大概就像台灣的50元商店,大部分的東西只要花澳幣2元就可以買得到。不過東西的品質通常不會太好就是了。

商場(Mall)

從大城市到小鄉鎮,每個聚落的中心地帶都會有一條主要商店街。差別只是大城市的商店街比較大(而且通常會規劃成行人徒步區)。商店街是人潮聚集處,周邊還會伴隨著出現超市和大型商場(Plaza),街頭藝人也都會在這裡表演。不過東西的價位都比較高。

暢貨中心(Outlet)

除了城市中心的商店街之外,還會有一些散聚在城市周邊的暢貨中心(Outlet),也就是所謂的工廠直營的零售店,這些地方東西的價格相對就便宜很多。

澳洲的Outlet資訊

DFO
http www.dfo.com.au
僅限雪梨、伯斯、墨爾本、布里斯本地區。

Harbour Town
http www.harbourtown.com.au
僅限阿得雷德(Adelaide)、黃金海岸(Gold Coast)。

二手用品店 (Second Hand Shop)

澳洲人還滿惜物愛物的,各地都有許多二手用品店。從衣服、鞋子、日常用品、CD到玩具,雖然稱不上應有盡有,可是常常會找到一些實用的,像腳踏車、露營用具這些和背包客比較相關的東西。而且因為是二手用品,所以每間的東西都不太一樣,是很有尋寶樂趣的地方。

二手衣的部分是背包客最常光顧的,這也是「準備篇」說的為什麼不要帶太多衣服的理由。二手衣在販賣

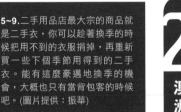

5~9.二手用品店最大宗的商品就是二手衣，你可以趁著換季的時候把用不到的衣服捐掉，再重新買一些下季節用得到的二手衣。能有這麼豪邁地換季的機會，大概也只有當背包客的時候吧。(圖片提供：振華)

二手衣物哪裡找？

以下是常見的連鎖二手衣物商店，可以上Google Map搜尋店名，就可以找到離你最近的店面。

- Salvation Army(基督教救世軍)
- Red Cross(紅十字會)
- Vinnies(St. Vincent De Paul)
- Life Line
- ADRA Community Centre
- Good Sammy(僅限Perth地區)

不過二手衣店感覺比較節省，所以也沒有經費做網頁讓你去找。但你可以到黃頁(Yellow Page)網站，搜尋你家附近的「Second Hand Clothing」，就可以找離你最近的二手衣店了。
🌐 www.yellowpages.com.au

前都經過清洗和整理，而且價格便宜得要命。如果要去農場工作，可以去買一些衣服當工作服使用，反正那麼便宜，弄髒了也不會心疼。

二手用品店大概可以分成私人經營的二手用品店和公益團體開的公益商店(Donation Shop)兩種。其中公益商店的貨源大多是民眾捐贈的，如果你

有不需要的衣服和物品也可以直接拿去捐，減輕行李的重量。在城市的周圍或是小鎮上，你都可以看見它們的身影。小鎮裡的二手用品店通常還比城市多，大概是鄉下人比較節儉也比較沒錢吧。如果找不到，就去問遊客中心吧！

速食店(Instant Food)

澳洲的連鎖速食店除了麥當勞、肯德基，還有一個叫「Hungry Jack's」。Hungry Jack's其實就是「漢堡王」。當初他們要來澳洲展店時，發現「Burger King」這名字被用掉了，所以用當時

經銷商Jack的名字取了Hungry Jack's。其他還有專賣烤雞的「Red Rooster」、大家都熟悉的必勝客、SUBWAY等等。他們都是找工作的好地點。價位上來說Hungry Jack's和SUBWAY是比較平易近人的，而麥當勞的賣點則是無線網路。

中華街(China Town)

　「China Town」的中文也有好幾種，規模小一點的叫「中華街」、「唐人街」，規模大一點的稱作「中國城」，總之就是華人聚集的地方。幾乎在每個州的首府都可以看到規模不等的中華街。布里斯本還有一個華人鎮叫做Sunnybank！中華街隨處可見各式各樣的亞洲餐廳，亞洲食材、泡麵、罐頭、零食等等，可以讓你一解思鄉之情的好地方。不過要小心過期產品，以及印著繁體字的中國食品。

加油站(Petrol Station)

　澳洲人少，所以到了加油站沒有人會服務你，你要自己加油囉(雙關語耶)！自己加油的方式就是開到加油機旁邊，選擇你要加的油，通常是無鉛汽油(Unleaded)，加完後到店櫃檯跟店員講你使用的加油機是第幾號，店員就會告訴你價錢。通常越靠都市的加油站油價越便宜。

　如果你在Woolworths和Coles單次消費滿30元(Cash Out不算)，你拿到的收據下方會出現加油折價條碼(或是直接存在會員卡Rewards或Flybuys中)。一個月內到他們合作的加油站(Woolworths是Ampol；Coles是Shell Coles Express)加油，就可以憑收據上的條碼或會員卡獲得優惠。

　另外，加油站都會有水刷，讓你清一下你滿是汙泥的車子。大一點的加油站還有空氣壓縮機，可以讓你自己打氣、檢查胎壓。更重要的是，他們通常都有附廁所。

1.走進中華街你就能感受到家鄉的溫暖。
2.雪梨中華街(圖片提供：Olivia)。
3.墨爾本中華街。

Self-refueling 如何自助加油

 Step 1 把車子開到加油機旁邊。

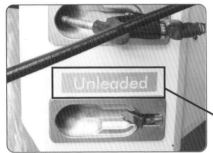

無鉛汽油

 Step 2 找到無鉛汽油(Unleaded)的油槍。

 Step 3 自己加油。

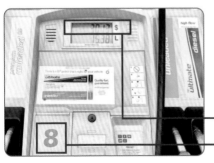

價錢

加油機號碼

 Step 4 加完後加油機上會顯示價錢,進到加油站裡跟櫃檯人員說你用幾號加油機,然後付錢就可以了。

Tire inflation 偶爾幫輪胎打打氣吧！

 Step 1 確認一下車子的輪胎標準胎壓是多少。

LOCATION		SPECIFICATIONS AND PRESSURES (4 CYL S		
		FRONT	REAR	FRO
WHEEL RIM PROFILE		5.5 J		
RECOMMENDED TYRE SIZES		P185 / 75 R14 89 H		
RECOMMENDED	UP TO	220	200	
PRESSURES	4 OCCUPANTS	(32)	(29)	
COLD kPa	MORE THAN	220	220	
(P.S.I.)	4 OCCUPANTS	(32)	(32)	
THE TYRES FITTED TO THIS VEHICLE SHALL HAVE A MAXIMUM LO				

 Step 2 把打氣機的管子拉出來。

 Step 3 鬆開輪胎的氣蓋。

  Step 4 開始灌氣。

  Step 5 灌氣的時候要注意一下胎壓，不要灌爆了。

  Step 6 旋好蓋子，這樣就大功告成啦！

公園(Park)

公園當然就是放鬆心情散步的地方，不過澳洲的公園還有免費的鐵板燒台。你可以去買些食材，約三五好友一起到公園吃BBQ。只要鋪上錫箔紙、按下鐵板燒台下方的加熱按鈕，就可以開始煎食物了，每隔一段時間要再按一下加熱按鈕，因為鐵板燒台會自己關掉。臨走前再把東西收拾乾淨就可以了。

書報店(News Agency)

賣文具、雜誌、報紙、郵票、明信片、樂透和刮刮樂彩券的地方，到處都有，有的還會跟郵局合在一起。某些大城市裡的書報店也會兼賣車票。規模比較大的還有在賣美術用品。

另外澳洲還有一間規模很大的文具超市叫「Officeworks」，是連鎖店，主

1.某些公園裡會有神奇的鐵板燒台，占到台子後要先把蓋子掀起來。
2.台子下方會有個加熱的按鈕，按一下鐵板就會開始加熱。
3.接著在鐵板上鋪錫箔紙，就可以開心地鐵板燒啦！
4.找個晴朗的日子，約幾個好朋友，就可以享受一頓愉快的聚餐。

要開在東岸，除了北領地之外各州的首府都有分店，除了賣比一般書報店好用的文具之外，還有提供便宜的影印服務。

Officeworks
http www.officeworks.com.au
網站裡有他們分店的地圖。

教會(Church)

不管大城小鎮都會有教堂。教會為了吸引人來，常常會有免費學英文的活動，不過多半都是讀經之類的內容，除非帶領的老師很有經驗，不然一直讀聖經對不是教徒的人來說還滿無聊的。有的教會還會在週日的禮拜後舉辦餐會和活動。

相片店(Photo Shop)

【沖印照片】如果想要沖印照片，可以把圖檔放在隨身碟，到BigW、Kmart或Officeworks專門沖印照片的專區進行現場沖印，通常要等1小時。若印成4x6相片還可以當作明信片。建議挑選使用富士Frontier機器沖印的店家，像是BigW。沖印出來的照片品質比較差，但是很便宜。

【沖洗底片】如果想沖洗底片相機的底片就比較貴了，澳洲不像台灣有許多底片沖洗店。你可以到澳洲的相機店詢問，像是Camera House，或上網搜尋「Filming processing(底片沖洗)」也可以找到相關資訊。

旅行社(Tour Agency)

比較不會自己計畫旅行的人，可以到澳洲當地的旅行社，尋找不錯的Tour參加。澳洲最大的實體旅行社叫做「Flight Centre」，國內外旅遊都有，還有提供機票代訂服務；網路上也有很多不錯的旅行社可以選擇。若你人在雪梨或墨爾本，也可以隨時注意旅展(Travel Expo)，有機會撿到各種旅行好康！

澳洲常見的旅行社

Flight Centre
http www.flightcentre.com.au

Backpackers World Travel
http www.backpackersworld.com

F.I.T Travel
http www.fittravel.com.au
f @fit.travel

Fashion Tour
http www.fashiontour.com.au
f @FashionTourBar

釣具店 (Fishing Tackle Shop)

澳洲是釣魚天堂，到處都有河、港、湖、海灣可以釣魚，甚至像塔斯馬尼亞還可以釣高山鱒魚。釣魚的方法從一般的餌釣，用假餌釣小卷，還有台灣比較少見的飛蠅釣(Fly Fishing)應有盡有，因此釣魚用品店也是四處林立啦！

除了釣竿、餌材這些東西，釣具店和Kmart還有在賣釣魚執照。業餘的釣

筆者到愛麗絲泉時也報名了3天2夜的Uluru旅行團，和來自各國的團員一起在礫漠裡露宿於曠野之中。雖然參加的只是便宜的小團，但是旅途中和大家一起笑鬧的快樂經驗我想早就值回票價了。當背包客自由隨性慣了，偶爾參團讓導遊帶你出去玩，其實也是挺愉快的事。

客在澳洲釣魚也是需要執照的，每個州的規定不同，不過執照還算便宜。買執照的錢是政府用來作魚苗放流和魚種復育用的，其實也是回饋給大自然和釣客們。

【各州釣魚執照規定】

不需執照的州	昆士蘭、北領地、南澳。不需執照但有尺寸限制。
需要執照的州	新南威爾斯、維多利亞、西澳、塔斯馬尼亞都需要釣魚證。

以上資料時有異動，依最新公告為準。

專門去釣魚的旅行團巴士。

Look!!

| 過 | 來 | 人 | 提 | 醒 |

釣魚需知

澳洲的海產非常貴，釣魚是個加菜的好方法，邊釣魚還可以放個蟹籠順便抓螃蟹。筆者就曾聽說有背包客因為找不到工作，所以每天釣魚當食物，也是苟活了很久。不過釣魚要注意的是魚獲的種類和大小，如果是**保育類的魚或是太小隻的話是不能帶回家的，不然被抓到的話可是會重罰的！**在釣魚店有免費的小冊子《Fishing Guide》會告訴你什麼大小的魚可以釣，各個釣魚點現場也會有關於魚種尺寸限制的量表可以對照。另外，去釣魚的時候也要小心某些地方的瘋狗浪(King Wave)和讓你中暑的大太陽。

註：看到澳洲的釣魚保育政策，再想想台灣非法濫捕和生態破壞對魚類的影響，我們要努力的地方還很多。

釣點附近常見的可捕魚類尺寸量表。　　　　澳洲人說釣到第一條魚親一下再放走，接下來會有更多魚來找你。

不可不知的澳洲生活禁忌

最後，和大家分享幾個剛開始在澳洲生活要特別注意的地方：

不要餵食野生動物

在澳洲生活很容易遇到野生動物，像是鳥類、袋鼠、無尾熊等等，雖然牠們很容易受到食物吸引，但是如果你餵食野生動物，很可能會面臨鉅額罰款，因為人類的食物很容易危害野生動物的健康，嚴重一點還會影響整個食物鏈，引發生態失衡的危機。

其中最常見的野生動物就是澳洲喜鵲，不要看著牠們可愛，就對牠們掉以輕心，牠們已經在澳洲造成數千人受傷，簡直是空中小霸王，一旦餵食牠就會一直跟著你，如果太靠近牠的巢穴，很大機率還會來攻擊你，所

澳洲野生袋鼠與隨處可見的澳洲喜鵲。

以看到牠們時，能離多遠就離多遠吧！

盡量避談敏感話題

　　澳洲是一個多元社會的移民大國，生活中不僅僅只有澳洲人，還有很多來自不同國家的人，雖然大部分的人都很友善，但仍盡量不要談論政治、宗教、種族等敏感議題，因為你不確定對方的立場，稍有不慎可能就會引起爭執！想和澳洲人好好相處，記得常說Please和Thank you！

不要違規開車，尤其國定假日更要謹慎

　　大部分到澳洲的背包客都會開車，特別注意不要違規，因為澳洲的罰單非常貴，如果是在國定假日收到罰單，罰鍰還會乘以2倍、甚至3倍，澳洲常見國定假日包含聖誕節、復活節、女王生日等等，若在這幾天開車，記得皮要繃緊一點！

結語

生活是由許多小事件所組成的，而事件的發生需要一些舞台。在澳洲生活時，這些商店和機構將或淺或深地與你的生活產生關聯性，故事也在其間發生。許多人到了澳洲都想去拜訪烏魯魯、都想去看大堡礁，但是當你結束旅程回到台灣之後，某天會讓你想起的澳洲，也許是圖書館裡某個無線網路收訊很強的角落，或是某個公園裡大家一起享受午餐的鐵板燒台。記憶的細節就藏在這些角落裡，他們所構成的，才是對你來說獨一無二的澳洲！

飲食篇

採買訣竅與簡易料理

背包客們在澳洲一定會有許多煮飯做菜的機會。不過因為本書不是食譜，所以關於如何做菜的事，請大家自己買書看、上網找或是請朋友教你吧！這章要告訴大家的是食材的採買訣竅與最基礎的料理常識。希望能幫助你有個好的開始，至於能不能成為神廚就看你的天分和努力了。

● 採買訣竅

　　背包客在澳洲採買食材的去處，大多集中在地方市集、超市和中華街。地方性市集的好處是在接近收攤大拋售的時候去買，不管是肉類還是蔬菜都會有嚇死人的折扣；超市則是會有便宜的自我品牌，和不定期的特價品；而中華街就是家鄉味囉！

蔬果類

【根莖類與瓜果類】這兩類是背包客採買的主要角色，如馬鈴薯、南瓜、洋蔥、紅蘿蔔等。因為大量採買可以很便宜，而且根莖類本身又耐放，在料理時也可以增加飽足感。另外如果看到玉米在特價的話可以多買一點，買回來的玉米不管要不要吃都先煮過，這樣可以把甜味保留下來，冰起來之後要吃再加熱就好。

澳洲的水果甜度都滿夠的，偶爾可以買一些補充維生素。

【葉菜類】葉菜類不耐放，如果是自己一個人要吃的話都會嫌太多。盡量少量採買，或是可以搭配豆芽菜、花椰菜、高麗菜等比較能放的蔬菜。

【香料類】像是辣椒、蒜頭、薑、蔥之類的香料植物，隨時準備一點就好，在中華街還有機會買到九層塔，可以回來自己作鹽酥雞。

　　澳洲還會有一些台灣沒有的怪蔬菜，也可以在詢問店員煮法後買回來試試。另外別忘了要多吃水果。

蛋與肉類

【蛋】蛋依大小和產地的不同,價格上會有些許波動,而且不知道為什麼中華街賣的蛋總是可以比較便宜。

【雞肉】澳洲人在吃東西上很懶惰,他們只喜歡沒什麼味道的雞胸肉(Chicken Breast),原因是不用再去骨,而雞腿(Chicken Drumsticks)和雞翅(Chicken Wings)這些有骨頭的部位都超便宜。所以如果你很窮又想吃肉,雞腿會是你最好的選擇,買回家去骨,加米酒、胡椒和醬油醃1小時,不管是用烤的、用炒的,還是裹粉下去炸,都好吃得不得了!

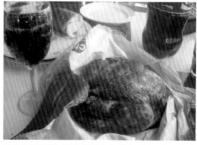

超市有賣烤雞,關店前都會降價大拋售。和朋友出遊的時候一起買一隻配麵包吃真是幸福得不得了。

【牛肉】牛肉是澳洲的主要肉品,在市場裡可以買到煎牛排用的肉排、丁骨、牛肉香腸等肉品,從事勞力工作的人可以常吃補充體力。另外也可以試試罐裝或是真空包裝的鹽醃牛肉(Corned Beef),相對便宜,也比較好保存,只是因為是鹽醃的所以會很鹹。買回來後去掉白色的筋膜就可以料理了,水煮的時候請不要再加鹽,最後煮起來會縮小一點。

澳洲是牛肉生產大國,有機會的話也去餐廳點客牛排來試試吧!

【豬肉】澳洲人吃豬肉大概都是培根、火腿或煙燻香腸之類的醃製品,可以買回來備用,作三明治、炒飯之類的配料。澳洲的超市都買得到豬肉,但澳洲的豬肉腥味比台灣重,料理時不要忘了下點米酒去腥或是先醃過。

【魚肉】魚肉又是另一個澳洲人在飲食上懶惰的例子,他們只吃大片、不用挑刺的肉魚,不會賣鯛魚、虱目魚這類有刺的小型魚(他們不用筷子,沒辦法像我們這樣吃魚),所以海鮮的價格非常高。除了魚之外,蝦子、貝類、烏賊的價格也都很高。所以沒錢

又想吃的話，要不就自己釣，要不就等超市偶爾會出現的特價混裝海鮮組合。如果是在傳統市場的話，可以跟魚販要魚頭，洋人不吃魚頭，多半會免費送你，只有在華人多的城市，洋人們才會意識這個東西原來是可以吃的，會跟你算錢，不過通常也非常便宜。可以帶回家加薑絲煮湯喝。

【羊肉】超市的羊肉多半以羊小排的形態出現，羶味都滿重的，要買的話通常要再加買洋香菜「巴西里」(Parsley)或是迷迭香(Rosemary)回來加一點酒、橄欖油和胡椒醃個一天。想買火鍋用的肉片的話，就得到中華街才有。

【袋鼠肉】大型超市都可以買到袋鼠肉，袋鼠肉的口感和牛肉很像，只是比較柴一點，可以仿照牛肉的料理

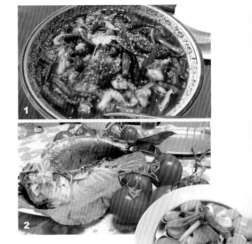

方式去處理。另外運氣好的話也許還會遇到鱷魚肉、鴯𪇈肉、甚至是駱駝肉之類的奇妙肉品，有機會的話可以試試看。

1. 川菜：中華街裡讓你辣翻天的金椒水煮魚。
2. 鹽焗後剝皮亮相的鮮魚。
3. 紅燒口味的圓型雞蛋豆腐。
4. 只要吃過真正新鮮滑順的生蠔，就很難戒掉了……

加工食品類

【泡麵】泡麵是背包客們的好友，超商都有在賣，不過如果要找口味變化比較多的，還是要到中華街去。澳洲主要的泡麵市場可以分成最好吃的台灣泡麵、辣味的韓國泡麵、怪口味很多的中國泡麵、酸辣風泰國泡麵⋯⋯等等。但要特別注意的是印尼泡麵Mi Goreng，雖然它很便宜，但是經台灣政府檢驗後發現它有含過量防腐劑，千萬別吃。總之泡麵這種東西還是不要多吃，除了填飽肚子之外對身體沒有什麼好處，請不要因為便宜就當成主食。要買的話最好還是買比較安全的台灣泡麵。

另外，澳洲泡麵不在討論之列，因為實在是太難吃了，想不開的人可以買來試試看。這個世界上居然會有國家能把泡麵做得那麼難吃，也算是一種世界奇觀。

【湯料】有時超市會有杯湯的特價，可以趁機買一些做成麵食的湯底。另外在中華街還可以買到味噌、紫菜之類的湯料，要吃火鍋的話還可以買到來自中國的小肥羊中藥湯底。

【罐頭】超市有很多種不同口味的鮪魚罐頭，趁著特價的時候可以多買一點，因為反正可以暫時放著。中華街的罐頭就更多樣了，從醬菜、肉片、水果到甜芋頭都有，你還可以買到台灣人熟悉的剝皮辣椒、甚至是維力炸醬的罐頭。不過要小心保存期限，因為常常會出現過期商品。

【豆腐】豆腐除了中華街，有些超市也買得到。有些城市還可以買得到豆花和雞蛋豆腐。

【泡菜】有中華街的地方就有賣。用來配菜、炒飯、煮湯都很好用。

【麵粉】麵粉是窮人的好朋友，小小一袋就可以吃超久。澳洲的麵粉一般只有自發麵粉(Self Raising Flour)和一般麵粉(Plain Flour)兩種。

● **一般麵粉(Plain Flour)**

大概相當於我們台灣講的中筋麵粉。可以用來做鬆餅、大阪燒、蔥油餅之類的麵食。

● **自發麵粉(Self Raising Flour)**

自發粉是中筋麵粉加上發粉(Baking Powder)混合而成的麵粉，適合用

1. 一包麵粉就可以做一大堆蔥油餅麵糰，能吃上好幾天。
2. 要做包子的話，中華街有賣絞肉。也可以買豆沙或芋泥來做甜包子。

來做膨鬆的糕點。不過發粉是化學膨大劑，吃多了對身體不好。如果想要讓麵糰自然發起來的話，就要另外買酵母粉，加到麵粉裡加水揉成團，放置半天到一天。自發粉在加熱後會膨脹，所以如果是拿來煎、炸，做出來的東西都會稍微變大，不過千萬不要拿去做麵疙瘩！至於會變成什麼樣子，好奇的人可以試試看。

要判定麵粉的筋度得看麵粉的蛋白質(Protein)含量，蛋白質含量8.5%～11.5%之間的是中筋，8.5%以下的是低筋，可以在麵粉的包裝上找到有關蛋白質的訊息。一般你能買到的Plain Flour都是中筋麵粉，基本上用來做什麼都可以。但是如果你想做口感比較柔軟膨鬆的蛋糕，需要用到低筋麵粉的話，那就要特別找一下。不然也可以用80%的中筋麵粉加20%的玉米粉混合來代替。

如果想做餅乾的話，可以用中筋麵粉加蘇打粉(Baking Soda)，烤出來就會脆脆的。想包水餃的人，中華街會有賣現成的水餃皮，如果不喜歡的話也可以用一般麵粉自己做。

【調味醬汁】超市會賣現成的調味料醬汁包或是醬汁罐頭，種類有中國、南洋和印度料理所用的醬汁，是懶人做菜的好幫手。在此特別推薦印度醬料，因為台灣人比較少接觸這些醬汁，試著買買看，用來炒菜、烤肉什麼的，偶爾會做出意想不到的東西(意想不到的好，或意想不到的糟)。

【飲料】澳洲超市的飲料大概就只有果汁、汽水、牛奶和酒，基本上都還滿便宜的，尤其是汽水，有時候竟比礦泉水還便宜。不過汽水、可樂之類的飲料還是少喝，它們是台灣女生到澳洲後瘋狂發胖的主因之一。另外，茶飲之類的東西要在中華街才買得到，你可以請外國朋友們喝仙草蜜或是王老吉之類的飲料，他們的反應都很有趣。

複雜的料理你就自己再去找想做的吧，在這裡要介紹給大家的料理非常簡單，是所有基礎中的基礎，也就是飯和麵！

飯

澳洲超市一般可以看到的米有這幾種：

這就是傳說中專門用來給微波爐煮飯的Rice Cooker。

● 短米(Short Grain Rice)

短米就像我們台灣一般習慣吃的米，煮起來比較鬆黏好吃，不過在澳洲比較少，價格也貴一點。煮飯的時候與水的比例是1：1.5左右(1杯米加1杯半的水)。

● 長米(Long Grain Rice)

澳洲主要的米是長米，煮起來比較硬、顆粒分明，適合用來做炒飯。要注意的是用的水量比較多，煮飯的時候與水的比例約是1：2左右(1杯米加2杯水)，想吃軟一點的還可以再加水。建議長米在煮之前盡量要浸米，不然會滿硬的。

● 糙米(Brown Rice)

雖然吃糙米比較健康，但是背包客通常不會沒事去買糙米，因為糙米在煮之前需要浸水浸很久，最少要1個小時，想吃軟一點的還可能要浸到8、9個小時。(而且為了怕浸太久臭掉，每3個小時還要換水)，對背包客來講不是很方便。如果真的要吃的話可以洗一洗混在一般的米裡頭煮，會比較好吃一點。洗米的時候也可以用力搓，在米的表面搓出傷痕，會比較容易吸水。水量也大約是1：2。

【用瓦斯爐煮白飯】

米在煮之前要先洗，把夾在其中的米糠和雜物去除。洗米的時候加水洗個一、兩次就可以了，動作要輕要快，不然會把營養都搓掉。如果你的時間很多，洗完米之後可以浸米，夏天大概浸半小時，冬天浸1個小時，趕時間的話用溫水浸個10分鐘也可以了啦。浸過之後的米因為預先吸了水，煮出來會變得好吃很多。煮飯的時候請加冷水，如果煮的時候很趕，也可以加溫水下去煮，飯會比較快熟，只是結果會比較不好吃就是了。

煮飯最好的伙伴當然是電鍋，不過你可能不是在每一間客棧都找得到電鍋，如果是用鍋子煮的話，有一個瓦斯爐煮飯的零失誤的祕訣：

❶ 米跟水依比例放入鍋中,加一滴油,蓋上鍋蓋(全程請勿打開偷看,盡量挑透明的蓋子)。

❷ 用大火至滾沸(如果不是透明鍋蓋,可觀察鍋蓋邊緣是否冒泡)。

❸ 馬上轉小火煮10分鐘。

❹ 關火燜5～10分鐘(燜久一點的話,水分會收得比較乾,米心會比較透)。

打開蓋子,記得要把整鍋飯都打鬆,讓多餘的蒸氣排出,飯會更鬆軟好吃。

【用微波爐煮飯】把米放入有蓋子、可以微波的保鮮盒裡(請確認蓋子可微波),加上1.5倍到2倍的水,蓋子別蓋緊,用強微波加熱15分鐘就可以了。Coles和K-mart還有在賣專門設計用來微波飯的Rice Cooker。如果你想要讓飯好吃一點,也可以分段微波,一開始功率大一點,之後再調小,就和用鍋子煮飯的原理一樣,而且也一樣需要燜飯。不過用微波爐煮飯的時候水會溢出來,記得下面要墊一個大瓷碗或瓷盤,不然你就清不完啦!最後要提醒,用微波爐煮出來的東西,目前還是有對人體有害的疑慮,所以最好還是用電鍋啦!

【炒飯】食神都告訴你炒飯要用隔夜飯啦,鍋子一定要熱,速度一定要快。但是隔夜飯通常容易黏成一團,最好在下鍋之前就先把飯分開,或者加入蛋黃攪拌作成黃金蛋炒飯。不過如果一開始煮起來的飯就很黏,那你

|過|來|人|提|醒| Look!!

不想黏鍋怎麼辦?

如果你很討厭飯粒黏鍋的話,在煮飯的水裡可以加一點點沙拉油,最後煮出來的飯會比較鬆散,也不容易黏鍋。如果是煮來作炒飯的話,也可以加一點醋,能夠減低炒飯的油膩感,飯本身也可以放比較久。

剩飯怎麼辦?

剩飯加一點水或米酒,放微波爐加熱一下就可以了。或者也可以加冷水下去改成粥。

半生不熟怎麼辦?

飯煮得半生不熟的時候,可以加一點熱水,或者是加一點米酒,再煮一段時間。

洗飯鍋怎麼辦?

要洗飯鍋的話一定要浸一段時間,所以添完飯之後就先加滿水,先丟著不管,1、2個小時之後再來洗。不然的話你也可以在盛完飯後,在鍋子裡留一點飯加水再煮一下,把剩下的飯作成粥。

隔了一千零一夜也是沒救的!

義大利麵

義大利麵最標準的煮法是:大鍋水煮滾,加一些鹽,鹽與水的比例約是1:10。然後把義大利麵放入,然後就不要管它,等7分半至8分左右。煮麵的同時也要再拿平底鍋把義大利麵醬加熱,麵煮好了就撈到平底鍋裡,繼續加熱拌攪1分鐘到1分半左右,就會出現完美的義大利麵。

【美味祕訣】

❶ 加鹽：之所以要加鹽是因為用鹽水煮麵，麵身裡有了一點鹽分，最後會因為滲透壓的關係比較容易吸附醬汁。不過因為煮麵時為了讓麵可以在鍋子裡伸展得開，水都會放很多，相對的，如果按照專門的比例來看的話，鹽也會放很多。所以煮的時候就要自己斟酌一下了。

❷ 水量：上面有提到鍋子裡的水要放很多，所以在此推薦中華炒鍋。因為半球型的炒鍋可以節省水量，也比較快滾，是絕佳的煮義大利麵道具。

❸ 醬料：雖然醬料罐頭上畫的圖都是把醬淋到麵上，但是這是不對的。麵要熱，醬也要熱，這樣麵才可以把醬吸附在身上，作出來的麵才會好吃。

❹ 麵條：以上所說的料理方法是以一般的義大利麵麵條(Spaghetti)為主，如果你買的是天使髮絲細麵(Capellini)，只要煮4分鐘就好，配的醬汁也比較稀。另外各種奇形怪

各種形狀的義大利麵，雖然各有用途，但是隨自己喜好搭配也很好玩。中華街還可以買到米作的義大利粉，是很奇妙的東西。

Vegemite
澳洲飲食體驗-維吉麥

1922年澳洲的食品專家發明了「維吉麥」這樣奇妙的東西。由釀酒業的副產品酵母提取物經加工而成的維吉麥含有豐富的維他命B群。算是一種健康食品，常用來塗在土司上，是澳洲飲食文化的象徵，你在YouTube上還可以找到維吉麥之歌。不過味道很怪，不是大家都能接受，到了澳洲請務必要體驗看看！

狀的短麵(Short Pasta)多半是煮湯或是攪拌沙拉用的，當然你要用一般麵的作法也沒問題。

懶人福星：送餐APP

筆者(Irene)曾遇過有背包客來到澳洲一段日子了，但還是不會煮飯，所以幾乎都是吃外食為主，真是好野人！如果你跟我朋友一樣，也是懶得煮飯的類型，或是難免有時候覺得煮飯好麻煩，偶爾也可以透過送餐APP叫外賣，跟室友一起分攤外送費，不過外送服務僅限於在澳洲城市裡或在市郊生活的背包客，若住荒郊野外可能沒有人會幫你送餐，還是自己出門買比較明智。澳洲的送餐服務跟台灣一樣已經相當普及，尤其疫情爆發之後，加上澳洲人也很懶，送餐APP簡直是他們的福音，給小費有時候也沒在客氣，只要能把餐點送到他家，他就很感動了，所以曾經很多背包客都兼職甚至全職送餐，週薪破千大有人在，只不過需要經常在外面趴趴走，也算是一份高風險的工作。

以下介紹目前澳洲常見的送餐APP，第一次點餐通常會有運費優惠，甚至免運費，所以你們可以把外送APP都先使用一輪，把優惠都用過一遍再說(不要說是我教的)。由於送餐的商機太大，未來可能有機會出現其他新的送餐APP，記得隨時注意新消息。

Uber Eats

運費：約2.99～5.99元，再加一成服務費。用餐時段有些店家會推出限時免運費。

Uber Eats是Uber共乘服務APP衍伸出來的送餐服務APP，是澳洲最大的外送平台，APP操作非常直觀方便，最重要的是配合的外送員比較多，如果是點麥當勞，有時候甚至20分鐘就可以送到家，前提是離你家近的麥當勞，因為很多外送員會乾脆在麥當勞等接單。有時候還是會遇到找不到外送員的情況，畢竟是在澳洲。如果遇到半夜時段或餐廳比較偏遠，有些外送員就會懶得接這麼遠的單，你可能就會被取消餐點，然後還是要乖乖去煮飯。

Menulog

每間餐廳都不一樣，運費介於5～15元左右。用餐時段有些店家會推出限時免運費。

Menulog是澳洲當地的送餐平台，運費比較貴，不過可以找到很多Uber Eats沒有配合的餐廳，因為Uber Eats對餐廳的抽成較高，所以有些店家傾向找其他外送平台合作。

|過|來|人|提|醒| Look!!

送錯餐記得拍照申訴

Uber Eats點餐還有一個好處，就是如果你收到錯誤的餐點，或食物品質有問題等，記得拍照申訴，Uber Eats會把該餐點的費用全部退還給你。

EASI

運費：起跳價約3.99元，再加距離配送費，每多1公里就多1.5元左右。

EASI算是目前澳洲最大宗的華人送餐APP，不同地區有不同的名稱，例如：布里斯本送餐、墨爾本送餐、悉尼送餐等等(中國人稱雪梨為悉尼)，跟英文送餐APP最大的不同就是，EASI能選擇的餐廳以亞洲料理為主，可以看到各式各樣的亞洲餐點，飲料，甜點。不過EASI的外送費非常貴，一趟跑路費常常需要付超過10元以上，而且有規定起送費，比較適合跟朋友一起點餐平攤運費。

熊貓外賣

運費：運費比EASI便宜，通常會要求起送價10～20元左右，需付騎手油價補貼。

澳洲的熊貓外賣，跟台灣熊貓外賣來自不同公司，澳洲熊貓外送來自英國的「Hungry Panda」，商標是藍色。所以下載APP的時候，記得要選藍色那隻熊貓(台灣熊貓外送是來自德國的「Foodpanda」，商標是桃紅色)。澳洲熊貓外賣上的餐點和EASI一樣，都是以亞洲料理為主，運費也不便宜，也有要求起送費，兩者的模式是差不多的。

|過|來|人|提|醒| Look!!

餐點外送偶爾體驗一下就好

台灣的外送服務暢行多年，不但服務越趨成熟，費用也不會太昂貴，時常還有優惠，所以許多人已經很習慣叫外送了，但如果來到澳洲，還是不改習慣，一樣天天叫外送的話，可能荷包會大失血哦，因為澳洲的外食非常貴！尤其當你還住在郊區或偏遠地區，有時候甚至會找不到外送員幫你配送餐點，而導致最後被棄單，空等一場，所以強烈建議大家盡量還是乖乖自己煮飯，外送偶爾體驗一下就好。

Zomato

運費：澳洲區目前尚未提供送餐服務

澳洲還有一個超「食」用必載APP就是Zomato，雖然在澳洲區目前還沒有提供送餐服務(印度區的Zomato於2022年開始提供送餐)，仍然十分推薦大家下載。你可以在上面找到澳洲各大城市幾乎所有餐廳的資料，由於都有經過專人審核過濾，所以介紹內容十分清楚，包含照片、菜單和實際花費等，上面的用戶評論，可信度甚至比Google評論高，而且搜尋條件分得很細，可以讓人迅速找到滿意的餐廳，所以如果想不到吃什麼，就點開Zomato！

如何在澳洲點咖啡

無論你是喜歡喝咖啡，或是想在澳洲做咖啡師的工作，你都一定要知道在澳洲怎麼點咖啡，不過澳洲點咖啡的模式跟台灣不太一樣，剛來可能會不太習慣。筆者(Irene)剛來的時候，看到澳洲人走進咖啡廳，只是點個咖啡就落落長的講了一段，心想為什麼點個咖啡要這麼複雜呢？直到進入咖啡廳工作後，才發現原來在澳洲點咖啡一點都不難！

【澳洲咖啡的由來】

澳洲主流的咖啡是歐式的變種。澳洲是除了義大利人以外，最多義大利人的國家，因此澳洲很早就受到義式咖啡文化的薰陶，經過多年的融合以後，澳洲也形成了自己獨有的咖啡文化。在澳洲，像Starbucks這種美式咖啡文化的咖啡廳其實不是那麼受歡迎，比起知名的連鎖咖啡店，澳洲人更喜歡去一些小眾的特色咖啡館。就讓我們學學澳洲人都是怎麼點咖啡的吧！

【3個步驟點咖啡】

選擇咖啡種類

● **Latte**：義式濃縮咖啡(Espresso)與牛奶的混合，奶泡厚度約1公分。通常使用玻璃杯裝。其實Latte在義大利文中是指熱牛奶，不過在澳洲你講Latte，他們都會做成牛奶咖啡。如果要點熱牛奶，你需要講Hot milk或Warm milk。

● **Flat White**：義式濃縮咖啡(Espresso)與牛奶的混合，奶泡厚度約0.5公分，也有一派人士認為沒有奶泡才是Flat White。Flat White的奶泡最薄、最細緻，是澳洲獨有的口味，所以又稱「澳式咖啡」。通常使用馬克杯裝。

● **Cappuccino**：義式濃縮咖啡(Espresso)與牛奶的混合，奶泡厚度約1.5公分，一般上面會灑上巧克力粉。通常

使用馬克杯裝。澳洲人喜歡簡稱Cap(導演喊卡！對就是這個音)。

註：曾遇客人點一杯Latte，然後要求在上面撒巧克力粉，這時還想說：「怎麼不點Cappuccino就好了呢？」其實還是有差的，Latte是用玻璃杯裝，而且奶泡不像Cappuccino這麼厚。

● **Piccolo：** 很像迷你拿鐵，義式濃縮咖啡(Espresso)加入少量的牛奶，通常只有4oz左右，咖啡口味比拿鐵重。

● **Mocha：** 義式濃縮咖啡(Espresso)加入巧克力(即溶巧克力粉或巧克力糖漿)，最後以牛奶混合，奶泡厚度約1公分。通常用玻璃杯裝。

● **Short black：** 只有義式濃縮咖啡(Espresso)，不加水。一般只有1 Shot，也就是30ml。

● **Long Black：** 義式濃縮咖啡(Espresso)再加熱水就是Long Black，要加多少水，以及要先加熱水還是先加Espresso，則是看咖啡師的習慣或客人喜歡的方式。Long Black又稱美式咖啡(Americano)。

● **Doppio：** 聽起來很像Double，的確就是兩倍義式濃縮咖啡(Espresso)的意思，等於兩杯Short Black。

● **Ristretto：** 意思是Ristrected(受限制的)，萃取的時間比Short Black短，味道會比較濃烈。

● **Macchiato：** 在義大利文中是指小斑點的意思，主要是義式濃縮咖啡(Espresso)加上奶泡，因為放奶泡在上面很像小斑點，所以才叫做Macchiato。Short Macchiato就是Single shot加一些奶泡；Long Macchiato就是Double shots加一些奶泡。

● **Magic：** 這是墨爾本特有的種類，以Ristretto為基底，再倒入蒸氣牛奶，通常不會倒滿。如果有機會到墨爾本一定要喝看看。

Step 2 選擇咖啡尺寸

● **Small：** 小杯，內用的話會說Cup。通常是1 Shot的Espresso。

● **Medium：** 中杯，內用的話會說Mug。通常是1.5 Shots的Espresso。

● **Large：** 大杯，內用的話會說Mug。通常是2 Shots的Espresso。

註：有些店的Mug(馬克杯)可能是中杯或大杯，另外有些店家的小、中、大杯分別是1、2、3 Shots。

Step 3 其他特殊要求

- **Milk：**有乳糖不耐症就會點Lactose free milk(不含乳糖的牛奶)。你也可以選擇Skim milk(低脂牛奶)、Soy milk(豆漿)、Almond milk(杏仁牛奶)、Oat-milk(燕麥牛奶)、Coconut milk(椰子牛奶)、Macadamia milk(堅果牛奶)等等。

- **Extra Hot：**有些澳洲人喜歡喝特別熱的咖啡，尤其是老人家。

- **Decaf：**咖啡因非常低的咖啡粉。

- **Extra shot或Strong：**就是要多加一份Espresso的意思。

- **Weak或Half strength：**只要原本Espresso的二分之一。如果是2 Shots就會變1 Shot。

- **Very weak或Quarter strength：**只要原本Espresso的四分之一。如果是2 Shots就會變0.5 Shot。

- **Sugar：**是的，有些澳洲人連糖的種類都很Care。除了白糖，可以選擇粗糖(Raw sugar)、代糖(Sweetener或Equal)，還有蜂蜜(Honey)，以及各種口味的糖漿，包含焦糖糖漿(Caramel syrup)、榛果糖漿(Hazelnut syrup)、香草糖漿(Vanilla syrup)等等。

●★ 其他種類的飲品

- **Hot chocolate：**就是巧克力牛奶啦！

- **Chai Latte：**印度茶拿鐵，主要風味是薑和肉桂。澳洲還有衍生出一個口味叫做Dirty Chai，就是Chai Latte加Espresso(喝起來滿怪的)。

- **Babyccino：**就是熱牛奶，為了讓小孩子過過癮，才有了Babyccino。通常會佐棉花糖。

- **Hot tea：**澳洲常見的茶是English Breakfast tea(英式早餐茶)、Earl Grey tea(伯爵茶)、Peppermint tea(薄荷茶)等等，每間都不太一樣。

|過|來|人|提|醒|

點咖啡好像很複雜？

　　其實不是每個澳洲人都喜歡點這麼複雜的咖啡，所以不用太擔心。喜歡喝咖啡的人，來到澳洲也不要忘了嘗試各種組合，找到屬於你的澳式口味，這有點類似在台灣點手搖杯，有人喜歡少冰半糖、有人喜歡去冰微糖。如果有機會到咖啡廳工作，剛開始聽不太懂客人點的咖啡是正常的，只要聽久了就會習慣的！

【用英文點咖啡】

Can I have a small latte please？
我可以要一杯小杯拿鐵嗎？

Can I please have an oat flat white in the mug？
我可以要一杯大杯內用杯的燕麥Flat white嗎？

Can I have a half strength decaf almond cap without chocolate powder? And extra hot please.
我想要點一杯低咖啡因卡布奇諾，Espresso只要二分之一，要杏仁牛奶，上面不要加巧克力粉，然後要燙一點。(如果上班時遇到這種客人，千萬要忍住不要拿咖啡杯丟他！)

常見食材名稱

肉類

Pork	Beef	Lamb	Chicken	Steak	Bacon	Salami	Pepperoni
豬肉	牛肉	羊肉	雞肉	牛排	培根	義式醃腸	辣味絞肉火腿

海鮮類

Anchovy	Sardine	Tuna	Dory	King George Whiting	Crab
鯷魚	沙丁魚	鮪魚	魴魚	鱈魚	螃蟹

Prawn	Shrimp	Scallop	Mussel	Oyster	Calamari	Squid
蝦	小蝦	扇貝	孔雀蛤、淡菜	牡蠣	花枝	烏賊

調味料

Soy Sauce	Vinegar	Sesame Oil	Oyster Sauce	Paprika	Corn Flour
醬油	醋	麻油	蠔油	辣椒粉	玉米粉(太白粉)

菜名

Lasagne	Wedges	Dumpling	Chicken Schnitzel
千層麵	塊狀帶皮炸馬鈴薯	水餃、包子、燒賣	雞排

Schnitzel	Parmigiana
打扁後再炸的肉排	撒上巴馬乾酪後用烤的炸肉排

蔬菜類 Vegie＝Vegetable

Basil	Broccoli	Cauliflower	Bean Sprout	Carrot	Cabbage
九層塔	綠花椰菜	白花椰菜	豆芽菜	紅蘿蔔	高麗菜

Capsicum	Chilies	Chinese Cabbage	Celery	Corn	Eggplant
青椒	辣椒	大白菜	芹菜	玉米	茄子

Cucumber	Onion	Mushroom	Spinach	Tomato	Spring onions
黃瓜	洋蔥	香菇	菠菜	番茄	蔥

Parsley	Rosemary	Garlic	Ginger	Cinnamon	Mung bean
洋香菜、巴西里	迷迭香	大蒜	薑	肉桂	綠豆

Red bean	Olive	Okra	Taro	Grape fruit	Pineapple
紅豆	橄欖	秋葵	芋頭	葡萄柚	鳳梨

結語

許多在台灣時只會泡麵的人(厲害一點的還會加蛋)，在經過一年背包客生活後，回家都搖身一變成為神廚。不管你的手藝如何，一年的時間絕對足夠你練習，好好享受你的自炊慢食生活吧！

在澳洲如何聯絡親友、獲取資訊是非常重要的事。本章將說明郵寄、電話、及網路相關的各種事宜。讓你跟親友聯絡、上網訂票找工作的時候都能事半功倍。

● 郵寄

寄件

如果是寄信回台灣的話，住址和人名只要寫中文，最後再加上一個「Taiwan」就可以了。千萬不要只寫「ROC」，那會被寄到剛果共和國(Republic Of Congo)去。

【明信片】

從澳洲寄明信片到國外，所需的郵資不論寄到哪一國都是均一價，約澳幣3元的郵票。到郵局和書報店(News Agency)説你要寄海外的明信片就可以買到了。可以事先買幾張郵票在身上，走到哪都可以寄。你也可以把自己拍的照片洗出來(尺寸至少4X6)當成明信片來寄，在背面貼上郵票再寫字就可以了，比較有趣也比較省錢。

另外郵局也會販賣已附郵資的明信片，就不用再買郵票了，只是圖樣比較受限。另外可以在郵

1.一般郵箱與限時專送(右)的郵箱。
2.耶誕節前才會出現的，專門寄給耶誕老人的郵箱。
3.偶爾在小鎮上會看到一些建築外觀典雅的小郵局。

局的櫃檯拿AIRMAIL貼紙，雖然不貼也沒關係，不過貼著滿有樂趣的。

【信件與包裹】

寄件時可用自己的信封、紙盒或紙箱，再加貼郵票，或到郵局買已付郵資的信封、紙盒或紙箱。但是寄包裹的費用高昂，建議考慮改用貨運。明信片尺寸滿小的，可以不用寫寄件人地址，省得澳洲郵局的人搞錯。如果要加上寄件住址，需注意國際的信封書寫格式，以免寄回給自己：收件人姓名地址應寫在信封中央偏右處，寄件人姓名地址應寫在信封左上角或信封背面，記得加上「To」和「From」。

收件

如果你在近期內可能會移動，不能確定住址，可以請親友寄到離你最近的郵局，有留局待領(Poste Restante)的服務，憑護照到郵局認領就可以。

Look!!

|過|來|人|提|醒|

注意包裝的紙箱

如果從台灣寄包裹到澳洲，記得不要使用表面印有水果圖案或肉品圖案的紙箱，否則經過澳洲海關時，很可能會被拆開檢查，延遲寄送時間。

不能郵寄的東西

不建議寄底片，可能會因為受到X光檢查的影響而變質。只要是不能通過澳洲海關的行李都一律不能寄，若是有疑慮或不確定的話，直接問郵局的人員會比較保險。

中文地址的英譯
中華郵政
http www.post.gov.tw
➡ 查詢專區 ➡ 中文地址英譯

澳洲郵資查詢
澳洲郵局
http www.auspost.com.au
➡ Sending(寄件) ➡ Calculate postage(計算運費)

 ● 貨運

如果打算一次寄好幾公斤的包裹，例如準備離澳時，你會需要寄行李回台灣，若一次寄超過10～20公斤以上(筆者聽過有人寄100公斤！)建議找澳洲當地的貨運公司或私人集運寄送。有分空運和海運，會有基本起運價，重量越重，每公斤的運費就越便宜。

澳洲貨運公司資訊
以下是有提供中文服務的物流公司，如果有問題，可以上他們的粉絲專頁私訊詢問。

百事達國際報關物流
http www.bitaust.com
f @bitaust

ABC全球物流服務
http www.airfreightbaggage.com.au
f @ABCWeLove

澳亞聯運
http www.au-tw.com.au
f @auasiaexpress

七海船運 Seven Seas
http www.sevenseasworldwide.com
f @sevenseasworldwide

● 打電話

澳洲電話區碼

【市話號碼】

　　一般的室內電話是8個號碼再加上區碼，區碼依區域劃分成四組。例如一間在西澳的公司，電話就可能像：(08)1234-5678。若在同一州就不用加區碼，原則和台灣一樣。

02	**NWS** 新南威爾斯 + **ACT** 坎培拉
03	**VIC** 維多利亞 + **TAS** 塔斯馬尼亞
07	**QLD** 昆士蘭
08	**WA** 西澳 + **SA** 南澳 + **NT** 北領地

Look!!

|過|來|人|提|醒|

如何分辨詐騙電話

　　澳洲很多詐騙電話，若接到來路不明的號碼，建議先Google搜尋，通常可看到是什麼單位，若網路找不到該電話資訊就不要回撥。特別注意，若接到19或1900開頭的電話，這是收費號碼，回撥需要付額外的錢。保險起見，遇到不認識的號碼，建議都不要接。

【手機號碼】

　　澳洲的手機門號開頭都是04，每組門號都是10個號碼。

【特殊號碼】

● 1800開頭的號碼是澳洲境內免付費電話。其他免付費的特殊號碼，還有緊急求助電話000，可以叫警察、救護車或消防車，若英文不好，可以直接說「Madarine translate, please.」就會出現第三方通話翻譯。

● 13或1300開頭的號碼，通常為政府機關或商業部門，是按本地電話收費。若你的澳洲門號可無限次網內外互打，就不用擔心收費問題。

澳洲公共電話

　　澳洲的公共電話是由電信公司「Telstra」經營，主要會出現在郵局、酒吧、車站等人多的地方。自疫情爆發之後，2021年中Telstra宣布全澳洲的公共電話都可以「免費」撥打澳洲本地的號碼及本地手機號碼，但是國際電話還是要收費。會出現這樣的轉變，是因為考量到公共電話可能會是這個非常時期的生命線，像是對於無家可歸、需要緊急求助或欲脫離險境的人等。

國際電話撥打

【從台灣打到澳洲】

● **撥打澳洲市話號碼：**台灣國際冠碼(002)+澳洲國碼(61)+澳洲市話號碼(省略開頭0)。範例：從台灣打澳洲市話號碼(08-1234-5678)，輸入002-61-812345678。

002 + **61** + **8** + **12345678**

台灣國際冠碼　澳洲國碼　區碼省略開頭的0　家用電話號碼

● **撥打澳洲手機號碼：**台灣國際冠碼(002)+澳洲國碼(61)+澳洲手機號碼(省略開頭0)。範例：從台灣打澳洲手機號碼(0412-345-678)，輸入002-61-412345678。

002 + **61** + **412345678**

台灣國際冠碼　澳洲國碼　手機號碼省略開頭的0

● **撥打澳洲特殊號碼：**台灣國際冠碼(002)+澳洲國碼(61)+澳洲特殊號碼。範例：從台灣打澳洲免費翻譯電話(13-14-50)，輸入002-61-131450。

002 + **61** + **131450**

台灣國際冠碼　澳洲國碼　澳洲特殊號碼

【從澳洲打回台灣】

● **撥打台灣市話號碼：**澳洲國際冠碼(0011)+台灣國碼(886)+台灣市話號碼(省略開頭0)。範例：從澳洲打台灣市話號碼(02-1234-5678)，輸入0011-886-212345678。

0011 + **886** + **2** + **12345678**

澳洲冠碼　台灣國碼　區碼省略開頭的0　台灣市話號碼

● **撥打台灣手機號碼：**澳洲國際冠碼(0011)+台灣國碼(886)+台灣手機號碼(省略開頭0)。範例：從澳洲打台灣手機號碼(0912-345-678)，輸入0011-886-912345678。

0011 + **886** + **912345678**

澳洲冠碼　台灣國碼　手機號碼省略開頭的0

　　若用手機打電話，國際冠碼可以用「+」代替，手機長按數字「0」，就會出現「+」的符號。

手機及上網

澳洲手機SIM卡

到了澳洲當地，最重要的就是趕快把手機裡的台灣SIM卡換成澳洲的SIM卡，而澳洲的SIM卡和台灣一樣，主要也是分成兩種型態：

【綁約型(Postpaid)】

類似於台灣的月租型門號合約，可以跟澳洲電信申請門號合約，只不過申請時需要提供很多證件(護照、駕照、信用卡、銀行對帳單等等)，剛來的新包很難達標。雖然綁約型的方案比預付卡便宜，但是通常要一次綁定12個月或24個月，即使打工度假可以申請到三簽，未來的事情也很難說，一旦綁約就一定要繳費，電信公司會定期從你帳戶扣錢，若有超額部分，也會在下期帳單收取。除非你很確定會長住澳洲，否則不建議。

【預付卡(Prepaid)】

預付卡非常適合短期簽證的背包客，你需要先購買一個起始包(Starter kits)，各大電信門市及超商均有販售。起始包內有一張SIM卡，通常會附贈首充優惠，可以直接在門市請專員協助你開卡，或是自行上網開通(只需填寫基本資料)，完成開通後才能儲值使用。

每間電信的儲值方案不太一樣，通常是一次儲值一個月。儲值方式很多種，你可以購買儲值卡，上網輸入卡號儲值或打電話儲值；也可以下載各大電信APP，直接在APP裡面儲值。只要持續儲值，就能一直使用預付卡，日後離澳也不用擔心違約，一定時間內沒有充值，卡片就會自動作廢。

澳洲電信公司

接下來將會向大家介紹澳洲的電信公司，包含三大電信公司Optus、Telstra和Vodafone，以及一些比較推薦的小型電信公司，建議花一點時間比較各家電信的優缺點，再根據你的實際需求，選擇適合的電信公司。既然「預付卡」是背包客的首選，本篇就不介紹綁約型的部分，如有興趣了解可以到各大官網查詢。

> **Look!!**
>
> |過|來|人|提|醒|
>
> **隨時注意方案調整**
>
> 各家電信都會不定期調整方案，優惠活動也推陳出新，記得到官方網站注意最新消息。如果預計要前往偏遠地區旅行或工作，建議選擇Telstra或使用Telstra線路的其他電信公司。否則買再多G，沒有訊號也是GG。

身為全澳洲第二大的電信公司，Optus其實是新加坡電信的子公司。由於方案較為便宜，一直是背包客們的首選，市區網路收訊沒什麼問題，但是偏遠地區收訊不太好。如果你預計先落腳於各大城市，可以先辦張Optus，反正是預付卡，之後想跳槽到其他電信也是很方便的。

預付卡方案參考 (2023年7月)

	起始包(Starter kits)	一般儲值(Recharge)
計日型(28天)	40GB/35元(前3個月優惠價) 60GB/45元(前3個月優惠價)	20GB/35元 30GB/45元
計日型(365天)	260GB/320元	180GB/320元

 預付卡方案查詢　　 訊號範圍查詢

Telstra是全澳洲第一大電信公司，線路分布最廣，偏遠地區的收訊秒殺其他電信公司，非常適合準備去偏遠地區工作或旅行的背包客。不過Telstra電信本身的資費方案非常貴，預算有限的話，可以考慮使用Telstra線路的其他小型電信公司。

預付卡方案參考 (2023年7月)

	起始包(Starter kits)	一般儲值(Recharge)
計日型(28天)	35GB/35元(前3個月優惠價) 45GB/45元(前3個月優惠價)	15GB/35元 25GB/45元
計日型(180天)	100GB/160元(第一個月優惠價)	70GB/160元
計日型(365天)	220GB/320元(第一年優惠價)	220GB/320元

 預付卡方案查詢　　 訊號範圍查詢

Vodafone是澳洲第三大電信公司，比Optus、Telstra便宜，但是Vodafone的線路是最少的，除非你主要都是待在市區，如果有機會去偏遠地區則不太推薦，很可能會收不到訊號。

預付卡方案參考 (2023年7月)

	起始包(Starter kits)	一般儲值(Recharge)
計日型(28天)	40GB/30元(前兩個月) 50GB/40元(前兩個月) 60GB/50元(前兩個月)	20GB/30元 30GB/40元 45GB/50元
計日型(180天)	80GB/80元(前半年)	80GB/150元
計日型(365天)	150GB/250元	150GB/250元

 預付卡方案查詢　　　訊號範圍查詢

其他電信公司

如果你是網路重度使用者，但是預算有限的人，可以考慮其他小型電信公司，通常會有比較優惠的網路方案。加入之前，建議先上網查詢使用評價再決定。

電信公司	介紹	使用線路
ALDImobile	由ALDI超市推出的電信，訊號覆蓋率佳，且方案便宜。 www.aldimobile.com.au	Telstra
boost pre-paid mobile	最多背包客推薦，唯一一間使用完整Telstra線路的電信。 boost.com.au	Telstra
BƎLONG	可加值開通免費撥打國際電話到台灣。 www.belong.com.au	Telstra
amaysim	專攻手機上網市場。 www.amaysim.com.au	Optus
Woolworths Mobile	使用一段時間後，到Woolworths消費有折扣。 mobile.woolworths.com.au	Optus
Yomojo	有很多方案，可以自己搭配使用。 www.yomojo.com.au	Optus
Lebara mobile	歐洲電信公司，不適合偏遠地區的使用者。 www.lebara.com.au	Vodafone

● 預付卡開通及儲值教學

以Optus電信的預付卡為範例。

 開通門號(Activate)

購買起始包並裝好SIM卡，就可以準備開通門號。如果你在門市，可以請店員協助你。你也可以自己上網開通(如果有帶筆電來澳洲的話)，按照官方網站上的步驟開通即可。

 選擇方案(Plan)

如前所述，預付卡有很多儲值方案可以選擇，除了比較費用和網路流量(GB)，還要注意網內外互打、傳訊(National talk & text)是否免費，國際電話區域及額度(International calls)有多少，有沒有Data rollover(網路流量滾存)等等。

 進行儲值(Recharge)

●**線上儲值：**可透過信用卡、Paypal線上儲值。建議下載Optus專屬APP「My Optus」，之後就可以直接在APP儲值，這也是現在最普遍的儲值方式。

● **儲值卡(Voucher/Gift Card)：**
如果你在門市、各大超市、書報店等等購買儲值卡，除了可以打電話儲值，也可以上官方網站或打開APP輸入儲值卡號儲值。

【注意事項】

● **查詢餘額：** 如果想了解剩餘流量、剩餘天數等等資訊，可以透過「My Optus」手機APP查詢；或是手機輸入簡訊文字「Bal」發送到號碼9999；或是撥打號碼555，再按1。

● **門號到期：** 若在到期日當天以前完成加值，可以保留沒用完的流量(如果該方案有提供Data rollover)，如果過期才加值，先前的流量就不會累計。若過了84天沒有加值(Optus是84天)，門號就會自動作廢。

● 澳洲電信常見問題

澳洲有網路吃到飽嗎？

如果你在台灣習慣「網路吃到飽」，來澳洲可能要準備網路節食了！澳洲也有網路吃到飽，但是比台灣貴很多，像是NBN無線網路光纖，光是安裝費就可以抵過半年的預付卡，而且如果你實際上不需要用這麼多流量，就只是浪費錢而已。

澳洲網內互打要錢嗎？

和台灣相反，大部分澳洲的電信方案都可以免費網內外互打和傳訊息，有些方案針對部分國家，還有無限撥打國際電話的優惠，不過通常不包含台灣。針對台灣頂多給個5分鐘扣打，好一點的有200分鐘……如果沒有特別需求，其實有網路就能打電話給台灣的親朋好友，所以挑選電信方案時主要還是看「網路流量」。

怎麼知道自己要用多少網路流量？

以筆者(Irene)的經驗，住在合宿(Sharehouse)通常會有WI-FI或NBN光纖，所以不需要買太多流量，不過出門可能會上網，像是跟家人視訊、瀏覽社群媒體、聽Podcast、看Youtube等，一個月可能會用到20～30GB左右，建議大家可以先從20～40GB開始試溫。流量不要買得太剛好，因為額外加值網路的費用會貴很多！

有沒有其他上網的方式？

　　澳洲各大圖書館、購物中心、火車站、麥當勞、星巴克、背包客棧等地方，都有提供免費Wi-Fi。不過澳洲咖啡廳不像台灣一樣都有提供免費Wi-Fi，喜歡在咖啡廳用電腦上網的人，只能乖乖連自己手機網路的個人熱點了！

Look!!

|過|來|人|提|醒|

網路順不順，測一下就知道！

　　在澳洲最常用到網路的地方就是家裡，推薦大家看房時，可以下載「網路測速」APP，搜尋「Speed Test」就可以找到，嘗試在房間連看看Wi-Fi進行測速。以Netflix官網的建議25Mbps為例，大家可以評估該住處的網速是否符合你的需求。(根據不同APP可能出現不同網速單位，Mbps除以8就是MB/s。)

Speedtest APP

結語

　　既來澳洲，不妨試著給自己一段遠離網路的日子，你會發現這世界有更多美好的事物值得你去追尋。放下手機，和來自不同國家的旅人們，分享彼此的冒險經歷，你會發現真實的世界比手機有趣多了。

旅行中花費最兇的就是交通費,每次移動都是一陣心痛。不過有時移動也可以很有樂趣,一路玩到目的地是最理想的方式。考慮移動方式的時候,只要從「省錢」、「快速」和「好玩」這三個方向思考,再注意一下安全大概就沒問題了。

● 飛機(Airplane)

飛機是最快但是最貴的移動方式,尤其疫情爆發後,許多航班被迫取消,導致各大航空現在都紛紛漲價,機票又更貴了。所以買機票之前,比價是一件很重要的事情。以下分成國際線和國內線來介紹:

國際航線(International)

澳洲最大的航空公司是澳洲航空(Qantas),再來是維珍澳洲航空(Virgin Australia),如果想從澳洲飛往各國旅行,可以考慮這兩間航空公司。澳洲機場還有針對這兩間航空公司設計專門通道,讓旅客出入境更有效率。

只有澳洲航空(Qantas)才有往返台灣,如果你是想從台灣飛到澳洲,以下是比較推薦的航班:

【直飛航班】

目前只有台灣的華航、長榮等航空公司,有提供澳洲各大城市直飛的服務。

澳洲維珍澳洲航空(Virgin Australia) (圖片提供 / Eric Hsu)

【轉機航班】

疫情過後比較常見的是新加坡航空(Singapore Airlines)、菲律賓航空(Philippine Airlines)、國泰航空(Cathay Pacific)，分別在新加坡、菲律賓、香港轉機，費用上可能比直飛便宜。亦可選擇廉價航空，但壞處是轉機時間非常長，且需要額外加錢才能購買行李重量和機上餐點等等，而且廉價航空座位比一般航空小，如果需要更改機票日期等等，手續費非常貴。

國內航線(Domestic)

如果想在澳洲內陸旅行，基本上大城市之間互飛，像是從雪梨飛墨爾本、布里斯本飛伯斯等等，都可直飛、不需轉機。但若想飛到一些小機場，像是拜倫灣(Byron Bay)或漢密爾頓島(Hamilton Island)，可能就要在雪梨或墨爾本轉機才能到。或是選擇區域快線航空(Rex Airlines)，可以飛澳洲東岸大小城市。

澳洲常見廉價航空

航空公司	轉機點	航線介紹
捷星航空 Jetstar	新加坡	可飛往墨爾本、凱恩斯、達爾文、黃金海岸、伯斯等機場。
亞洲航空 AirAsia	吉隆坡	可飛往伯斯、雪梨、墨爾本、黃金海岸機場。
酷航 Scoot	新加坡	可飛往伯斯、雪梨、黃金海岸、墨爾本機場。

1.忙碌的捷星櫃檯。
2.準備從雪梨飛阿得雷德。
3.伯斯機場的出關口。
4.伯斯機場的行李輸送帶。

如何透過比價網訂票

　　由於每天機票價格都不太一樣，有時候很貴、有時候很便宜，最好先比價，才能找到最便宜的機票。除了自己到各大航空網站比價之外，推薦大家直接到「Skyscanner」這個比價網，輸入預計出發日期、人數和地點，就會列出當天最便宜的機票，包含廉價機票的搭配，你還可以看不同月分的比價。不過列出的訂票網站包含「第三方購票網站(OTA，Online Travel Agency)」，務必先上網查好評價再購票。最保險的做法就是直接和航空公司訂票，只是會稍微貴一點就是了！
http www.skyscanner.com.tw

 輸入出發地和目的地、起飛日和人數，就可以比價。

 目前可看到航班大幅減少，台灣直飛布里斯本一天只有2班飛機。

各航空公司網站

澳洲航空 http www.qantas.com.au	Rex Regional Express http www.rex.com.au	酷航 http www.flyscoot.com
維珍澳洲航空 http www.virginaustralia.com	亞洲航空 http www.airasia.com	註：離澳洲很遠很遠的西北方有個聖誕島，就是聖誕節到了島上就會有成千上萬小紅螃蟹的那個島，它也算是澳洲的國土之一。如果想不開要去那裡玩，建議從新加坡飛會比較方便。
捷星航空 http www.jetstar.com		

以上資料時有異動，依最新公告為準。

機場過夜指南

The Guide to Sleeping in Airports是個教你如何在機場睡覺的網站，裡頭列舉了全世界各機場的硬體設備、營運時間以及適合睡覺的角落。你可以用它來查查你要去的機場到底能不能過夜？好不好睡？有沒有無線網路？附近有沒有旅店？裡頭還有網友們的體驗回饋、年度最好睡機場排名以及機場睡覺訣竅分析，是個滿有趣的網站。
http www.sleepinginairports.net

Look!!

|過|來|人|提|醒|

坐飛機要注意的事

☐ **行李重量**：廉價航空對行李重量的要求很嚴格，你買20公斤就是20公斤，超過就要加錢。機場會有磅秤，可以先量一下。如果超重可以把重的東西塞在隨身行李中，不要看起來太誇張就好。

☐ **行李內容物**：隨身行李裡不可以有刀叉、筷子、小刀等物品。裝有液體、膠狀及噴霧類物品的容器，其體積不可超過100cc，而且還要用可密封的塑膠袋裝起來。如果嫌麻煩的話，這些東西就通通放大行李箱或大背包託運就好了。如果你有一些特殊藥品，像是氣喘的噴劑或是胰島素的針劑要帶在隨身行李中，請在安檢處向機場人員先行申報。

☐ **電子機票**：現在航空公司都會E-mail寄電子機票給你，如果你是飛國內線，通常只需要到櫃檯用手機出示你收到的E-mail，地勤就可以知道你的訂票號碼，或是直接秀出信件裡的QRCODE(通常會有)，地勤幫你Check in完成後，會給你一張登機用的紙本機票，你就可以直接到登機門等候搭飛機了。登機前，給空姐掃描紙本機票就可以登機。若是飛國際線，就要稍微麻煩一點，由於疫情過後各國入境規定都不一樣，登機之前要注意預計飛往國家的最新規定，在櫃檯Check in前確定已經備齊所需入境資料。

☐ **電子設備**：通常在飛機上，空服員都會請大家將手機關機，不過啟動「飛航模式」的話，還是可以拍照和玩遊戲的喔。

☐ **健康檢查卡**：不管入境哪個國家，在飛機上都要填俗稱黃卡的健康檢查卡。最好在飛機上就先填好。如果看不懂英文也可以跟空服員拿中文版的。

機場接駁公車
(Shuttle Bus)

接駁公車是連接機場與城市的公車，如果要從城裡到機場的話，可到遊客中心和客棧櫃檯問接駁公車的電話，打給他，他就會開到你住的地方來接你了。不過接駁公車都還滿貴的，在某些城市裡，可以直接坐一般的公車到機場，會便宜很多。到公車總站問或上網查詢就可以了。

全澳所有機場接駁公車查詢
www.airportshuttlesaustralia.com.au

火車(Train)

澳洲的火車系統可以分成兩類：以區域營運為主的一般火車，以及跨州運輸的長途火車。在系統之外，還有觀光火車，以觀光遊樂為主。

長途火車

因為澳洲這麼大，火車隨便連接兩個大城市就變成州際的長途火車了。長途火車有4條線：

【Indian Pacific】

標誌是一隻大老鷹。從伯斯經阿得雷德到雪梨，是世界上直線鐵軌最長的火車。

【The Ghan】

標誌是一個騎著駱駝的人，名字裡的「Ghan」就是可汗的「汗」，遊牧民族的政治領袖。連接阿得雷德經愛麗絲泉到達爾文。

1.長途火車The Ghan。
2.如果沒錢買臥鋪，半夜只能睡在自己位子上。
3.還有餐車可以讓你好好吃飯。

【The Overland】

標誌是一隻鴯鶓。只連接墨爾本到阿得雷德。

【The Great Southern】

標誌是一隻袋鼠，從布里斯本經墨爾本、坎培拉到阿得雷德。

Look!!

|過|來|人|提|醒|

這4條線是長途旅行用的列車，所以車上有臥鋪和餐車，不想開車的人還可以把車子運到火車上。不過貧窮的背包客們通常買不起臥鋪，就直接睡在位子上。所以記得上車的時候要把頸枕和睡袋帶著。

長途火車穿州越界當然要開很久，就連最短的Overland也要開12個小時，而像Indian Pacific從伯斯到阿得雷德這一段就要在沙漠裡開三天兩夜，可以讓你從興致盎然坐到瀕臨崩潰。如果不趕時間的話也是奇妙的體驗。

Australia's Great Train Journeys

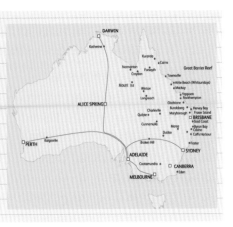

http www.journeybeyondrail.com.au

這是州際長途火車的網站，有各種鐵路的票價和詳細介紹，可以在網站上訂票(或者找旅行社代訂價格也是一樣)，提早一點訂有時會有特惠票。如果你有國際學生證或是YHA卡，訂票時還會有約6折的折扣！另外，在網站裡找「Rail Passes」，有為期2或3個月的遠程通票「Rail Explorer Pass」，票期內可以不限次數地自由搭乘Indian Pacific、Ghan、Overland三條鐵路。

1.火車時刻表。
2.用顏色分類的路線圖。
3.墨爾本火車站。

一般火車

火車是各個大都市和郊區之間主要的大眾運輸工具。其票券通常都會跟公車、渡輪、以及輕軌電車作整合。買票方式是以區段(Zone)來算，同一個區段同一個價錢。買了票給閘口的官員檢查後就可以上車。

各種票券：

除了塔斯馬尼亞之外，澳洲每個州都有州營的鐵路。像墨爾本、布里斯本、雪梨、伯斯、阿得雷德等大城都會發行自己的城市通票，如全日票、雙日票、週票……不一而足，有的還會搭配景點的入場券。

至於長程一點的火車，除了上面提到的「Rail Explorer Pass」遠程通票，以下再介紹3個比較特別的通票，如果你是喜歡坐火車的人，這些通票會是你旅行時的好幫手。

❶ Discovery Pass：

　　這個通票主打人口最密集的東南澳，使用範圍是墨爾本、坎培拉、雪梨與布里斯本間，還有內陸幾個中型城市的連結鐵路。並且也可以免費使用上述各大城市的城市鐵路、捷運系統。票期從14天到6個月的都有(經濟車廂14天$171，1個月$203，3個月$220，6個月$310左右)。

❷ Queensland Coastal Pass：

　　這個通票比較特別，是沿著昆士蘭海岸線(布里斯本與凱恩斯之間)的單向車票。只能選擇往北或是往南坐，中途可以任意下車，還可以搭乘連接某些觀光地的長程客運。票期是1個月($155)或2個月($213)左右。

❸ Queensland Explorer Pass：

　　這個通票的範圍也是布里斯本與凱恩斯之間的鐵路，但和Queensland Coastal Pass不同的是，這張可以在票期內無限制來回搭乘。並且還可以用來搭乘一些深入內陸的鐵路和客運。票期是1個月($221)或2個月($287)左右。

火車相關資訊網站

各種通票訂購

http www.australiarailpass.com

在這個網站裡你可以訂購上述的幾種通票，以及它們的詳細資訊。

澳洲鐵路地圖網

http www.railmaps.com.au

如果想知道更細節一點的，可以到澳洲鐵路地圖網去看詳細的鐵道路線圖。

全澳火車查詢

http www.rail.ninja/australia-trains

如果你對通票沒興趣，只是想知道一般火車的路線和票價，那麼你可以到這裡查詢。

觀光火車

　　觀光火車是專門給觀光客和鐵道迷坐的地方性火車。他們通常不隸屬於政府經營的鐵路系統，遊樂性質居多。他們大部分是具有歷史意義的觀光火車，由地方政府、私人公司或是當地志工們保存經營，多半以蒸汽小火車為號召，是鐵仔們的最愛。講到澳洲的蒸汽小火車，許多背包客們第一個想到的就是墨爾本附近的「Puffing Billy」。不過除了北領地之外，其實每個州都有一些特別的觀光火車，不過品質也差滿多的就是了。

墨爾本附近有名的Puffing Billy，是非常歡迎乘客們頭、手(還有腳)一起伸出車外的蒸汽小火車。

各州觀光火車名字
你可以用這些觀光火車的名字在網路上找到他們。

維多利亞
- Puffing Billy
- Kerrisdale Mountain Railway
- Mornington Railway
- Goldfield Railway
- Walhalla Goldfield Railway
- Bellarine Railway(這家公司有湯瑪士小火車的火車頭喔)
- Red Cliffs Historical Steam Railway (一個月只開一班)

南澳
- Pichi Richi
- Steamranger
- Peterbrough

新南威爾斯
- Scenic Railway(位於藍山景觀世界，號稱世界最陡列車)

西澳
- Hotham Valley Tourist Railway
- Pemberton Tramway

昆士蘭
- Bally Holley
- Mary Valley Heritage Railway
- Queensland Pioneer Steam Railway

塔斯馬尼亞
- Wee Georgie Wood Steam Railway
- The Don River Railway
- West Coast Wilderness Railway(超貴)

客運(Coach)

「Coach」是長途的客運,可以去的地方也比較多,窮鄉僻壤都會到,大概是你到農場最好的朋友了。在大城市裡,你可以在中央巴士站或是轉運站看到他們的身影。如果是在鄉下小鎮,他們大概會出現在鎮中心的加油站附近,去問一下當地居民就知道了。

Greyhound 灰狗巴士

灰狗巴士是全澳都有跑的客運系統,也有Whimit Pass和Commuter Pass兩種系列的套票。不過説真的,灰狗巴士價位滿高的,就算你用YHA卡或學生證打折也都不是很便宜。如果還有其他的選擇,不妨先比較看看。

http www.greyhound.com.au

州營客運

除了北領地和塔斯馬尼亞之外,其他州都有自己的州營客運,州營客運因為有政府補助,票價會便宜很多。往來大城市時,是個經濟的選擇。

如果沒有時間壓力,客運移動會是一個省錢的好方法。而且可以去到很多奇奇怪怪的地方。

民營客運

民營客運雖然不一定像州營的那麼便宜,不過民營的企業總是比較靈活,有時候會推出一些特惠,跑的線也比較特別一點。像是連接東南澳各大城市的「FireFly」,還有可從墨爾本一路坐到凱恩斯、班次不多但很便宜的「Premierm」。只要你到各地的客運總站,就可以看到許多的民營公司,直接詢問會比較快。

Bus Tour

巴士也是長途旅行的好工具,只要搜尋「Australia bus tour」就能看到許多旅行社推出的相關行程。其中比較特別的是「Hop on Hop off」的行程,它的玩法是從A地到B地之間,可以任意下車停留,玩個幾天再搭車上路也行,但只能往前不能回頭。票的效期通常很長,例如灰狗巴士的Hop on Hop off效期就是3個月。自己一個人旅行的話,這是個不錯的選擇。上網用Hop on Hop off當關鍵字搜尋,或是直接問客運公司,就可以找到相關的套裝行程訊息。

客運網站一覽表

民營客運	州營客運	
Greyhound 灰狗巴士 http www.greyhound.com.au	維多利亞的**V-Line** http www.vline.com.au	南澳的**BusSA** http www.bussa.asn.au
FireFly http www.fireflyexpress.com.au	昆士蘭的**TransLink** http www.translink.com.au	新南威爾斯的 **CountryLinkA** http www.countrylink.nsw. gov.au
Premierm http www.premierms.com.au	西澳的**TransWA** http www.transwa.wa.gov.au	

● 公車、輕軌電車、渡輪(Bus, Tram, Ferry)

　　這幾個交通工具之所以放在一起説明，是因為他們的概念差不多，都是屬於城市的大眾運輸工具；若再加上火車(Train)，就可以完整地建構出城市的交通網。

1~3.各種不同的輕軌電車。
4~6.各種不同的公車站牌。
7.在大城裡移動很方便的公車。
8.渡輪也是有趣的交通工具。
9.不同的城市有不同的票券系統。

公車(Bus)

利用Google Map可確定公車路線。上下車時記得感應該州的交通卡,如果沒有交通卡,直接告訴司機你想去哪一站,司機會告訴你多少錢。若擔心坐過頭,也可以請司機提醒你。

輕軌電車(Tram)

軌道在馬路上,中距離運輸。墨爾本、雪梨和阿得雷德都看得到。

火車(Train)

聯絡大城市與周邊小鎮,屬於中長距離的運輸。

渡輪(Ferry)

連結有河流經過的城市兩岸。

Look!!

| 過 | 來 | 人 | 提 | 醒 |

所有交通工具車資以區段計算

澳洲房子不高但占地大,所以社區也變得很大,交通線就拉得很長。上述所有交通工具的車資計算方式,都是以區段(Zone)來算。在同一個區段裡的收費是一樣的,超過了又是另一個價錢。

各州交通卡介紹

筆者(Irene)搭布里斯本的公車時,使用的是Go card。

如果常在市區搭公車、輕軌、火車(電車)和渡輪等大眾運輸工具,建議購買一張交通卡,不但方便還享有折扣優惠。可在機場服務中心、各大車站售票口、便利超商(如7-11)和書報攤(如News agency)等購買;而儲值(Top-up)的方式,除了上述地點都可以實體儲值,也可以到官方網站線上註冊卡片並綁定信用卡,進行線上儲值或設定自動扣款,線上儲值作業時間通常需要1小時左右才會入帳。

註:不同州的交通卡不可以共用

交通卡名稱	主要使用區域
Opal Card	雪梨(Sydney)、中海岸地區(CentralCoast)、亨特地區(Hunter Region)、藍山(Blue mountain)、伊拉瓦拉(Illawarra)周邊等。
Go Card	布里斯本(Brisbane)、伊普斯維奇(Ipswich)、黃金海岸(Gold Coast)及陽光海岸(Sunshine Coast)地區。
Myki Card	墨爾本(Melbourne)
SmartRider Card	伯斯(Perth)
Green Card	荷巴特(Hobart)、朗瑟士敦(Launceston)和伯爾尼(Burnie)
Myway Card	坎培拉地區(Canberra)
Metro Card	阿得雷德(Adelaide)

計程車(Taxi)

通常背包客很少會搭計程車，畢竟搭一次不便宜。如果住在市區想搭計程車，可以考慮使用叫車APP會方便許多(見P.49)。如果是住在偏遠小鎮，可能叫車APP就派不上用場了，只能透過電話叫車，或到各大商場的路邊找看看有沒有「Taxi」的標示，也許有機會遇到等候載客的計程車。澳洲的傳統計程車和台灣一樣，一上車就直接告訴司機你要去哪裡，然後就會開始跳錶計費。

布里斯本的計程車等候區。

共乘(Lift)

為了節省油費，避免無聊。所以有些開車旅行的背包客就會找人一起搭車，分擔車子的油錢，旅途上還有人相伴聊天。通常共乘可以節省不少錢，還可以認識新朋友，時間上也比較彈性。不過既然要一起旅行一段時間，就要慎選旅伴，講的笑話不好笑還是其次，如果個性龜毛，遇事起糾紛就麻煩了。

找旅伴的FB社團

澳洲打工度假不去會死
f @aus.d.now
台灣背包客為主。

Australia Backpackers 2022
f @AustraliaBackpackerGuide
歐美背包客為主。

【如何找共乘】

直接上FB社團，找背包客最活躍的相關社團，直接在上面PO文徵旅伴就可以了。文中記得要提到預計出發日期、路線方向和旅途目的等等，盡量寫得詳盡一點，比較吸引人。畢竟大家對於找旅伴這件事，比較有戒心，你如果有心想找旅伴，就需要花點心思才能徵到人。

便車(Lift)

這裡所説的搭便車和上述的共乘不同，指的是美國電影裡會有的「在路邊伸出大拇指隨機攔車」。澳洲政府並不鼓勵旅行者搭便車，因為容易發生糾紛甚至意外(之前就有台灣女生搭便車被澳洲人囚禁性侵的事件)，而且受害者通常不僅限於女性。不過話雖如此，背包客這麼多，一定還是會有人試著搭便車。所以在此提醒一下搭便車的一些注意事項。

搭便車的心理準備

搭便車是別人挑你，不一定等得到車。中途換車的時候你可能得待在荒郊野外，等待的時間也許會很長，要這麼做之前請考慮天候(烈日、雨天)、時間(天黑了)，和自己的身體狀況(疲勞、受寒、中暑等)。而且搭便車本身有一定的危險性，搭乘的時候請務必小心。

Look!!

|過|來|人|提|醒|

搭便車時你必須知道的事

雖然上面心理準備的部分講那麼多，不過我知道這對於興致勃勃想要搭便車的人來說，根本聽不進去，反正他就是要搭便車。那麼搭便車的時候，有些事請注意。

□ 禁忌話題：
搭人便車是有求於人，禮節不可不注意。除非開車的人本來就很悶不想講話，不然上了車總是要跟駕駛聊聊天，千萬不要一上車就睡(所以其實搭便車是很需要體力的)。盡量不要談論政治和宗教話題，能避就避，以免不必要的誤會。如果駕駛三番兩次主動談到性話題時，也請特別注意。

□ 收集線索：
談話其實也是確保自己安全的方法之一。多和駕駛聊天，自我介紹之餘也可以問問駕駛有關他的事。通常只要你肯傾聽，對對方的話題表現出興趣，駕駛就會很快樂地講個沒完。而在這樣的對話裡，可以得知一些駕駛的身分、背景資料，萬一發生意外，你才有線索可以自救。有機會的話也記下車牌吧！

□ 注意路線：
要時時注意路標，確定自己正在前往目的地的路上。不然如果被載去賣掉就慘了。

□ 注意天色：
如果天色暗了，路還很遠，建議還是先找地方住吧！除非萬不得已，不要在晚上搭便車，也不要傻傻地被載到別人家去。

□ 行前通知：
如果決定要搭便車了，請打個電話給離你最近、最可靠的一個朋友，告訴他你要搭便車的事，以及搭車地點、目的地、預計抵達時刻等訊息。這樣，萬一你發生了意外，至少有人知道你可能會在哪裡。到了目的地也別忘了再跟朋友說一聲。

找便車的技巧

【**選擇地點**】不要在市鎮中心裡找便車,盡量到市鎮邊緣,靠近連外道路的地點去找,這樣就可縮小範圍,往這條路走的車子比較有可能載你到某地。通常從鄉村往城市的便車會比較好找。

加油站或餐飲店附近會是好的找便車地點,在這些地方直接用問的會比較有效率。如果有機會搭到公路火車(Road Train,即連結車)的便車,那就太好了!因為如果方向一致,通常都能直接送你到你要去的地方,算是便車界的王者!

【**善用道具**】如果手邊有材料,用紙板作字牌會是好主意。只要寫上要去的地點舉著,成功率會提高很多。如果沒有紙牌,你也可以抱著娃娃或拿出一些顯眼、有趣又不嚇人的東西來吸引別人的目光。

【**注意人數**】當然最好是一個人,尤其我們亞洲人正妹要招到便車更是容易的不得了(不過相對的也越危險)。行李越少越好。如果2個人以上,行李又很多的話建議還是放棄,乖乖去坐車吧!

1.筆者在感恩節時,搭了教會主日學小朋友下課後的校車當便車。
2.有時只是問路,也會被拉上車載一程。

單車(Bicycle)

在澳洲騎單車通常有兩種情況,第一種是代步型,就是想在一個小鎮或城市住上一段時間的情況下,以單車作代步工具。第二種是遠征型,就是那種騎單車走大洋路,或是從達爾文到烏魯魯的長途旅行。需求不同,單車跟你的關係也不同,以下就分成兩種來說明。

代步型:我要的不多,只是不想一直走路

代步型的單車不需要太好,基本功能具備、不要太貴就可以了。如果你要長期留在城裡工作,單車絕對是划算的選擇。通常你可以在當地的跳蚤市場、客棧的公布欄,或是背包客網站找到便宜的二手單車,再去單車店買一個鎖(澳洲單車失竊率很高)和安全帽。離開時要賣掉也是差不多的方式。

遠征型：
通常騎到一半都會後悔，騎完之後都會覺得是正確的選擇

　　為什麼想要騎單車遠征呢？這樣的問題在沒有騎到目的地之前是沒有意義的，而且就算騎到了也不一定回答得出來。單車旅行要考量的點當然和城市代步不同。你可能整天都在無聊的荒野裡騎車；可能途中碰上暴雨，帳篷溼透；可能半夜睡到一半，有喝醉酒的白人要來騎你的單車……很多奇奇怪怪的情況都可能發生。要考量的大概有以下幾個重點：

【事前規畫】衡量自己的身體狀況、氣候環境、路程遠近、預定時間、中途停留與補給的點。一定要事先看地圖規畫好，不能抓了單車就衝，很容易發生意外。如果路途上都是沙漠，要特別注意飲水、防曬和中暑的問題。如果是在冬季騎車，還要考慮到保暖和打滑的問題。騎東岸的話比較簡單，因為到處都是店家和人類，騎西北澳或是穿越中澳的沙漠就要特別注意安全。

|過|來|人|提|醒|

Look!!

身體也要做好事前訓練
有些背包客來這裡騎單車是一時興起，可是如果你平常沒有運動的習慣，突然要開始一天騎10個小時，可能還要連續騎一個月，身體一定會受不了。所以要長征之前一定要有一段訓練的時間，讓身體適應。

【裝備選購】首先當然是要有好的單車，你可以在當地買，也可以從台灣帶去。這種長途旅行的單車通常不會便宜到哪裡去，而且你還會買許多周邊的配件，加起來大概可以買一台便宜的汽車了！所以這時候的重點，就是跟老闆搏感情，跟他講你的環澳計畫有多麼偉大，而這樣偉大的行動就是靠老闆你的單車！讓老闆感動到也想贊助你就差不多了。

1　2

你需要的配件和幾個小知識

配件清單

☐單車加裝配件：前後車燈、貨架、大鎖、安全帽、後照鏡(非必備)
☐生活用具：帳篷、地墊、睡袋、汽化爐、打火機、小型鍋具、水壺(2、3個)
☐防護用具：醫藥包、防曬乳、防曬衣物(如袖套)、墨鏡、哨子、防身用品(如防
　狼噴霧)、指南針、反光背心、單車褲、單車手套、兩截式雨衣、防蠅網(夏天時
　戴在頭上)
☐收納用具：車前袋、馬鞍袋、彈性綁帶、攜車袋、掛載拖車
☐修繕用具：補胎工具、打氣筒、修車工具

安全常識

☐盡量不要晚上騎車，不得已的話記得要開前
　後車燈，穿上反光背心。
☐如果帶的是大背包，可用彈性綁帶綁在後
　面，也可成為一個收納空間。
☐掛載拖車的價錢高，脫手不易，結伴一起騎
　的話還滿推薦購置的，但如果只有一個人騎
　的話，可以再考慮一下。如果你有行李箱要
　帶，大概就一定得買了。
☐單車褲可用來防止大腿內側摩擦，穿了單車
　褲就不用穿內褲了，怕冷再加穿長褲就好。

1. 腳踏車遠征除了體力，更需要毅力。
2~3. 腳踏車之旅的露營生活。
4. 補胎一定是免不了的過程。
5. 有些客運有附腳踏車架，如果想休息一下，也可以
讓客運載你一程。(1~5 圖片提供：Neo)

Look!!

| 過 | 來 | 人 | 提 | 醒 |

單車交通規則

要特別注意的是，在澳洲騎單車
一定要戴安全帽，還有行人徒步
區是不可以騎車的，如果被警察
看到是會罰錢的，如果非要通過
不可就用牽的吧！騎在柏油路上
是一定沒問題，至於人行道就要
看規定，有的可騎有的不能騎。
常常在晚上騎車的話，最好再加
個閃燈，不然被抓到也是會被罰
錢的。

註：在南澳省會Adelaide有免費
的單車租借(詳情請看第四章「南
澳篇」P.260)。

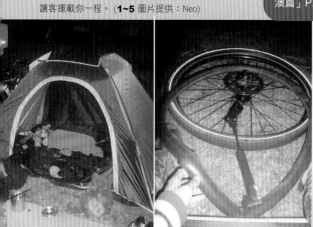

4　5

選車要訣

□坐墊：坐墊是接下來這段時間跟你最親密的朋友，坐起來舒服最重要。每個人感受不同，請用屁股決定。坐墊太高(與踏板的距離太遠)，肌肉會過度伸展容易拉傷；太低，腿部會因無法充分伸展而容易疲勞，膝蓋也會過度磨損，造成退化性關節炎。所以坐在坐墊上雙腳踩踏板，踩到底的腳要可以自然彎曲才好。

□車身高度：坐在坐墊上，腳著地時需稍微墊腳才是正確的高度，若雙腳的腳板可完全著地就太低了。

□安全刻線：調整坐墊高度時，要注意墊桿上的安全刻線，太超過的話可能會折斷，不如換尺寸大一點的車。

騎乘訣竅

□踏板踩得重對腿部的壓力是很大的。變速盡量停留在「高轉速輕踩」才能有效減輕膝關節的負擔。可以騎得比較久。

□騎的時候腰不要挺太直，不然一下就累了。也不要把身體的重心放在手上，不然長時間壓迫之後，容易得腕隧道症候群。

□正確的踩踏位置，是用腳掌的前半部踩在踏板的軸心上。

□坐在坐墊的前面會比較省力，長途騎久了，覺得不舒服，可以試著調整坐墊高度。

□上坡的時候要善用變速系統，上身向前傾。

適度休息

□休息是保護你的身體最好的方法。長時間騎乘後再長時間休息，身體回復的效率會比「休息次數多但時間短」來得快。旅途中都這麼累了，在食物上對自己不要吝嗇，一定要吃有營養的東西。偶爾可以投宿汽車旅館讓自己放鬆一下。

□ 晚上紮營或住宿的時候，記得要按摩雙腳。

推薦幾個放鬆腿部肌肉的穴道

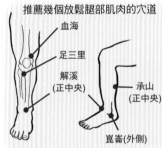

血海
足三里
解溪
(正中央)
承山
(正中央)
崑崙(外側)

繪圖／陳銘凱

當然，如果你覺得騎得煩了，或是身體真的受不了。最終極的休息就是把車子運到客運上，讓客運載著你跑。不然你也可以選擇性的只騎你喜歡的路段，不一定要整個騎完(要整個騎完乾脆環澳洲一圈好了)，有時候放棄是比硬撐更需要勇氣的。

推薦幾本單車書籍

本書不是專業的單車書，所以只說明最基礎、而且馬上用得到的東西。如果你想多了解一些關於騎單車旅行的事，在此推薦兩本書。

《單車學校教你的52堂課》：在技術面上提供你強力的支持。

《不去會死》：一個日本人環遊世界的故事，裡頭有騎單車環澳的部分，可以給你心理層面的鼓勵。

租車(Rent a Car)

　　在澳洲和朋友一起租車出去玩是很開心的事。城鎮裡都會有全國連鎖的租車行，或者個人經營的租車行。通常個人經營的都比較便宜，服務也比較親切，不過品質就見人見智了。租車的時候需要帶護照、國際駕照和信用卡，車行會登記你的信用卡資料。如果你把車撞爛了，超過保險公司的理賠金額，他們就可以從你的信用卡扣款，不怕你跑掉啦。

計費方式

　　租車的計費方式通常以「天數」和「里程數」為兩個參考標準。租車前你最好先考慮：租一天多少錢、送多少里程數、超過的里程數要怎麼計費(也有不限里程的方案)、大概要加多少油、有沒有區域限制或行駛道路的限制(譬如不准你走石子路)，以及甲地租乙地還的服務(有可能會加點錢，依地區和路程長短不同會有所調整)。這些都是你要考量的重點。

各租車公司比價網站
澳洲常見的連鎖租車公司有AVIS、Thrifty、Hertz、Budget、Eurocar、Advance、Bayswater等，上網打相關鍵字就可以找到網站了，而且都可在網站上直接訂車。想要比價的話，可以參考下列兩個網站，有多家租車公司的介紹和比價：
http www.drivenow.com.au
http www.discovery-carhire.com.au

Look!!

|過|來|人|提|醒|

保險很重要！
請記得一定要保全險，不然發生意外的話賠起來可是非常慘重的。駕駛要年滿20歲以上，租車時登記的駕駛人如果超過25歲，保險費用可以便宜一點。如果駕駛有兩個以上，最好跟租車公司註明一下，因為有些保險會規定「指定駕駛」，如果不是指定駕駛開車而發生意外的話，是不理賠的。

記得加滿油再還車
除非時間很趕，記得回程時要把油加滿再還給租車公司，不然租車公司會用貴很多的價格幫你加滿油，然後從你的信用卡扣款。

回送車(Relocation Car)

回送車(Relocation Car)可説是背包客們在澳洲移動的夢幻選擇！請設想一種情況：冬天到了，住伯斯的背包客們都想要移動到北方温暖的達爾文去，於是有很多人都租車走西北澳一路玩到達爾文。對租車公司來講，甲租乙還的服務也出現了一個問題：隨著租車人數的增多，在伯斯可供出租的車就少得可憐，可是達爾文的車卻大爆滿，而且因為季節問題又沒有什麼人想南下，所以租車公司就聯合推出了回送車的解決方案。也就是説，租車公司會提供一些名額，請你在一定的期限內，幫他把車子開回指定的地方，這就是回送車。

回送車的費用通常非常便宜，還有可能是免費的，路程比較遠的甚至還會送你加油金。不過因為機會不是每天都有，路線也不一定，找的時候要碰碰運氣，如果找到的是露營車(Camper Van)的話又節省了一筆住宿費，真是超棒的啦！

回送車相關網站	
Transfercar	Coseats
http www.transfercar.com.au	http coseats.com/campervan-relocation
imoova	Apollo回送車專區
http imoova.com/imoova/relocations	http www.apollocamper.com/specials/relocations

買二手車(Second-Hand Car)

在澳洲有一台車是很方便的事，只是在澳洲要買一台二手車，需要額外準備大約澳幣3,000～6,000元。許多背包客一生中的第一台車就是在澳洲買的。可以開著車到處旅行，到農場找工作的時候也很方便，最後要離開時再賣掉就好。

購車管道

在澳洲買二手車有兩種管道：其他背包客或各地的二手車商。要向背包客買車，到各客棧的公布欄，或是上網看別人的拍賣都可以找得到。要找二手車商，就去遊客中心詢問，通常會在城市的邊緣。但麻煩的是不管哪一個都可能有詐。最慘的可能才沒多久就壞了，還要花大筆錢進廠報修。所以在買車之前要好好考慮一下。

汽車買賣網站
http www.gumtree.com.au
裡頭有汽車買賣的子頁面，但品質良莠不齊，真要買的話還得睜大眼睛。

購車流程

【聯絡】

　　聯絡車主時要小心詐騙的情況。例如：還沒看車子就要你匯錢，用的又是西聯匯款(Western Union)這類代理匯款機構，然後說自己快要回國了，很急，所以可以再給你一些折扣……不要再想了，這99%是騙人的！雖然洋人的詐騙方法比我們遜多了，可是對於覺得外國人都很Nice的台灣人來說，還是容易失去戒心。這種例子以網路賣車的情形居多。

【車種】

　　買什麼車種取決於有幾個人要一起旅行，用什麼旅行形式，還有行李的多寡。手排車的價錢當然都比自排車來的便宜一點，有的車不附冷氣或是音響壞了，也可以多少砍一下價錢。

【看車】

　　這個環節是買車時最重要的，不管是和個人買還是跟車商買都一定要試車，看開起來的感覺怎麼樣。文件的部分要看有沒有車子的所有權證明(用來確定不是贓車)和驗車證明(RWC)，如果有的話，驗車證明有沒有過期、路權(Rego)還有多久到期？還要注意車齡和里程數、冷氣與煞車狀況、有沒有怪聲、輪胎是不是磨損得很嚴重、買了之後要不要付一大筆整修費用等等。如果不安心的話，可以請對車子比較熟的朋友陪你一起去買。

　　二手車多多少少會有一些小問題，就看雙方談得怎樣，要買的人能否接受。筆者曾經聽過有朋友買車，賣方是一個穿很少的外國正妹，害他看車的時候什麼也沒試，一時衝動就買了，結果不到一個星期車就壞了。

一般背包客會買的二手車車種

繪圖／陳銘凱

Sedan

一般四門的房車。

Hatchback

五門的掀背車。

Wagon

五門的旅行車。後面附小型車廂，可以放行李和睡覺，空間比較大。算是對背包客來說比較熱門的車種。

Van

就是貨車、麵包車之類的，空間最大，可以作露營車使用。幾乎都是手排車，可以睡在車上。不過通常車齡都很舊。

【過戶】

如果車子試完，價格也談好了，這個時候就要到監理站辦過戶手續。雙方填好買賣轉讓表(Vehicle License Transfer Form)，一式兩份。監理站就有表格，也可以找張紙來寫，只要轉讓表上要的內容都有，加上雙方的同意簽名就可以了。填好後買賣雙方各保存一份，買方要拿著轉讓表，於交易後的14天之內找監理站(RTA，Regional Transportation Authority)或以郵寄的方式過戶。

買方去監理所過戶時要帶護照。比較龜毛的州，像昆士蘭、南澳還會要求第二證明文件(如提款卡)和住家地址證明(可以拿寄給你的信，或去銀行申請地址證明)。交易完成，過戶後，監理站會給買方一張收據，收據要保管好，這就是車子的所有權證明，上面會印有車主的名字。要賣車的時候會用到；可以順便多拿一張買賣轉讓表，以便將來賣車時使用。

另外有個小技巧，如果是跟朋友買車的話，填表格的時候價格可以不用照實寫。因為賣價越高，賣車者在過戶時要付的稅也會越高。稅金以價格所在的區段來算，最低是澳幣600元；600～1,000元繳同一區段的稅；1,000～1,500元繳同一個區段的稅，依此類推。

> **Look!!**
>
> **|過|來|人|提|醒|**
>
> **買賣雙方最好一起完成手續流程**
>
> 辦過戶可以讓買方自行處理，但建議最好買賣雙方可以從頭到尾一起把整個手續完成，比較能減少不必要的糾紛。不然買家還沒過戶就開著車四處違規，罰單可是賣方要付的。
>
> **記得確認公路通行證**
>
> 當你買車過戶時，如果對方之前有綁過公路通行證(詳見P.146)，記得請他把通行證所登記的個人資料改成你的，以免到時候找不到人，沒辦法重新註冊通行證和繳費。

恭喜你，經過這些程序之後，你也有自己的一台車了。

有了車之後，生活和旅行的形態會有不同的改變。

過戶時會遇到的問題

驗車證明(RWC，Road Worthy Certificate)

車子被送到保養廠作車檢，技師確定你的車子沒問題之後，就可以拿到驗車證明。在過戶的時候，監理站通常會要你出示驗車證明，如果你沒有的話，監理站還會要你補辦。一些糾紛大概就在這個環節產生，有的買主在買車、過戶之後去補辦驗車證明，結果車檢時卻發現問題很多，於是花了大把鈔票修理。修理得好還沒話說，有的是修理不好，沒辦法通過車檢，就麻煩大了。

理論上，驗車證明這個東西應該是賣方要自己準備好，驗車證明有一定的期限，賣方要在期限內把車賣給別人，這樣就沒有問題。不過大部分的情況下，賣方的驗車證明都是過期的，這個時候就看買方怎麼談，如果你覺得賣方的價格再加上之後車檢可能要花的錢是可接受的，那就沒差了。

除了西澳、新南威爾斯和塔斯馬尼亞之外，其他的州過戶時都需要驗車證明，不同省分的標準也不太相同，像昆士蘭對於驗車的標準就特別嚴格(其實這個說起來每家車廠不同，有點自由心證的味道)。有時車廠也會騙人，要你東換西換的，建議找像「RACV」之類比較有信用的車廠作車檢。

牌照(Plate)

過戶的時候，要看車子的「牌照登記地」和「賣出地」是不是同一州。譬如牌照登記在西澳的車子，如果在西澳賣掉就沒問題，如果是在南澳賣掉，那就要考慮兩種情況：

A 換牌照

在上述的例子裡，就到監理站申請把西澳的車牌換成南澳的車牌，換車牌的時候，路權(Rego)也要跟著重換，要再花一筆錢。至於原本的舊路權如果還沒有過期的話，可以向監理站申請退錢。

B 保留原牌照

會想保留原牌照，通常是因為車子的路權還有很久才到期，或者是換牌照的州在買賣車子的規定上比較嚴格。要保留原牌照的話，就要把文件備齊，寄回給原牌照登記州的監理站辦理過戶。在上述的例子中，賣方就要把車子的「買賣轉讓表」、「年齡和身分證明」、包含「印花稅和過戶費(Stamp Duty and Transfer Fee)的匯票」寄回給西澳的監理站。或者只寄前兩者，那西澳監理站就會再寄一份帳單給你，要你補繳後面那個款項，到時候再上西澳監理站的網站繳錢就可以了。再不行的話就打電話去問吧！

【路權】

路權類似於澳洲的強制險，指的是使用道路的權利。在澳洲大家習慣稱路權為「Rego」，其實就是「Registration」的簡稱。澳洲每輛交通工具(包含一般車輛)的車牌，都必須註冊路權才可以上路，通常一次可以購買3個月、半年或一年的期限。背包客基本上都是買二手車，車牌都已經註冊好路權，所以只需要注意路權有沒有過期。如果快過期，你過戶完成後就要趕快續約；如果還要一段時間才過期，可以等到快過期時再續約就好。千萬不要忘記續約！若路權過期了還繼續開，一旦被警察發現，你將會收到昂貴的罰單，而且補繳的時候，還會有逾期費。如果日後車子需要報廢，拿車牌到監理站時，監理站會把沒用完的路權費用退還給你。購買路權以後，你不需要在車上放貼紙，只要確定你路權有買好買滿，就可以直接開了。

各州線上續約路權管道

基本上，二手車都是已註冊車輛，所以只要注意路權有沒有過期，快過期的話就趕快續約即可。(箭頭代表點選該項連結)

西澳 WA
🔗 www.transport.wa.gov.au
● 續約路權 ➜ Pay online
● 查詢路權 ➜ Check vehicle rego

坎培拉 ACT
🔗 www.accesscanberra.act.gov.au
● 續約路權 / 查詢路權 ➜ Pay online ➜
Motor vehicle registration renewal

南澳 SA
🔗 www.sa.gov.au
➜ 頁面下方的Driving and transport ➜
Registration ➜ Vehicle registration
● 續約路權 ➜ Renewals
● 查詢路權 ➜ Check registration

新南威爾斯 NSW
🔗 www.service.nsw.gov.au
➜ Driving and transport ➜ Vehicle
registrations
● 續約路權 ➜ Renewing a vehicle
   registration
● 查詢路權 ➜ Check a vehicle
   registration

維多利亞 VIC
🔗 transport.vic.gov.au
➜ Roads ➜ Registration
● 續約路權 ➜ Pay your registration
● 查詢路權 ➜ Check vehicle registration

昆士蘭 QLD
🔗 www.tmr.qld.gov.au/online-services
在頁面下方找到「Vehicle and registration」
● 續約路權 ➜ Renew registration
● 查詢路權 ➜ Check registration status

塔斯馬尼亞 TAS
🔗 www.transport.tas.gov.au
● 續約路權 ➜ Renew, update or cancel
   my vehicle registration
● 查詢路權 ➜ Check my vehicle
   Registration

北領地 NT
🔗 nt.gov.au/driving
● 續約路權 ➜ Renew your vehicle
   registration
● 查詢路權 ➜ Check your vehicle
   registration

【保險】

買車之後請務必要買保險，萬一事故發生就不會損失太慘重。買保險時要注意保險人的年齡，25歲以上買保險會比較便宜。比較大的保險公司像是Budget、RACQ及AAMI，或者是RAC、RAA、AANT(這三間都是同一個集團的公司)，直接打電話去就可以買保險了。

一般背包客會用到的車險

全險(Comprehensive)

全險指的是一旦出車禍，兩邊都會賠。如果你自撞或撞到別人造成車輛損傷，保險公司都會理賠，所以保險費也是最貴的。通常有出險費，發生事故後聯繫保險公司，付了出險費，保險公司就會幫你處理。

道路救援(Roadside Assistance)

在行駛途中，有可能會發生各種狀況，導致無法正常行駛，包含電池故障、爆胎、鑰匙不見等；或是公路旅行時，若你在荒郊野外發生突發狀況無法正常行駛，拖吊送修的費用是非常昂貴的，這時道路救援險就可以幫助你！不過道路救援險也有分等級，例如拖吊服務，不同距離會有不同的收費，如果想擴大免費拖吊的距離，自然會比較貴。尤其若是你在不緊急的路段，通常要等上好幾個小時，才會看到道路救援車緩緩駛來。

第三責任險(CTP，Compulsory Third Party)

第三責任險屬於強制險，保人不保車(只保對方)，包含死亡、重大傷殘等。除了新州(NSW)需要另外購買(由SIRA監管，可透過Greenslip比價不同保險公司的CTP)，其他州在你續約路權時，就已經包含在路權裡面了(續約路權時，會問你想要保哪一間的CTP)。

第三責任財產險(The Third Party Property Damage)

聽起來和第三責任險很像，但是這是保車不保人(只保對方)。若覺得全險很貴，就可以考慮保第三責任財產險，若你不幸撞到別人，不用擔心自己賠不起對方的車輛損失，尤其如果撞到跑車的話。通常有出險費，發生事故後通知保險公司，付了出險費，就可以全權交給保險公司去跟對方接洽了。

火險與失竊險(Fire & Theft)

除非你的車很新很新，或是感覺很容易爆炸起火，不然其實不需要保這個。

【後續維護】

　　要開車去遠方旅行前，或是結束遠行回到城裡後，最好再去車廠保養一下。經常保養可以省去很多麻煩，到時候賣車也好賣。上述的「驗車」、「換牌」、「路權」等事情，如果你覺得很麻煩，也可以花一筆小錢請車廠幫你一次弄完。

【防盜】

　　請一定要用隔熱板或布把後車廂的車窗遮起來。東西也盡量不要放在車上，不然歹徒看到你車裡一堆東西，就算你的車很破了，他還是照樣偷走，因為也許車裡的東西比較值錢。

申請澳洲駕照

　　只要你年滿25歲，有台灣駕照，到澳洲的監理站去申請，可以直接換到一張澳洲駕照(只有機車和小客車適用)。需要準備的文件有：護照、個人居住證明(如帳單、租屋契約……等)、當地銀行的提款卡或信用卡、台灣駕照的英文翻譯。如果你有學生證或是澳洲健保卡，也都可以帶著備查。申請費一年效期約澳幣70元上下，依你申請的年期遞增，各州收費也不太一樣。辦好後約2週可以收到。

　　其中「台灣駕照的英文翻譯」是需要經由澳洲政府認證的翻譯機構翻的才行，各州認證的翻譯機構不太一樣，可以先寫信或打電話去監理所問問，請他們推薦，翻譯的費用約澳幣30～50元。

高速公路收費方式

　　澳洲目前只有雪梨、墨爾本和布里斯本地區的路段，包含三大城市的Citylink和墨爾本的Eastlink，才有機會碰到收費站。如果使用GPS(例：Google　Map)，可以先設定不要經過收費站。不過保險起見，如果要在這3個城市開車，還是先辦好公路通行證，以免不小心經過了，卻因忘了繳款而收到罰單(一定期限內補繳免罰)。收費路段的交通標誌會寫「Toll」或「EastLink(墨爾本地區)」。經過收費站時，會有特殊儀器掃描你的通行證標籤；若選擇無標籤就是掃描車牌，並直接透過你車牌註冊的通行證來扣款。無論有標籤、無標籤，都需要先上網申請通行證！

　　雪梨、墨爾本和布里斯本的公路通行證，推薦大家透過以下兩個單位申請，分別是E-Toll和Linkt，各有不同的方案和優惠，選一間最適合你的申請就好！

E-Toll　ｈｔｔｐ www.eastlink.com.au

此通行證可以在三大城市通用。

【一般通行證】

需要標籤的免申請費；不需要標籤的則需要申請費，線上申請1.5元，實體申請3.3元。手動儲值最低10元，自動儲值最低25元。

【臨時通行證】

又稱「eMU Casual Pass」，不需要在車上放標籤。線上申請1.5元，實體申請3.3元，每過一次收費路段，除了過路費，還需要加0.75元的車牌掃描費。

Linkt　ｈｔｔｐ www.linkt.com.au

此通行證有分地區，在雪梨開車需申請雪梨通行證，在墨爾本開車需申請墨爾本通行證，以此類推。針對Shell Coles Express有加油優惠。

【一般通行證】

	有標籤(E-Tag)	無標籤(Tagless)
雪梨	● 免車輛掃描費 ● 最低儲值金額20至30元 ● 申請費5.5元	● 車牌掃描費約0.31~0.55元／每次 ● 綁定付款資料自動扣款
墨爾本	● 免車輛掃描費 ● 最低儲值金額25元 ● 申請費1.5元	● 車牌掃描費約0.51~0.75元／每次 ● 最低儲值金額25元
布里斯本	● 免車輛掃描費 ● 最低儲值金額25元	● 車牌掃描費每次約0.51元／每次 ● 最低儲值金額25元

註：價格時有異動，依官網公布之最新資訊為主。

【臨時通行證】

針對墨爾本，有分24小時、週末或自訂天數(最長30天)的通行證。針對雪梨和布里斯本，只有自訂天數(最長30天)的通行證。三大城市的費用不盡相同，可至官網查詢。

結語　移動是旅行中必然的事。在不斷移動的過程裡，不管是獨自一人品嚐的孤獨感，或是和旅伴朝夕相處的樂趣，這些小小事物的累積，都會讓你變得更強壯。如果可以的話，不妨每種交通工具都嘗試看看。當然安全還是最重要的。

交通規則和注意事項

提醒大家一些交通規則和上路時的注意事項。

澳洲是右駕

駕駛座在車子的右前方,排檔當然是用左手來打。一開始在澳洲開車的台灣人一定都會有雨刷和方向燈搞混的經驗;還有雖然知道靠左開,但是一向右轉彎就又會變成右道。聽起來好像很可怕,可是開久了就會覺得澳洲地大、路直、車又少,實在是太好開了!在台灣不常開車的朋友可以藉此機會來練練車。其實很簡單啦,開車不就是那樣,他做什麼你做什麼,不要撞在一起就好了。

安全帶

在澳洲開車,車上每個人都要繫安全帶,不然抓到會重罰,其實也是保護你自己的安全。

速限

澳洲因為路太長了,柏油路鋪設材料沒有台灣的好,時速太高會很危險。所以時速限制標誌上說多少就真的是多少,一樣會有警察或測速照相。

Give Way

這個標誌通常會出現在「T」字路口,或是支線接上主要幹道的地方,意思就是請你等一等,讓幹道上的車先通行。

路肩

有些鄉下的道路很小條,你可能開著開著就偏到路邊去,請注意不要超過道路的邊界。當一側的輪胎在粗糙的柏油路上,另一側的輪胎在易打滑的砂地上時,兩邊輪胎的壓力不平衡很容易造成爆胎。爆胎的話不要急踩煞車,慢慢讓車子停下來,猛踩的話可能會翻車。

小心動物

在台灣開車應該很難有什麼山豬會跑出來讓你撞,不過澳洲就有一大堆。看到小心動物的標誌就真的要小心一點,尤其是在凌晨或是傍晚。動物出沒的時候,如果你不小心撞到動物,而動物還活著的話,可以試著把牠帶到各地的保護動物之家。

遇圓環時禮讓右方來車

澳洲的圓環和台灣相反,是順時針轉,在圓環入口的時候要先停下來禮讓圓環裡頭的車,等沒車了再進去。同樣的,在圓環裡你最大,圓環外的車都要讓你,所以不用停下來等他們,要轉出去的時候再打左轉方向燈就好了。

危險路段

澳洲有些鄉間的小路沒有鋪設柏油,只有沙地。一般來說會有兩種沙質,細密的白沙會害你的輪子陷在裡頭,而顆粒大的紅砂則非常容易打滑。另外因為氣候的關係,冬天時南部的某些路面可能會結冰,容易造成打滑。夏天可能會有洪水把路淹沒。雖然都會有警告標誌,但是行車時還是要多注意一下。

雨季時走鄉間小路,有時還會遇到道路被洪水淹沒(Floodway)的情形。

路邊停車標誌

在各個市鎮裡停車需要注意路旁的標誌，只要沒有「NO STOPPING」和「CLEAR-WAY」標誌的地方就可以免費停車。但是除此之外越靠近市中心的地方，大都需要付費才能停車。看標誌最基本的就是顏色，綠色代表可以停車的時間，紅色代表不能停車的時間。而綠色字母「P」代表可以暫停的時間，1/4P為15分鐘、1P為1小時，2P為2小時，以此類推。另外還要注意停車的角度，停得不好不在方格內也是會被罰錢的。

在澳洲要找不到停車位，實在是不容易的事。

內容同左側標誌，但僅限機車停放。

下列時間內可以暫停半小時

週一～週五08:00～17:30

週六08:00～12:00

下列時間內可以暫停3小時

禁止停車

下列時間內可以暫停1小時

週一～週五08:00～17:30

週六08:00～12:00

路邊停車繳費方式

　　如果看到停車牌上有寫「Meter」或「Ticket」，意思就是要付費。通常可以在停車處附近找到一台付費機台，輸入你的車牌號碼，然後輸入你要停多久(不能超過停車牌的時間限制)，就可以付款。付款方式有投幣式跟電子支付兩種，完成付款後就可以安心離去，通常不用再放車票，記得不要超過時間回來就好。現在查票員是直接核對車牌號碼，查車牌就可以知道有沒有付錢。

　　如果超時收到罰單的話，可以看罰單背後的說明，到特定地點或上網繳費。

布里斯本路邊停車付費機器。

公路火車

　　公路火車(Road Train)就是大型的連結車，來往鄉間與城市運送貨物，因為連結車造成的風壓比較大，所以和連結車迎面交錯的時候不要靠得太近，如果速度太快的話你的車子會稍微被吸過去。

英文路名縮寫

　　澳洲的路名常會有一些縮寫，以下列出大家比較常見的。

縮寫	原字	意義
ARC	Arcade	長廊型商場
AVE	Avenue	大道
CTR	Centre	中心
CNR	Corner	街角／轉角
CST	Crescent	弧型街道
DRV	Drive	車道／馬路
DWY	Driveway	車道／馬路
ESP	Esplanade	廣場
FWY	Freeway	高速公路
HWY	Highway	公路
PLZ	Plaza	商場 購物中心
RES	Reserve	保留區 保護區
RD	Road	路
SQ	Square	廣場
ST	Street	街
TCE	Terrace	大街

　　另外還有GT＝Great，大型的。譬如Gt Eastern Hwy＝Great Eastern Highway。而「St」放在字首的時候，當作「Saint」；也就是天主教世界裡將人封聖的「聖」。所以像「St Georges」，St就是Saint Georges Street，聖喬治街。

PEDESTRIANS

DO **NOT** CROSS
PRESS BUTTON AND WAIT

CROSS WITH **CARE**
WATCH FOR TURNING VEHICLES

DO **NOT** START TO CROSS
IF ALREADY ON ROADWAY
CONTINUE CROSSING

FOR SIGNAL FAULTS RING 1-800-800-009
MAIN ROADS Western Australia

在澳洲，過馬路時按一下行人
紅綠燈的按鈕，燈號就會變
成綠色的，讓你可以通行。為
了方便視障者，綠燈亮時燈柱
還會發出兜兜兜的聲音。有一
天當你離開澳洲了，也許你會
開始懷念起這個吵嘈的聲音。

財務篇

既然要打工賺錢，就要把和錢有關的事情弄清楚，不要讓自己辛苦賺來的錢東扣西扣地被政府的制度吃光。本章將說明四個和背包客最有關係的財務主題。

薪資資料

通常找到一份合法工作的時候，雇主會讓你填寫一些表格，基本上內容都會包含3個重點：

1 **稅務資料單：**這是為了幫你報稅的單子，要有稅號才能填寫。如果找到一份工作的時候稅號還沒有下來，可以跟老闆說之後再補，在28天之內補填就可以了。

2 **銀行帳號：**要有分局號碼(BSB)和帳戶號碼(Account Number)，匯薪水用的。(開戶請見「安身篇」P.52)

3 **退休金帳號：**當然是存你的退休金用的，如果沒有退休金帳號的話老闆會幫你辦。(申請方式見本篇P.164)

稅務資料單

1 ～ **5** 稅務單(Tax File Number Declaration From)就長這個樣子，通常從1到5項的填寫都沒什麼問題，一直到第6項才會有一點遲疑。

填稅務單注意事項

6 薪資發放方式：全職、兼職、派遣工、退休金或年金、臨時工。

7 你是稅務定義上的澳洲居民嗎？背包客不是，請答「NO」。

8 你要對這份薪資使用免稅額嗎？背包客不行，請答「NO」。

9 你要使用老年人或退休人員的稅額減免嗎？背包客不能，請答「NO」。

10 你要提出一些特殊的稅額減免嗎？背包客應該都沒有，請答「NO」。

11 你有沒有澳洲的學貸或信貸？背包客應該都沒有，請答「NO」。

Tax-Free Threshold

免稅額

　　如果你是澳洲的稅務居民，可以享有澳幣18,200元的免稅額，也就是說整年收入低於這個金額的人是不需要繳稅的。在2017年之前，背包客們也享有這個優惠，但2017年後政策大改，背包客不再被視為稅務上的居民，也就不再適用這項免稅優惠了。所以如果你在報稅的時候看到有任何「Tax-Free Threshold」的字樣，那都跟你無關了(淚)。

> 背包客沒有免稅額。

【背包客的稅制】

　　只要你是背包客，整年的收入沒有超過澳幣45,000元，你就會被徵收15%的稅金。如果你運氣好，收入超過澳幣45,000元，超過的部分會被徵收32.5%的稅。

　　簡單來說，只要你做的是合法的白工，工作的時候你的雇主會先幫你預扣15%到32.5%的錢給政府(不然他會被罰)。所以你拿到的錢一定會比雇主開給你的條件來的少。

【報稅與退稅是怎麼回事？】

　　澳洲的稅務年度是7月1日到隔年的6月30日。所以每年的6月30日一過，就是大家開始報稅的時候。如果在工作時老闆給你預扣的錢超過你應繳的稅，或是你有一些工作相關的支出，可以列舉為扣除額，都可以向澳洲政府申請退還多繳的錢。(當然也有要補繳稅的情況，但比較少見)。雖然背包客沒有免稅額，能退還

的錢不多，但也不無小補，尤其工作相關支出的列舉扣除額，退起稅來也是滿可觀的(詳情請見P.156)。

工作支出：

工作支出是可以列舉來扣稅的，只要你平日多注意，總有派上用場的一天。可以用來申報的項目有以下的幾個原則：

1. 這個支出是屬於你個人的 (公司沒有補貼這個工作支出)
2. 支出必須直接和你的收入有關連
3. 要保留好收據

可以申請的項目有這些(deduction you can claim)：

1. 汽車開支 Car expenses
2. 交通開支 Travel expenses
3. 捐贈Donations
4. 工作相關學費支出 Self-education expenses：例如考證照的費用
5. 工具Tool and equipment：像是肉廠的切肉刀具、工地的鐵頭鞋等等
6. 電話費和上網費 Mobile and internet
7. 制服Uniform

另外像是在肉廠工作時施打QV針的費用、加入澳洲工人工會時繳的會費等等都可以用來抵稅。

看懂薪資單

辛苦工作之後，最開心的就是領到薪水的那一刻了。背包客會作的工作，其支薪方式通常是週薪(Weekly)或是雙週薪(Fortnightly)，因為很多澳洲人都是領了薪水就馬上花完，沒辦法撐太久，所以很難有什麼領月薪的。

老闆把薪水給你的時候，通常會再附上薪資單或是簡單的薪資條(有的公司會以E-mail的方式寄給你)，上面會記載著公司的名稱和商號(ABN)、支付給你的薪水、預扣了多少稅金。詳細一點的還會寫上扣了多少退休金，退休金公司是哪一間，目前累計有多少錢等等。

請務必把這些薪資單據保留好，將來報稅或是申請二簽時可能會用得到。

每家公司都會有不同的薪資單格式，不過內容大致相同。

仲介要我辦 ABN 才能接工作，這是什麼？

　　所謂的商號(ABN，Australian Business Number)就是公司行號向政府登記後，許可營業的一組編號，也就是統一編號啦！所以如果申請了商號，你就有了一間公司，現在起你就是老闆了(開公司就是這麼簡單)。不過不要高興得太早，可以想想為何仲介要幫你申請這個呢？

申請商號可能有的陷阱

　　如果你去找仲介，仲介說要幫你申請ABN(特別是中國人仲介很愛來這招)，那你就要小心點囉。一旦你成為一間公司，那麼幫仲介工作的時候就不再是上對下的雇傭關係，你的身分就變成承包商(Contractor)，而不是員工(Employee)。這樣一來，你不隸屬於仲介的公司，所以你就沒有醫療保險，也沒有退休金，比較邪惡的仲介還會用外包工作的名義，給你低於政府規定的工資(因為外包是看工作完成度，不是看時間，你如果同意那就是合法的)。

使用商號的注意事項

　　前面是先恐嚇你一下，讓你先有個防人之心。當然也不是每個仲介都心懷不軌，通常會要你申請ABN的，以清潔工作(如Housekeeping)的公司為多，因為這類型的工作，兼職(Part-time)的人比較多，用商號對公司來說比較方便。

　　ABN的申請很容易，到稅局網站就可以線上免費申請，但是使用ABN以下有幾點需要特別注意：

【不要註冊GST帳號】

　　GST(Goods and Services Tax)是指商品服務稅，而GST的帳號就是用來開發票的。通常年營業額在澳幣75,000元以下的公司，可以不用註冊GST的帳號(相當於台灣的「免用統一發票」)。如果你的仲介執意要幫你申請GST，很可能是要讓你開發票給他們，他們好節稅，但是相對的你就得多繳稅，所以仲介要幫你申請GST的話最好考慮一下。

【要補稅】

　　使用ABN工作，和使用TNF(稅號)工作不同，發薪時不會預扣稅金，雇主會給你全額的酬勞，領錢時會覺得比較開心。只是到了每年報稅時間，你還是得自己申報所得稅，把稅金還給政府。詳細報稅文件的填寫可以問雇主或是稅局。

【離境時最好關帳戶】

　　要離境時最好向稅局申請關閉ABN，不然可能會被不肖仲介拿去當人頭帳戶。

● 辦理薪資退稅

由於澳洲採取先繳稅、後退稅的納稅政策(他們稱為PAYG，Pay as you go)，所以對於背包客而言最愉快的季節就是退稅季節啦！在每年7月1日～10月31日之間，你都可以申請退還上一個會計年度裡溢繳的稅金。另外，如果你要在會計年度結束前(每年的6月30日)提前離境，也可以提早辦理離境退稅。

退稅非常簡單，只要記好你銀行利息的數字(紙本和電子申報都會填到)並準備好所有的薪資證明就可以了。如果你把薪資證明弄丟了，也可以通知你之前的雇主，請他寄一份薪資總表(Group Certificate)給你。通常他們都會在會計年度到期後的2～3週內主動寄一份給你，沒收到的話再催他們就好了。退稅的方式一共有3種：仲介代辦、線上申辦與紙本申辦。

仲介代辦

如果你懶得去弄清楚關於稅的事情，或者你同時兼了好幾份工作，賺得又超多，情況非常複雜，那你可以選擇在退稅季節時，去找仲介或是會計師幫你退稅。不過你必須支付一些傭金。如果你還滿閒的，又不想花那筆傭金的費用，那你可以接下去看，因為退稅這件事其實沒有那麼難。

紙本申辦

紙本申辦是所有申辦方法裡面最簡單的，只要到稅局或是書報店拿表格填一填就行了。如果你住在鄉下地方附近沒有稅局，你也可以打電話(1300-720-092)請稅務局把表格寄給你。

【如何選擇報稅表】

表格有兩種，一種是複雜的「書面報稅表」(Taxpack)，你去稅局拿的時候會看到一大本，裡面有詳細的表格和一本完整的報稅說明書。如果你是澳洲人，有家庭有小孩有保險有投資，要抵稅減稅退稅的，就用這種表格，其內容就和線上報稅要填寫的部分完全相同。

但是對一個沒有賺很多錢的背包客而言，我們可以選「簡易報稅表」，薄薄一份該有的都有。不用半小時就可以填完了，效果和「書面報稅表」及「線上報稅」相同。

如果你有出租房子給別人，或工作地點在偏遠地方，報稅的方式就會複雜一點，建議索取格式比較完整的「書面報稅表」，裡頭有詳盡的說明書，如果怕麻煩可以找代辦幫忙。

如果你用「簡易報稅表」，卻又需要用到某些特別的申請頁面，也可以從比較詳細的書面報稅表裡只抽出你想要的部分，附在「簡易報稅表」之後。

【簡易報稅表的申請流程】

接下來就讓我們一項一項地教你怎麼用簡易報稅表申辦：

第 1 頁 | 個人資料
Individual Information

A Your Tax file number(TFN)：稅號。

B Are you an Australian resident?：你是澳洲居民嗎？選「NO」。

C Your name：姓名。

D Has any part of your name changed since completing your last tax return?：自上次退稅後有無改過名字？

E Your postal address：通訊地址。若你要回台灣了，就填英文的台灣地址，稅務局會把退稅後的支票或通知寄到地址。

F Has this address changed since completing your last tax returen?：自上次退稅後有無改過地址。

G Is your home address different from your postal address?：你的居住地和通訊地址是否有所不同？

H Your contact details：連絡資料。

I Will you need to lodge an Australian tax return in the future?你之後還會再申請退稅嗎？如果你還會遇到離境退稅的話就選Yes。

J Your data of birth：生日。

K Electronic funds transfer(EFT)：填入銀行帳戶，後面有選項，退回來的稅會轉到帳戶裡，就不用再付兌換支票的手續費(限澳洲帳戶，台灣帳戶不行)。

第 2 頁 | 收入
Income

1 Your main salary and wage occupation：填最主要的一份收入來源。

1a Payer's Australian business number：填雇主的商號，可以填5份工作，如果你還不夠用的話請洽稅局人員。

1b 「Tax withheld」這一欄填你「被扣的稅」。

1c 「Income」這一欄填你的「收入」。

2~7 分別是「零用金與小費」、「一次性給付款項」、「資遣費」、「政府津貼」、「退休金津貼」、「年金與養老金收入」。這些都不用填。

第 3 頁 收入 Income

第 4 頁 扣除額 / 損失 Deduction / Losses

L 有附件的話請釘在左上角。

8 不需填寫。

9 Attributed personal services income 個人勞務所得，不用填。
下方「Total tax withheld」填被扣的稅的總額。

10 Gross interest：這一項是關於銀行生給你的利就到你的網路銀行查一下填進去就好。前面有個粗體M的那一欄，指的是「因為沒提供稅號而被銀行扣的利息」，你一開始來就申請了稅號，而且也把稅號拿去銀行登記了，所以應該不會有這一項，不用填。

11 Dividends：股息，不用填。

12 Employee share schemes：員工分紅，我知道你很想填但是沒辦法。

M 最後的「Total income or loss」填上收入總和。

N Deductions是「總收入扣除額」，如果你因為工作而有進修、交通、制服等費用，可以提報用來扣除你的總收入，總收入變少，應繳的稅就變少，最後可以退的部分就變多啦！
具體一點來講，你為了工作去考了酒證RSA或是勞工安全卡；你為了在工地工作買了安全帽和鐵頭鞋；你在農場工作買了剪刀和雨鞋，你加入工會付了會費……這些都可以申報。如果你想更確切地知道哪些品項是可以申報的，以及詳細的申報計算方式，請到稅局網站去查詢「Deductions」，或是查閱書面報稅表(TaxPack)的說明手冊。
如果金額很少不到澳幣150元，直接申報就好。超過的話就要附上收據。收據就釘在左上方的位置。

D1 工作相關的車子支出，像油錢之類的。從家裡開車去公司不算。

D2 工作相關的差旅費支出。

D3 工作相關的制服、保護衣及衣物送洗費用。如果你的工作對服裝有特別要求的話可填。150元內可以報，不需要附收據。

D4 工作相關的進修教育費用。

D5 其他與工作相關的支出，在這一項不超過300元的話可以不用附收據，可以發揮一下想像力。有參加工會的話，可以附上收據，列舉在這一項。

D6 小額的公費。很微妙的一項。

D7 有存款的利息，而銀行又對你的利息收取帳管費的話。

D8 股票的紅利。

D9 捐款給有註冊的慈善機構超過2元可抵扣。

D10 上個年度有請會計師幫你退稅的話，請會計師的費用可以抵扣。

O Total deductions：總扣除額

P Subtotal：總入收減掉扣除額

Q Looses：是關於投資的損失，不用填。

R 這一頁的T1和T2都和退休金有關，背包客不用填。你可能用得到的是紅色框框圈起來的「偏遠地區補助」。如果你居住在偏遠地區滿183天，就可以填入與地區相應的抵稅額。

Zone A：$338例如Broome、Alice Springs、Darwin

Zone B：$57例如Cairns、Townville、Tully、Queestown

Special Zone：$1173

如果你不確定你住的地方是不是偏遠地方，是A區或是B區，上稅局網站搜尋「Australian zone list」，就可以查到了。

如果你拿的是完整版的紙本稅單，在第16頁有「退稅輔助表格」Tax return for individuals (supplymentary section)，找到「zone or overseas forces」這項，填上相應的抵稅額，再附在這一頁上就好了。

填完之後，下面的Total tax offsets也要填上相同的數字。

S M1部分是健保的減免。

S1 「Number of dependent children and students(扶養的子女和學生數)」寫0。

S2 「Full 2.0% levy exemption - number of days(全部豁免天數)」寫365或366。其他不用填。

T M2部分是健保附加費(MLS)。第一個E欄寫No，第二個寫Yes，第三個A欄寫365或366，也就是你不需要額外付費的日數。

關於偏遠地區補助
Zone of overseas forces

　　如果你在偏遠地區工作超過183天，就可以在抵稅額(Tax Offsets)這一項上有所補助。可以少扣一點稅。在E-Tax上申報的時候，請特別留意抵稅額(Tax Offsets)的部分；如果你用的是紙本申報，就再去找「書面申報單」裡的詳細頁面吧，關於哪些地方算是偏遠地區裡頭也有說明。

第 **5** 頁　│　抵稅額
Tax Offsets

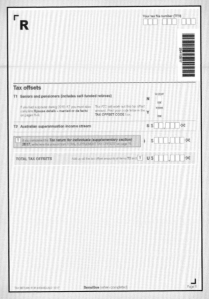

第 **6** 頁　│　健康保險
Medicare levy related items

第 **7** 頁　私人醫療保險／修正

Private health in surance policy details / Adjustments

這一頁可以跳過。

Private health insurance policy details

Adjustments

A1 Under 18

A2 Part-year tax-free threshold

A3 Government super contributions

A4 Working holiday maker net income

第 **8** 頁　收入試算

Income Tests

這一頁可以跳過。

Income tests

IT1 Total reportable fringe benefits amounts

IT2 Reportable employer superannuation contributions

IT3 Tax-free government pensions

IT4 Target foreign income

IT5 Net financial investment loss

IT6 Net rental property loss

IT7 Child support you paid

IT8 Number of dependent children

Spouse details – married or de facto

Your spouse's name

Your spouse's date of birth

Your spouse's gender

Period you had a spouse – married or de facto

第 **9** 頁　配偶資料 / Spouse Details

這一頁可以跳過。

Spouse details – married or de facto — continued

Family Assistance consent

第 **10** 頁　納稅人聲明 / Taxpayer's Declaration

第1項如果沒有偏遠補助的話填「No」，有的話填「Yes」／第2項填「No」／最後寫上簽名和日期就完成了。

Taxpayer's declaration　All taxpayers must sign and date the declaration below.

Privacy

I declare that

IMPORTANT

FOR YOUR TAX RETURN TO BE VALID YOU MUST SIGN BELOW.

WHERE TO SEND YOUR TAX RETURN

For more information, read the Important information section in the instructions.

Medicare

關於醫療保險豁免

「Medicare」簡單地說，可以想成是澳洲的全民健保。有投保Medicare的澳洲人，如果收入超過一定標準，會需要繳納「醫療保險稅附加費用(Medicare levy surcharge)」，但是背包客不能投保Medicare，故不需要繳納這筆費用，然而在報稅期間，若年度應稅收入超過一定標準，仍需要提供免繳證明。它是你做線上申報或紙本申報都會遇到的問題。可能會有以下兩個情形：

■ 收入未超過健保的年度門檻

如果你在這個會計年度裡的收入，沒有超過健保的年度門檻(金額每年略有波動，可參考網頁規定，例如2022～2023年的門檻是澳幣24,276元)，那麼政府就不會扣你的錢。紙本申辦的話，用簡易申報表就可以了；線上申辦填E-Tax系統時，則選「免繳」(有關線上申辦E-Tax，我們接下來會談到，請參見本篇P.162)。

■ 收入超過健保的年度門檻

如果你的總收入超過健保年度門檻，政府就會扣你一些錢來補貼健保費，費用為應稅收入的2%。但是背包客並非移民定義上的居民，沒辦法享受健保的福利，所以你還是可以不用繳這個錢。紙本申辦的話，就要用比較複雜的「書面申請表」才有相應的表格可以填，而且還要提出免繳證明；線上申辦填E-Tax的時候，除了要選「免繳」，也要附上免繳證明。(申請免繳證明大概需要28個工作天，所以最好提早申請)

如何申請免繳證明

好了，那麼身為一個總收入超過健保門檻的黃金背包客，為了不被政府誤認為居民而扣了你的錢，你可以在報稅之前就先申請「免繳證明」(Medicare Levy Exemption Certification)。

澳洲健保局醫療豁免證明
http www.servicesaustralia.gov.au/ms015

如果你是直接拿去稅局交，稅局的人會幫你檢查，有錯的話可以當場改正；如果你是用郵寄的，錯誤的地方若不太有爭議的話，他們會幫你修改，所以不用太擔心。如果你有疑問，卻沒有辦法親臨稅局，也可以打稅局電話去問。在澳洲就撥13-28-61或是13-14-50。人在台灣的話也可以撥+61-2-6216-1111，不過記得要用Skype之類的網路電話打，因為說明問題通常都要講很久，你退的稅都被你的國際電話費吃光了。如果英文不太行，也可以說「May I have a translation for mandarine? Please」，讓接線生幫你轉接中文翻譯。

線上申辦

如果你覺得紙本退稅還要去稅局拿表格很麻煩，那你可以選擇線上退稅。線上退稅不限地點，就算已經回到台灣也可以退，只要有網路就行。你要使用的是澳洲稅務局提供的，名為「my Tax」的網頁報稅服務。

【設定帳號】

使用myTax報稅還滿簡單的，比較複雜的反而是申請帳號的過程。先找到myGOV這個網頁，準備好你的稅號，跟著網頁的指示把相關資料填完，雖然過程有點囉嗦，但是都不會太難，有點耐心就可以了。

要特別提醒兩件事，一個是你在申請帳號的途中，會遇到網頁要你自己設置3個問題，日後好驗證登入的是不是你本人。題目有內建的選項，你也可以自己設計。因為問題和答案都是英文的，建議你設得越簡單越好，以免你日後忘記了。會特別拿出來說明，是因為真的有不少人後來登入的時候會卡在這邊。

第二個要注意的，是當你填完帳號的設定資料之後，你會遇到一個推薦你設定安全碼登入的訊息，如果你設定了安全碼，會綁定你的澳洲手機門號。如果日後你離開澳洲，門號不見或是失效了，事情就會變得很麻煩，所以建議不要使用，選「skip」跳過這個選項。

設定好帳號之後，你就可以開始申報啦。

找到myTax網頁

🔗 my.gov.au

在myGov的網頁裡註冊好帳號，系統就會幫你引導到myTax的頁面了。

網路也有教學指南

如果你對自己的英文沒有信心怕填錯，你也可以上網搜尋「澳洲」、「報稅」等關鍵字，幾乎每年都會有熱心的背包客把他們報稅的經驗分享在網路上。

【線上退稅可能會遇到的問題】

許多人使用線上退稅都遇到卡關的問題，就是所有資料都填好了，到了最後要上傳的時候卻老是出現錯誤訊息。

❶第一個可能：銀行利息的部分沒有填好

你可以到你的網路銀行去，裡頭都會有你所得利息的紀錄，不是很好找但是一定找得到。找到後，全部加總再填到你的資料裡就好。如果你還是找不到，可以到你所屬銀行的分行去詢問。

❷第二個可能：姓名格式有問題

可能是一開始填名字的時候，格式有問題，無法確認身分。這不一定是你的問題，可能是一開始申請稅號時，稅務人員將你的名字輸錯了；你之前的老闆幫你報稅時，名字寫錯了；你的老闆還沒有把資料送給稅局，無法核對……

如果你運氣好一點，再回頭把名字的格式修改一下看看，換一下大小寫，注意一下有沒有連字號「-」，或是頭銜的「Mr.」和「Miss.」有沒有加，亂弄一下也許就成功了。但大部分的情況，你還是會繼續鬼打牆，只能打電話(13-28-61)給稅局請他們幫你查，不然就再等一陣子，等老闆把資料送出去後，也許就行了。

如何修正已交寄的紙本或線上申請的內容：

如果做好線上申請或紙本申請後，交出去才發現錯誤、漏填……這時候唯一能做的，就只有寫信請稅局幫你修正了。請上稅局網站搜尋「Amendment Requests」(修正請求)，就可以找到說明的頁面，裡頭有專用的「報稅資料修正表」和教學。寫完再郵寄給稅局，約2個月左右會有回應，依情況不同可能會有罰金。

稅局信箱地址
✉ Australian Taxation Office, GPO Box 5056, Sydney NSW 2001

舉個例子，如果你用電子申報，在健保(Medicare)的部分，明明你的收入超過了健保年度門檻，政府應該要退給你預扣的錢，你卻不小心誤填為要繳健保費……這個時候你一樣可以申請「免繳證明」，再連同「報稅資料修正表」郵寄給稅局，他就會退支票給你。

離境退稅

離境退稅表

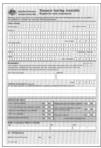

如果你的假期快結束了，要離開澳洲，這個時候你可以不用管會計年度的問題，直接提前申請退稅。離境退稅不能用線上申辦，只能用紙本申辦，這時你也可以用「簡短報稅表」輕鬆解決。不過還要再加填一張「離境退稅表」，可以到稅局索取或上網搜尋「taxpayer leaving Australia request for early assessment form」就可以直接找到表格下載使用。

● 退休金

只要你月薪超過澳幣450元，依照政府的規定，雇主就必須為員工另外提撥9.5%的薪資到退休金(Superannuation)帳戶裡去。退休金帳戶是獨立的，由退休金保管公司管理(政府的民間的都有)，所以你不一定可以在你的薪資單上看到你繳了多少退休金(有些薪資單上會寫累計到目前的金額)。除非你移民澳洲，不然你不太可能等到60歲退休才拿到這筆錢，所以簽證結束要離境的時候這筆錢是可以拿回來的。除非你的薪水還算穩定，否則數目並不多，到最後要申請提出退休金時保管公司會收手續費，而且因為是提前領出，澳洲政府還會扣65%的稅，這種時候你就會覺得自己像傻瓜一樣，不過畢竟是自己的權益，也是不無小補啦！

通常每換一個工作，老闆都會幫你開一個新的退休金帳戶(通常是老闆慣用的退休金公司)，如果你沒有事先告訴老闆的話，一年下來到處換工作的你可能會有4、5個退休金帳戶。加上大部分的帳戶都會跟你收管理費，東扣西扣大概也沒剩多少了。所以如果有固定一個帳戶的話，換新工作時只要跟老闆說明，把退休金存到你固定的帳戶，事情就簡單多了。

如何申請退休金帳戶

申請退休金帳戶有兩種方式，一種是自己辦，一種是找到工作之後老闆會幫你辦。兩者各有優缺點，請看以下的說明。

【自己申請退休金帳戶】

你可以先上網站(www.selectingsuper.com.au)，裡頭有澳洲所有退休金管理公司的資料以及經營績效的評比(退休金管理公司就像基金公司一樣，也會用你的退休金去作投資，所以績效自然就有不同了，不過背包客的退休金那麼少，其實也沒差啦)。選好要開戶的公司之後，準備好你的稅號以及可以收信的地址，直接到他們的網站加入會員就可以申請了。之後他們會寄一份會員資料給你，裡頭會有你的會員編號，可以在網上變更個人聯絡資料並查看投資績效。

另一種方式是直接去銀行辦理。有些銀行也有辦理退休金帳戶的業務(例如Commonwealth和Westpac就有)，你也可以直接就在銀行開戶，有什麼要合併帳號的問題也可以直接找他們幫忙。不過對於忙於玩樂和找工作的背包客來說，如果沒時間自己申請的話也沒關係，老闆會幫你代勞。

【老闆幫你申請退休金帳戶】

通常只要你找到一份合法的工作，在你填寫稅務資料單的時候，老闆還會給你一份填寫銀行帳戶和退休金帳戶的表格。表格上通常會有一欄讓你

勾選是否有退休金帳戶，你只要在表格上註明沒有，老闆就會自己幫你選一間他喜歡的退休金管理公司幫你申請帳戶，記得跟老闆說退休金公司寄來的資料要寄到你住的地方或是請老闆代交給你。

下一次換工作的時候，只要告知新的雇主你的退休金帳戶(所屬公司和會員編號)，你就可以繼續使用同一個帳號了。

如何管理退休金帳戶

在正常的情況下，你會知道你用的是哪一家退休金公司的帳戶，也會知道你的會員編號(也就是帳戶號碼)還有你的密碼。所以只要到退休金公司的網站去查就好了。如果你看到這裡突然發現上面講的東西你都沒有，也不用太緊張，只要問你的老闆，他就會把退休金公司名稱和會員編號跟你講。要密碼的話就打電話給退休金公司詢問啦！

偶爾可以上去查查看自己有多少退休金，順便關心一下雇主有沒有「不小心忘記」提撥退休金給你。如果雇主長期失憶的話，你可以揚言要到稅務局(ATO，Australia Tax Office)去舉發他們，這樣他們的失憶症就會突然好起來，也算是在做功德。

如果發現自己有好幾個退休金帳戶的話，可以寫信給退休金公司，請他們幫你把帳號合併，至於要合併到哪一家就要看你的選擇，不過合併時都要花一筆手續費。

如何退還退休金

終於講到重頭戲了，存退休金的用意就是要領出來啊！要領出退休金的必要條件就是「簽證失效」，所以通常都要等到你離開澳洲以後才可以辦。辦理的方式有兩種：

【找仲介】

在要離開澳洲之前，有的背包客會付錢找仲介幫你把退休金也退一退。不過因為辦退休金需要你的簽證失效之後才可以辦，所以仲介會幫你做一些申請，要花滿長的一段時間。

【自己來】

自己來的話就一定要等到你已經回國，簽證失效之後才行。辦好後退休金公司會寄支票給你。自己申請又分兩種情況，一種是向退休金公司直接申請，一種是向稅務局提出申請，稅務局會幫你跟退休金公司要。

❶請稅務局幫你聯絡退休金公司：

到稅務局網站裡的頁面找「Temporary resident」，點入後慢慢填資料就可以了。記得填資料的時候要備妥：退休金公司的ABN、退休金名稱(就像基金名稱那樣)、退休金編號、會員編號、退休金認證碼(Superannuation - Product Identification Number, SPIN)……等，越詳細越好，有些資料要寫信跟退休金公司要才會知道。

另外，還要有台灣收件地址的英文翻譯(這就是到時候支票會寄到的地方)，<u>比較特別的是不可以有任何逗號</u>

或是縮寫的點像**Rd.**和**St.**。所以請記得寫成Road或Street。

在填寫這個網頁的時候，他會要求你設密碼，所以可以存檔下次再登入。填完之後稅務局會把申請資料傳送給退休金公司，同時會寄一封確認信給你。如果退休金公司要你補「相關證明文件」(如何準備請見右頁的説明)，會另外再寄E-mail跟你聯繫。

❷ 自己和退休金公司接洽：

自己接洽其實滿簡單的，反正你找稅務局幫你要，他做的也是同樣的事，而且你還是得寫信給退休金公司跟他們要一些資料，不如乾脆直接找退休金公司辦還比較簡單。另外有些退休金公司因為沒有跟稅務局登記，只能用自行申請退費的方式取回退休金，這個時候你就沒得選擇啦！

【取消簽證】

如果你提早回到台灣，離簽證自動失效還有一段時間，可是你又想申請退休金，這個時候就要申請取消簽證了。你可以把你之前核准通過、打工旅行電子簽證的那封信轉寄給移民局服務信箱(eVisa.WANDH.Helpdesk@immi.gov.au)，信裡記得説明你因為要領休金而想取消簽證。過幾天服務人員就會把證明的電子郵件寄給你，你就再轉寄給退休金公司就好了。

【合併退休金帳戶】

要合併退休金帳戶，或是找尋你失落的帳戶的話請找「Finding Lost and Unclaimed Super」這項。

退休金公司接洽流程

 在你離境而且簽證過期之後，寫E-mail給你的退休金公司説你想領回退休金(Withdraw Super Account)。

 退休金公司聽到你的呼喚之後就會寄E-mail給你，讓你回信以確認你的身分。

 身分確認完之後，退休金公司會再寄E-mail給你，裡頭會有附件表格讓你自己印下來填寫。

 表格填完之後，再附上「相關證明文件」，一起回寄給你的退休金公司，他們核對完你的資料覺得OK就會把支票寄給你了。

如果你開的退休金帳戶太多，或是找不到退休金公司，你也可以上稅務局的網站，他們有幫你合併帳戶和幫你退錢的服務。

【重返澳洲】

如果你在一簽結束時申請了退還退休金，但後來又想申請二簽再去澳洲的話，也不用擔心。在找新工作時，老闆會再幫你開新的退休金帳戶。

【其他相關證明文件】

要準備的文件就是「護照影本」、「出境證明」、「簽證影本」。

● 相關證明文件因為都是影本，需要經過認證之後才可以使用。澳洲稅務局的網頁上告訴你去找警察、郵局經理、藥房老闆之類有公信力的人士，幫你在影本上面蓋章簽名就可以算數了，不過那是在澳洲，在台灣警察沒有這樣的權限，你必須去找法院、民間公證人、或是律師事務所幫你認證，當然那都是要付錢的，認證一份全國公定價台幣750元。

● 能夠認證的頁面其實只有「護照影本」這一頁，「出境戳章」的部分是不會認證的，如果真的要作「專門用」的出入境證明還要再跑去各

稅務局網站
🌐 ato.gov.au
網頁流程：Individual▶Super
這個頁面就是稅務局有關退休金的所有相關內容。

地的移民署服務站申請。基本上如果按照上面的作法，退休金公司不會那麼龜毛還會退件要你再申請這個。而另外「簽證影本」因為是澳洲人發的，台灣也沒辦法認證。所以用上面的作法是最方便的。

● 有的退休金公司沒有那麼嚴格，筆者聽過有人只要把所需的文件(未經認證)寄去，就拿到支票。不過每家公司情況不同，通常他會寄子電子郵件跟你說不行，要你認證後重寄一次。

相關證明文件補件流程

 Step 1 自己打一張英文聲明書，聲明所有的資料都是從護照影印出來的。

 Step 2 把聲明書、護照影本(有基本資料那一頁)、出境證明影本(護照裡有澳洲離境戳章的那一頁)準備好。

 Step 3 拿去給民間公證人或是直接到領務局，讓他們認證護照影本，並且在聲明書上蓋章就可以了。

民間公證人哪裡找？
各地方法院所屬民間公證人登錄名冊
🌐 www.judicial.gov.tw/work/work06.asp

● 離境的時候要注意海關有沒有在你的護照蓋離境章。有的海關散散的，忘了給你蓋章，之後你要申請的時候就得再寫信給政府請他們幫你證明，非常麻煩。

匯款問題

在澳洲匯錢給澳洲戶頭

如果你在澳洲要匯錢給朋友的話，只要到你的網路帳戶找到「Pay Anyone」，再進行操作就可以了。

從澳洲匯錢回台灣

匯款有網路、臨櫃和寄支票3種。

【網路匯款】

這是最簡單也最方便的辦法。你可以從網路直接匯款回台灣的帳戶，在你澳洲網路銀行的帳戶裡尋找像「Transfer Funds Overseas」這樣的選項，按照上面的說明填入你的台灣帳戶資料。並且在地址或是訊息(Message)的欄位裡填入你外幣帳戶銀行的匯款代碼(Swift Code)，每間銀行都會有一個8～11個字母的匯款代碼。

【臨櫃匯款】

帶著你的護照以及你台灣外幣帳戶的所有資料(包含帳戶號碼、銀行英文名稱、分行地址、匯款代碼)，然後請櫃檯小姐幫你辦理。臨櫃因為有人幫忙，所以手續費也比較貴，不過好處是沒有匯款上限。

【寄支票】

寄支票的手續費很貴，而且在台灣兌換澳幣的支票又要等很久的時間。如果你還是想寄，那就直接去銀行櫃檯問吧！

從台灣匯錢到澳洲

只要提供你澳洲銀行帳戶的分行號碼(BSB)、帳號和匯款代碼，台灣的親友就可以到銀行匯錢給你了。匯款的時候銀行會自動幫你換匯，只是要注意匯差和手續費的問題，每間銀行略有不同，不過其實都滿吃虧的。

另外，有些台灣的銀行有提供用提款卡直接海外跨行提款的服務，不過台灣這邊和澳洲那邊都會跟你收手續費，超不划算的。

跨國現金匯款

西聯匯款(Western Union)是一間全球性的金融公司，它提供一種叫「Quick Cash」的跨國現金匯款服務，可將現金從甲地直接匯款到乙地，雙方只要透過與西聯公司合作的銀行，即可匯款給對方或讓對方收取款項，匯完後2～3個小時對方就能拿到錢。而且匯款

Look!!

|過|來|人|提|醒|

小心詐騙

因為西聯匯款用現金，又不需要透過銀行帳戶，金錢流向是很難查得到的，所以也成了詐騙集團愛用的匯款方式。在澳洲買車子的時候要特別注意對方是不是要你用西聯匯款付錢，如果是的話就要提高警覺。

人和收款人都不需要另外再開銀行帳戶，只要收款者本人憑匯款人告訴你的密碼就可以領取了。缺點是一次匯款金額不能超過美金1萬元，而且匯款時會收很高的手續費(依金額而定)。

關掉帳戶

關閉帳戶有以下幾種方法，建議最好把錢都匯到台灣之後再關閉。

【人在澳洲且帳戶有餘額】

如果你的帳戶裡還有錢，而你人還在澳洲的話，可以直接到任何一間分行取消帳戶(Cancel the Account)，錢看是要用匯的還是換成現金帶回台灣。

【人回台灣但帳戶有餘額】

如果你的帳戶裡還有錢，而你人在台灣，那你要先確定你銀行綁定的手機號碼，若手機號碼是澳洲的而且已經失效了，就要寫信或直接打國際電話到該銀行，請專員幫你把電話號碼改成台灣的手機號碼，同時，你的台灣手機需要開通SMS海外簡訊，才能收到澳洲傳來的相關認證碼。

匯款提醒事項
台灣各銀行匯款代碼
http swiftcode.info

手續費
網路匯款不管匯多匯少，每一筆都會收取澳幣20～30元不等的手續費，每間銀行不同，記得把手續費算進去。

匯率
如果你匯回台灣的是一般帳戶，那在匯的時候就會依當天匯率換成台幣。如果你在台灣有開外幣戶頭，就可以選擇直接以澳幣的形式存進去，日後看匯率好壞再決定要不要換成台幣。

匯款上限
海外匯款和國內匯款一樣都有每日澳幣1,000元的上限，當你還在澳洲的時候，別忘了先去申請提高上限，最多可以提高到1萬元。不過如果你匯的錢超過台幣50萬，回台後還得去銀行填寫大額申報書才行。希望每個人都可以填寫到申報書。

【帳戶沒餘額】

如果你的帳戶裡都沒錢了，那麼不管你是在澳洲還是台灣，打電話跟銀行說要取消就好了。

結語

財務問題大概是背包客生涯裡最麻煩的事了，這些連在台灣都搞不太清楚的規定，還要在異鄉換成英文再來整你一次，想想就覺得很頭痛。不過真的申請過後，你會發現好像也沒那麼難，希望本書真的可以在這個部分幫上你的忙。

學習篇

在澳洲學英文的資源介紹

許多人為了學習英文而來到澳洲,也有許多不知道自己為什麼要來澳洲的人說自己是想要學英文,總之被親友問到為什麼要來,就一定會講學英文就是了。既然話都說了,就不能太漏氣囉!

● 唸澳洲的語言學校

你可以在台灣先報名語言學校,也可以到澳洲闖一闖之後再視自己的需求決定要不要報。語言學校是可以試聽的,不要完全相信宣傳,畢竟也不是筆小錢。申請的方式可以自己辦也可以找代辦。找代辦的好處除了獲取資訊方便之外,有時候還可以拿到一些學校的優惠,而且澳洲當地的代辦都是免費的,只是要自己分辨哪一些是好代辦,哪一些只是在幫學校打廣告。如果不想只是單純學語文,也可以考慮乾脆就報托福或是IELTS課程,課程結束後還有個考試,可以督促自己。

綜合職訓課程

TAFE(Training and Further Education)是澳洲政府開辦的職業訓練課程,內容從設計、建築、美髮、烘焙、園藝、釀酒、動物看護……無奇不有。每間學校所開的課程都不太一樣,課程依內容從數週到一個學期不等,課後會有國際認證的執照。TAFE的學校分布比語言學校還廣,幾乎各地都可以看到TAFE校園的蹤影。

澳洲語言學校
http www.languagecourse.net
這個網址羅列了全世界各國的語言學校,進入澳洲的區塊,就可以看到全澳洲目前所有語言學校的資料,還可以依你的需求去作篩選。

短期職訓課程
http www.coffeeschool.com.au
如果你想去酒吧找調酒工作,或是去咖啡店泡咖啡,也可以考慮一些有附證照的課程。

免費的英語學習資源

　　雖然自我投資永遠不嫌貴，不過也是有不花錢的方法，就是免費的英文學習資源。不過免費課程雖然省錢，可是相對的，教學方法和教材等專業性的部分也當然比不上語言學校。可能你上了一個月只知道耶穌和他的門徒們去了哪些地方。所以還是要自己斟酌囉！

有哪些免費的英文課程？

【教會和社區活動中心】

　　澳洲是移民社會，為了幫助一些不諳英語的新移民，教會和社區活動中心(Neighbourhood Centre)都會有免費的英語課程。

【大學的語言中心】

　　為了讓就讀英語教育學程的學生有實習的機會，學校會開放一定的名額讓有需要的人來免費上課，給這些菜鳥老師教學實習的機會。這一類的課程通常會比較有制度，也比較專業，參加的時候還要先考試看程度分班。

【私人的語言教育機構】

　　這一類的課程和大學語文中心的概念差不多，只不過不是在學校上課這樣。筆者還曾經上過免費的日文課。

Look!!

|過|來|人|提|醒|

選一些有趣的課吧！
說真的，如果你是要學文法、句型、寫作、口說之類的基本課程，在台灣上真的會便宜很多，你去報個托福或多益的補習班都比較划算。既然來澳洲了，可以試著念一些台灣沒有的課程。

1.和外國人一起工作會學到一些奇奇怪怪的英文。
2.教會是到處都有的學英文機構。
3.遇到外國人，就放膽講英文吧！

如何找到這些課程？

【直接問】

就是跑去教會或社區活動中心問，他們的公布欄也通常會貼有開課的訊息。在遊客中心或網路上可以找到他們的住址和電話，不妨直接打電話去問比較快。

【公布欄】

客棧、圖書館、購物中心、大學校園、TAFE學校……等等只要有公布欄的地方都可能有免費課程的資訊。

【上網找】

除了大家都知道的背包客棧之外，還有幾個澳洲當地的相關網站，也可上網搜尋。

其他線上學習平台

Future Learn 澳洲線上課程平台
http www.futurelearn.com

italki 全球語言交換平台
http www.italki.com

Voicetube 線上英文學習平台
http tw.voicetube.com

BBC Learning Language
http www.bbc.co.uk

推薦學英文的YouTube頻道
http Benjamin's English
http English with Ronnie

自己學英文

如果你在台灣不是很混的話，其實你的英文程度真的比你想的好很多，只是我們考試導向的教育沒有機會讓你開口說英文，所以看到洋人就皮皮挫。其實除了背單字學文法這些東西以外，也許你需要的只是聊天的機會，多聽多講臉皮厚，英文自然就會進步了。

語言交換

可以到各大FB社團或背包客棧公布欄，說自己是哪裡人，想作語言交換。男生貼的話通常找不到人要跟你交換，女生貼的話通常引來的都是些只想上床的傢伙，效果並不好，請自行斟酌。

聽廣播

在工廠生產線上工作的時候，就聽廣播吧，聽不懂也沒關係，就播著。一個月下來聽力會突飛猛進。

看影集

在農場工作，晚上下班時間無聊的話就看英文影集，如果有英文字幕的話更好。(不要問我影集是怎麼來的……)

在全外國人的環境工作

這是僅次於異國戀情最快的進步方式了，不要怕錯，放膽說就對了。到後來比較習慣，思考上有餘裕之後，自然就會發現自己講錯的地方，再慢慢改過來就好了。

總是能買到打折食物的德國友人

結語

在澳洲學英文效果最好的是在聽力和口說的部分。只要你放開心胸，密集地和外國人聊天，某一天你會發現聽力已經突破臨界點，突然都聽得懂了。口說部分也是這樣，臉皮厚一點就好了，不過常和背包客聊天的副作用是說話容易變得沒禮貌，記得常把「Could you please……」放在嘴邊。打電話找工作時也別忘了像是「This is XXX speaking」以及「How are you?」之類的問候語。至於閱讀和書寫就得靠個人自己練習了。不過說真的，到澳洲花太多錢和時間在學習英文上好像有點可惜，不如在台灣就自己打好基礎。語言這東西說穿了就是不斷累積，只要有心，在台灣學也可以有很好的成效。

出門在外，雖然大家都不想遇到意外，但是多少都可能碰到。人離故鄉賤，遇到事情總是比較麻煩一點。這一章幫大家作心理準備，也提供臨事處理的方法。

在拍照時被駱駝咬到頭也是很有可能的事。

● 交通事件與意外

罰單

　　如果被開了罰單，到郵局就可以繳了，如果期限內不繳罰單的話，罰單還會加倍，最後的結果就是上法庭啦！如果你打算就這麼落跑的話，電腦都有紀錄的，下次再被警察攔下來你就慘了。而且到時候你要賣車也不能過戶，如果以後要再入境澳洲，簽證會有問題，可能還要補罰金。所以敢作敢當，還是去繳了吧！如果你覺得不服，可以按照罰單後面的說明去申訴。

車禍

　　發生車禍首先第一件事就是看人有沒有受傷，若沒人受傷都是小事，有人受傷就先打「000」叫救護車。如果是車子不能動的話，因為你在買車時就有買保險(要是沒有也行，不過你這下就慘了)，就打電話請道路救援(Roadside Assistance Service)來把車子拖走吧；就算車子已經全毀，也要跟道路救援的人說明你要把車子廢棄(Abandon)。

　　隨著你保險等級的不同，你還可以跟保險公司要求有代步的車子、暫時的住宿或是坐客運的補貼之類的額外補償，但是要記得一定要主動提出要求，保險公司才有可能提供你這些服務。

　　如果你受傷住院，在台灣有保險，就通知你的保險公司把保險碼交給當地的醫療機構。你當初買Rego的時候，裡頭都有附上第三責任險，對於死亡或是受傷都有理賠。

道路救援資訊：

維多利亞：RACV	昆士蘭：RACQ	新南威爾斯和首都特區：NRMA
http www.racv.com.au	http www.racq.com.au	http www.mynrma.com.au
☎ 13-11-11	☎ 13-19-05	☎ 13-11-22

北領地：AANT	西澳(WA)：RAC	
http www.aant.com.au	http rac.com.au	
☎ 13-11-11	☎ 13-17-03	

南澳：RAASA	塔斯馬尼亞：RACT	澳洲保護動物協會緊急電話
http www.raa.com.au	http www.ract.com.au	☎ 1300-369-652
☎ 13-11-11	☎ 13-27-22	http www.wildlifewarriors.org.au

【車子發生問題或撞到動物】

像是打滑、爆胎什麼的，只要沒有人受傷都還好。可以自己換胎就自己來，不行再找道路救援。另外別忘了聯絡保險公司。如果是撞到動物，而被撞的動物沒有死，你評估還有救活的可能性，就送到最靠近的保護動物之家吧，他們會照顧動物的。

【車輛間的相撞】

相撞之後，如果雙方都沒事，那恭喜你，接下來只要讓保險公司處理就好。要是有人員傷亡，或是撞壞了公共建設，就需要打「OOO」叫警察來處理。你要做的是留下以下的資料，以便聯絡保險公司。

在大部分的情況下，通常是撞人的

Look!!

|過|來|人|提|醒|

事發後該注意的細節

□ **拍照存證**：關於車子：用相機拍下雙方車子的損壞情形，然後在不妨礙交通為前提的情況下，把車子移動到路邊。

□ **關於事件**：記錄車禍發生的日期、時間、地點、街道名稱、天候狀況(路面結冰、天色昏暗、陽光刺眼……)、紅綠燈情形，車子的行進方向。看看附近有沒有目擊者，有的話請他留個資料。都結束之後就可以離開現場，對方的保險公司會跟你聯絡。

□ **互留聯絡方式**：務必留下對方的姓名、住址、駕照號碼(要拿駕照出來對)、手機號碼(要撥通看看)。對方保險公司的名稱與保單號碼(Policy Number)，同時也給對方你自己的資料，讓他的保險公司可以聯絡你。

□ **聯絡保險公司**：除了等對方的保險公司聯絡你，你也要打給自己的保險公司。保險公司會問你上述的資料，還有你車子的車種和品牌、是誰對誰錯……等等。

人有錯，不過如果你是在幹道上要左右轉，害要直行的對方撞上你的車，那結果就不一定了。因為在幹道上的直行車有絕對路權，轉彎的人要禮讓。如果是別人撞你，害你又撞到別人的話，基本上撞你的人要負連帶的責任，不過還要看當時你有沒有和前車保持安全車距，以此來判斷你是否要負擔部分責任。

工殤

如果在工廠或農場工作，因為意外受傷，要去看醫生時，要先跟櫃檯的服務人員說明你要申請工殤賠償(Workers Compensation)，他會要你填寫一張單子，詢問你工作的「公司名稱」、「雇主姓名」、「電話」、「地址」。如果你的雇主其實是仲介，那就填仲介的資料。所以去之前就要先問清楚，把資料準備好。另外，別忘了拿醫生證明。通常合法的公司和仲介都會幫你保險，你就可以得到一些賠償。

詐騙與薪資糾紛

一般背包客在澳洲會遇到的詐騙多半圍繞在汽車的買賣與薪資積欠。如果是薪資積欠的問題，可以跟公平工作調查署(Fair Work Ombudsman)申訴，他們會以案件的形式幫你處理，不過可能會花一點時間。如果是汽車買賣的詐騙，唯一能做的就是報警來處理，如果人還找得到的話還有救，不然討回來的機率通常不大。所以買賣車子的時候最好提高警覺。

可以幫助你的資源

澳洲公平工作調查署(Fair Work Ombudsman)
http www.fairwork.gov.au
☎ 13-13-94

旅外國人急難救助免費電話
☎ +886-800-085-095 (從澳洲撥打)

教會
澳洲各地都有教會，臨時有困難可以請他們幫助你。

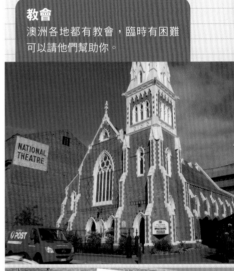

台灣駐澳大利亞辦事處

因為中共的關係，我們和澳洲沒有邦交，所以沒有大使館。代替大使館功能的就是台灣駐澳辦事處，如果你的證件遺失或是發生了緊急事故，都可以請他們幫忙。

坎培拉代表處
服務範圍：坎培拉特區(ACT)、西澳(WA)
☎ (02)6120-2000
📘 @tecocanberra

墨爾本辦事處
服務範圍：維多利亞(VIC)、南澳(SA)、塔斯馬尼亞(TAS)
☎ (03)9650-8611
📘 @tecomelbourne

雪梨辦事處
服務範圍：新南威爾斯(NSW)
☎ (02)8650-4200
📘 @tecosydney

布里斯本辦事處
服務範圍：昆士蘭(QLD)、北領地(NT)
☎ (07)3828-1699
📘 @tecobrisbane

慈濟澳洲分會

如果你擔心語言不通的問題，可以找慈濟澳洲分會的人幫忙。在第一時間裡他們能提供比駐台辦事處更多的協助。

雪梨澳洲分會
✉ 20-22 Glen St, Eastwood NSW 2122
☎ (02)9874-7666
📠 (02)9874-7611

墨爾本聯絡處
✉ 17 Ellingworth Parade Box Hill VIC 3128
☎ (03)9897-1668

黃金海岸聯絡處
✉ 10 Byth St, Arundel QLD 4214
☎ (07)5571-7706

阿得雷德聯絡處
✉ 142 Wright St Adelaide SA 5000
☎ (08)8231-9008

布里斯本聯絡處
✉ 1/60 Rosebank Square, Salisbury QLD 4107
☎ (07)3272-7938

伯斯聯絡處
✉ 247 Fitzgerald St, West Perth WA 6005
☎ (08)9227-8228
另外，慈濟竟然在聖誕島也有聯絡處，真是歎為觀止，不過你大概也用不上。

● 財物遺失

護照遺失

如果你的護照遺失了，第一步要先去警察局備案，說明你護照遺失的時間，以防有人拿你的護照做壞事。如果確定找不回來了，就再去警局申請護照作廢，取得遺失證明，再向台灣駐澳辦事處申請補發。通常需要1～2週，這段期間辦事處會給你臨時入境證明函，想回家的話也可以用這張證明函坐飛機離境，不過只限直接回國，中途不能再入境其他國家。回國後可向外交部申請護照補發。(關於駐澳辦事處請看本篇P.177)

遭搶

如果被搶劫了，先冷靜下來，假裝

澳洲信用卡失竊處理電話
立即撥打所屬銀行的報失電話，網路搜尋「銀行名稱」加上「Lost or stolen cards」就可以找到。以下是三大銀行的24小時卡片報失電話：

NAB	Commonwealth
☎ 1800-033-103	☎ 13-22-21

ANZ	
☎ 1800-033-844	

求饒，看對方有幾個人，有沒有武器，記住臉部特徵。如果真的跑不掉就給錢吧，拜託他們讓你把護照和手機留下來就好了。留得青山在，事後再去報警。如果錢包被搶走，記得馬上去辦信用卡止付。

● 健康問題

床蟲

床蟲(Bed Bug)就是臭蟲，被床蟲攻擊之後身上會出現許多紅色的腫疱，奇癢無比。紅腫的情形約一週才會消退，更可怕的是如果腫疱曬太多陽光，就算好了還會留疤。床蟲多半出現在不潔的客棧或合宿的房子，會附著在床墊和睡袋的縫隙裡。而且大城市裡的客棧比鄉下地方還容易出現，因為牠們會跟著宿主一起旅行，所以你也許常常會聽到某間客棧已經淪陷

的傳言。床蟲是會選主人的，選定的條件不明。如果牠不喜歡你，大概叮個一圈就走了；如果牠很喜歡你，會躲在你的棉被裡，跟著你的衣物和睡袋陪你旅行。這也是為什麼有些客棧不讓客人使用睡袋的原因。

【如何消滅床蟲？】

❶ **洗**：所有的衣物全部洗一次，睡袋如果不方便洗的話就用曬的。

❷ **曬**：清洗過的衣物、行李箱、大背包和睡袋就要用大太陽曬過一次。

❸薰：用柳丁或橘子皮泡水或是曬成乾，睡覺時噴灑或放在你身旁和行李附近，床蟲討厭那個味道，有的藥房會推薦用茶樹或尤加利葉提煉的噴劑也是相同的道理。另外「曼秀雷敦」和「萬金油」因為裡頭含有樟腦，其實也是可以驅蟲的，再不行的話就去超市找滅蟲噴霧(flea bomb)回來放大絕吧。

❹搬：搬家，一勞永逸的方法。

【如何止癢？】

再癢也要忍耐，千萬不要抓，不然很容易留下疤痕。被叮的地方也不要曬到太陽，會有色素沉澱。要止癢可以用偏鹼性的肥皂洗澡，也可以用透明指甲油塗在被叮的地方，會暫時隔絕空氣讓你不癢。可以到藥房購買止癢藥膏，跟店員說明你的情況他就會推薦了，

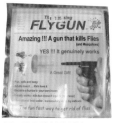
緩不濟急的射蒼蠅槍

|過|來|人|提|醒|

遇到蟲蟲別灰心喪志

旅途中遇到床蟲實在是很惱人的事，癢是一回事，心理的負擔會很大，擔心沒有把行李清乾淨，床蟲跟著你走。不過說真的，不要太焦慮，一般而言東西清洗乾淨，離開那個環境自然就好了。再不然你往下看看那些標題，多少可以自我安慰：至少我遇到的衰事還算是輕微的。

不過效果因人而異，也是要碰碰運氣。另外超市和藥房都可以買到叫滴露(Dettol)的消毒水，買回來1:1混和橄欖油或嬰兒油後塗在患部，據說止癢有奇效。

毒物咬傷

澳洲有毒的東西很多，除了某些蛇類之外，鴨嘴獸、紅背蜘蛛(黑寡婦的一種)、白尾蜘蛛、漏斗網蜘蛛，還有你浮潛的時候可能遇到的海蛇、石魚、魟魚……都是有毒的。有的還會毒死人，看到了盡量閃遠一點，被咬了就要趕快送醫。

【水母螫傷】

一般最常見的情形是浮潛時被箱水母(Box Jellyfish)螫傷，皮膚會紅腫刺痛像被電到一樣(像海綿寶寶演的那樣)，這時最快的解決方法就是用自己的尿淋在被螫的地方，可以中和毒性。有澳洲人會建議你用沙抹在手上把刺弄掉，不要再相信這種沒有根據的說法了，那只會讓你更痛！

海灘附近的小救生亭會有醋或藥膏，可以暫時先塗抹一下。回到住處後再用毛巾熱敷。你沒聽錯，就是熱敷。熱敷可以鈍化毒素的作用，敷一個小時就會好很多，只是剛開始敷的15分鐘會很難受。

像澳洲有一種很毒的藍瓶水母(Blue Bottle Jellyfish)，其毒性和眼鏡蛇差不多(不過也沒有人被螫死的紀錄)，被這種水母螫到的話，用醋啊、藥膏啊都沒什麼用，反而是熱敷最有效。

DANGER!!

LIVE SPIDERS
NEXT 3m

紅背蜘蛛(黑寡婦的一種)和牠的蛋。有劇毒,卻也會出現在一般的民居之中。

筆者去浮潛結果被水母蜇傷

藍舌蜥蜴,舌頭是很炫的藍色(不過牠沒有什麼危險性)

性情溫和但是如果踩到牠就可能喪命的魟魚。

據說被咬到除了打雷不然不會鬆口的貪睡蜥蜴(Sleepy lizard,原住民這麼叫牠,因為牠一年有6個月的時間在睡覺)

【毒蛇與蜘蛛】

　　如果是被毒蛇或是毒蜘蛛咬傷的話,趕快打電話到毒物防治中心請他們來幫你打抗毒血清,然後再找冰塊冰敷傷口。越快越好,不然可能會有生命危險。

被咬請找這裡
澳洲毒物防治中心
Poisons Information Service
☎ 13-11-26

生病

　　旅行中生病當然不是件開心的事。關於在澳洲申辦醫療保險,請參閱P.56,不然醫療費用會貴得嚇死人。

【醫院的種類】

　　澳洲的醫院大概分成3種:Surgery、Medical Centre、Hospital。

❶ **Surgery**:小診所,就是英文的「Clinic」,裡面是所謂的GP(General Practitioner),也就是家庭醫生這種的。一般的疾病、外傷都有在看,如果你有澳洲的保險,看病就可以免費。

❷ **Medical Centre**:私立綜合醫院,專科醫生比較多,貴得要命。

❸ **Hospital**：大型醫院，一般小病是免費的。不過大部分會去的人都是坐在救護車上的，所以要等他們看完才輪得到你。就算是小感冒，也可能要排2、3個小時，最後只得到一顆普拿疼。

如果只是不嚴重的小感冒，建議不用去看醫生，澳洲的醫生可能會要你多喝水、多吃水果，然後就診療結束；看到帳單的時候，反而會覺得病情好像加重了。自己在家休息說不定好得比較快。

如果你想知道離你最近的醫院在哪裡，可以直接上網搜尋或利用導航APP搜尋「Hospital」，就可以找到離你最近的醫院了。

【收據及診斷證明書】

如果你的健保沒有退保，那麼在澳洲看病後的6個月內還是可以申請給付(如果就診後6個月內你沒有要回家的話，就得寫委託書請家人代辦)。在國

Look!!

|過|來|人|提|醒|

如果不幸要看醫生時……

如果你的感冒相當嚴重，根據許多澳洲人的說法，去看中醫還比較有效。其他的像皮膚過敏、異物跑入眼睛……也都可以找到相應的診所。

要找診所可以上網搜尋「GP」或附近的藥局，跟藥劑師說明你的症狀，他們會推薦適合你的成藥給你。如果只是感冒，千萬不要跑去醫院或掛急診，澳洲的急診醫生只會叫你回家休息的。

比較特別的是牙齒。如果你是牙痛要拔牙那當然沒話說，不過如果你摔斷牙齒，請趕快把牙齒塞回斷掉的地方，然後找牙醫幫你固定住。多喝一點牛奶，1、2週之後它有可能再接回來(就像骨折又復原那樣)。看牙非常貴，拔一顆牙大概要澳幣200元。

台灣駐澳辦事處蓋一個章就要澳幣70元。好貴啊！

外就診後，請主動提醒醫生要拿「收據」和「診斷證明書」(receipt & medical certificate)，收據上記得要有費用明細，住院的話要有出入院日期。有些醫院會把這兩者合成一張，拿到時記得確認一下。如果打算申請的保險理賠有N筆，就要記得申請N份文件。文件都齊全了，回台灣才能申請各種理賠。去健保局的時候記得要帶護照和存款帳號。

通常大醫院都沒有問題，但若是在小醫院看診，有些保險公司會要求你申請的文件上要有公證人蓋章，那你就得寄回台灣駐澳辦事處蓋章(要花錢的)，所以最好在澳洲就聯絡台灣的保險公司問清楚。

月經延遲

　　從北半球來到南半球，遭遇季節、氣候和生活形態的突然改變，身體內的平衡需要一點時間做調整。再加上身在異鄉的緊張與刺激感，心理上的因素也會對身體有一些影響。因此很多來澳洲打工度假的女生都會遇到經期延遲的情形，5、6個月都沒來的人也不少。遇到經期延遲的情況其實不用太緊張，因為每個人體質不同，適應環境和自身調整的速度也不同。

　　如果覺得自己的身體一切安好的話就沒什麼關係，順其自然就好。要是覺得身體因此受到影響，感到不舒服或是心理負擔很大，可以到中華街的超市或中藥行買中將湯或是四物湯的藥包回來沖泡飲用，平常也可以吃月見草油保養。再不行的話就請親友從台灣寄催經藥。

　　其實最好的方法還是放鬆心情、保持作息正常、注意飲食的營養，不要為了省錢就捨不得吃。

扭傷

　　有時候工作扭傷或車禍撞到脊椎這類的問題，比生病還麻煩，在澳洲你能找到的只有洋人的整骨師(Chiropractor)。你只要去遊客中心，或是在網路找搜尋「Chiropractic」＋「你所在的城鎮」，就找得到他們了。

　　洋人的整骨當然沒有台灣的厲害，而且一樣良莠不齊，所以看不看得好只能憑運氣。不過他們的社會對整骨師就像對醫師一樣的尊敬，台灣的整骨師明明比較厲害卻只能被視為民俗療法，想想還滿不值的。

　　去看整骨師一樣可以申請保險，記得拿收據和證明書。但是整骨這個項目台灣的健保不給付。

被強暴

　　亞洲女生本來體格就比較瘦小(雖然每個亞洲女生都覺得自己很胖)，遇到歹徒強暴通常都很難脫逃。即便是本來很有禮貌的外國朋友，喝酒之後也可能會變成毛手毛腳的混帳。這絕對不是女生的錯。請大家還是要注意安全喔！

　　遇到了，第一當然是冷靜，想辦法拖延，趁機落跑，不行的話再看有沒有什麼替代方案……事後一定要報警驗傷，絕不能姑息這種人。

意外懷孕

　　如果不小心懷孕而想要墮胎，可以先去一般診所(Surgery)找家庭醫生，他會推薦你去地區性的指定診所。雖然在澳洲墮胎是合法的，但這種事情還是不要發生的好，身心都會受傷。真的撐不下去了，還是回台灣找家人幫忙吧！

預防措施可減少不必要的身心損害及醫療花費
異國戀情固然浪漫，也不要一時沖昏頭忘了保護措施，否則除了懷孕，還可能染上性病，不可不慎喔！

遇見種族歧視

白人為主的澳洲離西方國家其實很遠，跟亞洲的政治和經貿關係還比較密切。但是白種人的優越感依然莫名其妙地存在著。在1988年因為限制亞裔移民的政策而引起爭論的澳洲政府，骨子裡對亞洲人的歧視就像他們對原住民處境的態度一樣：明明知道有問題，還是假裝沒這回事。當然在你旅行過程中遇到的澳洲人，大部分都是友善的，即便遇到態度上的歧視也是對方的心理問題。可是一旦歧視化為具體的找碴甚至攻擊，這時你就要懂得保護自己，並讓對方得到應有的教訓。

【有人假扮警察來找碴怎應對？】

遇到自稱是警察的人要找碴，一定要請對方先把證件拿出來，如果他拿不出來還支支吾吾的，就請他陪你一起去警局。記得問對方的姓名(雖然他多半會胡扯，不過開始心虛後，氣勢就會減弱)、記下他的長相和特徵，如果情況允許的話，在不激怒對方的情況下用手機拍照，到附近警局報案。

【遇到不良少年怎麼應對？】

如果遇到白人不良少年，能閃就閃，閃不過的話視當時情況，當然是以和為貴，以脫離現場為第一優先。

他們欺負你通常沒有什麼理由，只是覺得亞洲人好欺負就找你麻煩。如果真的無法避免衝突，到了必須反擊的地步，記得評估當下情境，以能逃跑為優先考量：對方只有一個人、手上沒有兇器、附近沒有同伙、最好還喝醉了……總之，有把握打得贏再打，一旦開打了就要打到讓對方暫時爬不起來，讓你有足夠的時間逃跑。貼近對方，手肘比拳頭有用，不要出手太超過就好。

倒楣的時候也是可能被樹砸到！

TREES & BRANCHES MAY FALL TAKE CARE

Short Walks

不要在開車的時候打蒼蠅，不然拍到擋風玻璃就是這種下場……

結語｜雖然這一章列舉了許多關於意外的處理方式，但是如果真的沒辦法了，也不要逞強，就先回台灣吧！只要身體健康，你總是有機會可以再來玩的。希望每個背包客都能平平安安地回家。

3 type of WORK

澳洲打工
種類全記錄

你來到澳洲之後，沒有台灣社會價值觀給你的壓力(就是那種你應該做什麼工作才會前途無量有面子之類的想法)。反正你也不是一輩子待在這裡，既然確定在澳洲前途無亮，就來挑戰一些也許你今後不會想做、或也沒機會可做的工作吧！我想大部分的人，應該都能從這些工作裡，重新去體會自己和社會的關係。當然，別忘了要賺大錢啊！

找工作的七種方法
找工作前的心理建設

開始找工作前，記得先想好你來澳洲的目標。如果是以存錢為主，建議找時數穩定、薪水高的工作，像是工廠或工地，只是要有心理準備會很辛苦。如果想體驗農場生活，建議事先做功課了解不同農作物的產季，才不會錯失爆果的良機。如果有續簽打算，最好先做指定的工作並完成要求的天數，以免發生突發狀況來不及集簽；如果希望體驗各式各樣的工作，因大部分老闆不希望雇用短期員工，建議可以考慮節慶類型的工作。

接下來，讓我們先來了解如何在澳洲找工作吧！

找工作的方法

1 找仲介

在澳洲最快獲得工作的一個方式就是靠仲介，尤其是農場或工廠類型的工作，因為他們需要大量人力且流動率高，通常會委託仲介幫忙找人，雖然其中不乏有黑心仲介，但是一個好的合法仲介公司，會是你和工廠或農場之間的溝通橋梁，替你省去很多麻煩，並且幫助你更快適應新工作。而且有些大型工廠若不靠仲介，就進不去。根據不同的仲介，你有機會體驗各種有趣的工作，從農場工廠到政府委託的專案無奇不有，就看你的運氣。如果你工作

筆者(Irene)當時在一間仲介公司填資料，遇到一個馬來西亞仲介，人非常Nice，很多背包客都是透過他找到肉廠的工作。

表現不錯，也和仲介的交情好，離職之前還可以問問看仲介能不能幫你寫封推薦信，幫助你更順利找到下一份工作。

【仲介類型】仲介大概可以分為個人型和公司型兩種。

個人型就是他自己包辦仲介，以幫忙聯絡農場、工廠的工頭為主，要找到他通常都靠背包客的口耳相傳，但品質好壞差很多，有的還會騙背包客的錢！

公司型的就是人力仲介公司，或是旅行社、客棧兼營的仲介，水準比較平均。有的公司是什麼工作都介紹，也有專門只介紹某些工作的公司，像是工地仲介、農場仲介、客房服務仲介之類的。想在城市裡找到仲介，可至遊客中心詢問，他們會給你城裡所有仲介的住址，你再循址一個一個找就好了。(想知道關於各城市仲介公司的詳細資料，請參閱第四章「全澳洲打工地點攻略」P.238)

【收費類型】通常仲介收費與否有3種情況。

● **免費**：老闆付錢給仲介幫忙找人，所以你不用再付錢。澳洲大部分的仲介都是這一類的，請把「仲介幫你找工作你不需要付錢」當成是理所當然的事，所以如果仲介要跟你收錢的時候就要問清楚，特別是個人經營的農場仲介或工頭，介紹這種工作還要收你錢，那詐騙的機率就非常高了。

● **找到工作再付錢**：這通常是兼做仲介的公司，譬如旅行社或是客棧兼作仲介服務。一般而言都會在事前先跟你說好價錢，大概澳幣15～20元左右，確定找到工作再付。如果仲介開的價錢很高，或是事前就要跟你收錢，這種多少都有點問題，要考慮清楚。

● **薪資抽成**：仲介會從你的薪資裡抽取一定比例的佣金，這種工作通常薪水都很高(像是工地、捕魚之類的)，簽約時要事先和仲介確認。

2 朋友介紹

澳洲有些工作職缺太夢幻，除非你認識內部員工，否則一般人很難進去。常言道在家靠父母、出外靠朋友，在澳洲我們除了孤軍奮戰，唯一能依靠的就是朋友。所以，來澳洲最重要的就是「廣結善緣」，而不是搞得「臭名昭著」，你永遠不知道現在種下的根，會不會有一天在你需要時結下了果……但是交朋友，不應以利益為前提，若是一直當伸手牌可是會被當成拒絕往來戶的！

當我們受到別人的幫助時，應當心存感恩並找機會回報對方，一起將這份美好的互幫互助精神傳承下去。

3 上網

不管是你找工作、還是老闆找人，網路都是現在大家會優先考慮的管道。你可以上各大論壇或Facebook尋找工作資訊，感覺適合就直接線上私訊、電話聯繫，或是透過E-mail投履歷，只要雇主認為你是合適人選，就會聯絡你面試，至於能不能得到工作，除了運氣占了很大的成分以外，也會根據你簽證剩下多少時間、工作經驗、英文程度、有沒有車、可工作天數、個人特質等，來決定會不會錄取。

【**澳洲求職網站**】想知道澳洲當地完整的求職網站資訊，請參閱第四章「全澳洲打工地點攻略」P.238。

【**澳洲工作交流FB社團**】Facebook是一個很方便的求職管道，上面有許多大大小小的社團，讓你可以輕鬆獲得想要的資訊。以下分享幾個活躍度比較高的澳洲工作交流社團，直接在Facebook搜尋名稱就可以找到。也可以Facebook搜尋關鍵字「澳洲工作」，只要符合社團成員多、活躍度高，用力加入就對了！

● **澳洲找工網**：這是台灣人的社團，上面不定期會張貼全澳洲的徵人資訊，由於是針對全澳洲，需要花比較多時間篩選貼文，才能找到你所在區域的工作。什麼工作都有可能出現，包含服務業、農場和工廠類型的工作。

澳洲找工網社團的頁面。

● **背包客同鄉會(工作版)**：這是台灣人的社團，針對不同城市，有各自的工作板，包含雪梨、墨爾本、布里斯本、伯斯等等；還有偏遠地區的大鎮，包括Tamworth、Bundaberg、Coffs Harbour、Caboolture、Gatton、Toowoomba等等。分類比較細，因此社團活躍度比較分散，但至少同個社團內的職缺資訊會比較集中在特定區域。

背包客同鄉會底下的社團，有不同地區的工作板。

- **Hospitality Network：**這個社團是全英文的，主要針對市區的服務業職缺，包含餐廳、咖啡廳、飯店等，找到白工的機率高，適合想挑戰全英文工作環境的人，但競爭者主要是澳洲人或歐美背包客，所以英文不能太差。你也可以在上面發文自我介紹，分享你的工作經驗、想找的工作類型等等，若雇主有興趣就會私訊你。畢竟是公開社團，記得千萬不要把自己的聯絡資料也打在上面了！

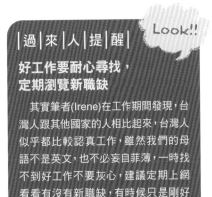

Hospitality Network主要針對雪梨、布里斯本地區。

|過|來|人|提|醒| Look!!

好工作要耐心尋找，定期瀏覽新職缺

其實筆者(Irene)在工作期間發現，台灣人跟其他國家的人相比起來，台灣人似乎都比較認真工作，雖然我們的母語不是英文，也不必妄自菲薄，一時找不到好工作不要灰心，建議定期上網看看有沒有新職缺，有時候只是剛好沒缺人。另外，要避免找那些經常徵人的公司，因為通常不好的工作才會長期缺人。

常見職缺關鍵字

All Rounder, FOH	通常指咖啡廳外場
Barista	咖啡師
Apprentice	學徒
Receptionist	櫃檯
Kitchen Hand	廚房助手
Cashier	收銀員
Sushi Maker	壽司工
Dishwasher	洗碗工
Car Wash Staff	洗車工

4 各地公布欄

客棧、超市、購物中心、中華街、餐廳、圖書館、大學、私立語言教學中心等，只要有公布欄的地方都有貼工作機會的可能，而且其中也不乏條件很棒的工作(尤其是節慶類的，在短期內需要大量人力的工作資訊，都很容易出現在這裡)。有的時候還會遇到直接就在店門口貼著徵人啟示的店家。帶著你的相機，把需要的資訊都拍回家吧！

3 澳洲打工種類全記錄──找工作的七種方法

5 報紙與雜誌

報章雜誌也是一種管道，就像台灣報紙上面會出現的徵人資訊，只不過現在網路太發達了，已經很少背包客會透過報章雜誌找工作，而且背包客找的工作都是以勞工為主，這些產業的老闆通常不會花錢去刊登報紙，而是直接在網路徵人。一般如果想了解報章雜誌刊登的求職資訊，可以到當地的圖書館、超市、便利商店等等，翻閱或購買當地的報章雜誌；若英文不好，可以到華人商店找到中文報紙，像是大紀元、昆士蘭日報等。

書報店的雜誌專區。

6 掃街投履歷

這是最沒效率但是最直接的方法，就是自己印履歷，到街上一家一家店去詢問有沒有任何的工作機會，不過能因此找到工作的機率並不大，說真的只能靠運氣。而且這是非常累人的事，不但長時間走路對體力是個考驗，不斷被拒絕也會讓心情降到谷底。如果經濟情況還有餘裕的話，不妨把投履歷這件事當成散步的一部分，這樣得失心不會太重，也就不會覺得那麼有壓力，還可以訓練你的厚臉皮。

【掃街地點建議】隨著目標地區的不同，也有策略上的差異。

1. **城市：** 在城市裡投履歷，因為店家比較多，選擇也比較多，通常以餐飲服務業為主(速食店、咖啡店、餐廳、超級市場等)，最好鎖定商家群集的購物中心和商店街比較省時省力。不過各大城市的市中心(CBD)由於背包客數量非常多，店家每天都會收到很多份履歷，要在這一級戰區裡找到工作是很困難的，不妨轉戰城市周邊的小鎮區，針對有人潮和商店聚集的商場中心，成功機率比較高。

2. **亞洲人經營的餐廳(華人、韓人、日本人)：** 請盡量當成是最後走投無路才要做的選擇，因為這些亞洲人的店多半都是不繳稅的工作，薪水又壓得很低，反正你不做有其他背包客會做，背包客不做也有留學生會做，完全是資方市場。除非你真的沒有錢了，不然做亞洲人的餐廳又花時間錢又少，很不值得。

❸ **工業區、農場：**如果要去投履歷，請一定要有車，不然用走的可能一整天只送出5張履歷就偷笑了。要到農場找老闆直接丟履歷，重點是產區和產季，在對的時間找到對的農場，可能問一問就要你明天來工作了。工業區的話，重點是找對工廠；通常處理動物、植物食材的工廠比較有希望。不過農場和工業區的變數比較大，而且他們一般而言還是比較習慣依靠仲介來找人，所以建議還是找仲介比較有效率。

【掃街成功祕訣】

❶ **服裝儀容：**第一印象很重要，穿著簡單大方，保持整齊乾淨。

❷ **避開繁忙時段：**尤其餐飲行業，如果你不想履歷被丟掉的話，請避開用餐繁忙時段投履歷。

❸ **保持笑容及注意禮貌：**在大方微笑走進店裡，拿出你的履歷對店員説：「Hi! How are you? I'm looking for a job. This is my resume. Do you have any job opening?」如果有缺人，通常會收下你的履歷讓你等通知；如果他們沒缺人或是只透過網站應徵，可能會退回你的履歷；如果老闆在現場，可能當場就會直接跟你面試，這也是掃街最有挑戰性的部分。

7 住工作旅舍

到鄉下住在工作旅舍裡，通常是找農場工作的主要方式。方法就是打聽哪個地方最近有農作物收成，然後直接跑去住在那裡的工作旅舍，等旅舍主人幫你仲介工作(另一種形態是住一般客棧，然後請鎮上的農場仲介幫你介紹工作，意思差不多)。通常會遇到的問題大概是農作物收成時間延後、天候不佳無法工作等。運氣再差一點，還可能遇到放假消息騙你來住的壞旅舍老闆。所以你也只能事前問清楚，進住後靠運氣。

● 找工作的注意事項

歡歡喜喜找工作，哭哭啼啼被黑錢的事，在背包客之間時有所聞。有人做了半天沒領到錢、有人沒領到錢還被騙走保證金。失財事小，身體受傷更慘。筆者也聽過有人摘水果為了搶快從梯子上摔下來，卻因為是黑工沒有保險的故事。説這些來嚇唬你只是希望你記得，找到工作雖然開心，但是有些事你非注意不可。

拒當黑工

在澳洲你常常會聽到「黑工」這兩個字，就是指不合法的工作。如果雇主沒有幫你報稅，直接付現金給你，你就算是黑工了；或是你的簽證不允許工作，像有人持有「觀光簽」卻在澳洲偷偷工作，這也是黑工的一種。不過打工度假的背包客都可以合法工作且沒有時數限制，所以你只要擔心雇主是否合法即可。因為不合法的工作，通常會被雇主壓榨，給你低於法定的薪資，卻又要求你做超長的工時，而且沒有報稅，等於沒有成立合法的雇傭關係，也就不可能享有澳洲基本勞保(Workcover)，一旦發生工殤事故，通常求償無門。最嚴重的情況是你被移民局發現，很有可能會影響日後簽證問題。此外，有一種說法是介於黑白之間的「灰工」，意思是雇主雖然有幫你合法報稅也有提撥退休金，但是給你的時薪卻比合法時薪低，那是因為他們在背後謊報你的工作時數，所以也是不合法的。

什麼是合法白工？

雖然我們都知道黑工是非法的，但是究竟什麼是合法白工呢？其實不是只要符合「澳洲最低薪資」就是合法，還要根據不同的雇傭關係，包含全職(Full-time)、兼職(Part-time)和派遣(Casual)，以及不同的產業和工作年齡來計算，實拿薪資也要符合罰款率(Penalty rate)，像是加班加成、週末及國定假日加成。

最快的方式是到澳洲政府機關「Fair Work」網站查詢，剛好筆者(Irene)在YouTube頻道就有教學影片，一步步教大家如何使用Fair Work網站的「Pay Calculator」試算薪水，歡迎有興趣了解的人可以去看這支影片。

YouTube影片：
來澳洲打工一定
要知道的常識：
澳洲合法工作權
益懶人包

Look!!

|過|來|人|提|醒|

高危險群：農場黑工、華人餐廳

透過工頭找人的農場和華人開的餐廳，都有很高機率碰到黑工。像是農場，過去已經發生多起案例，例如騙背包客住宿費、吃掉保證金、嚴重拖欠薪資等等；而華人餐廳的薪資通常低於合法薪資很多，但還是很多人搶著做，所以他們才這麼猖狂。建議大家小心之餘，盡量找合法的工作，如果不幸做到黑工或已經被騙，就要趕快收集證據，尋求管道檢舉他們。勇敢發聲，不僅能討回你應得的權益，還能為往後到澳洲打工的人創造一個更好的工作環境！

積欠薪水和退休金

澳洲是每週或每兩週發薪一次，而退休金是每3個月匯入你的退休金戶頭，相較之下，退休金比較容易被騙。一個合法的工作，雇主要從薪水額外提撥9.5%到員工的退休金戶頭。筆者(Irene)剛到澳洲什麼都不懂，就曾經被騙過一整年的退休金！後來才知道要定期到退休金帳戶查看有沒有入帳，等到想要檢舉時，工頭已經跑路找不到人。如果你發現被拖欠薪資或遲遲沒收到退休金，就要趕快收集證據、尋求管道檢舉，通常老闆收到檢舉，就會乖乖把積欠的薪水還給你，不然他們可能會面臨巨額罰款，所以千萬不要想說被騙就算了。(關於檢舉不法雇主，請參閱P.195)

知名台灣餐廳來澳洲開店，曾被多名員工檢舉而登上澳洲新聞，面臨數十萬澳幣罰款。

亂收保證金

在農場工作的時候，有的工頭會跟你收保證金，怕你做到一半就突然跑掉。這種保證金一定要事先講好，立下契約或收據。不然工作期滿後，工頭還亂編理由扣保證金就麻煩了。另一種情況是工作結束後他才跟你說要繳保證金，更狠的是直接從你最後一期的薪水扣，這絕對是有問題的。所以在一開始談工作時，就要先問清楚，如果對方還是亂收錢的話就叫警察來。

無薪試工

餐飲業比較容易遇到無薪試工，基本上半天以內的無薪試工都還算合理，這部分法律規定也有點模糊，規定是說試工期間只能作為「測試你的工作能力是否能夠勝任這個職位」為主，所以如果要你試工一整天卻沒有薪水，有些更誇張是要你試工一個禮拜，或是第一週試工薪水會低於最低合法薪資等等，乍聽之下以為很合理，其實都是非法的。

虛報稅金

你一週實賺400元，最後拿到的薪水數字卻怪怪的，問老闆或工頭，他們跟你說那是因為扣稅的關係，本來就會比較少，反正到時候退稅就會退回來了。是這麼說沒錯，可是你也要注意你到底扣了多少稅，有的惡質老闆會少給你錢，卻騙你說那是上繳的稅金，所以拿到薪水後記得核對薪資單上面的數字。如果你做的是黑工沒有薪資單，那你也只能相信他的說法了⋯⋯

注意人身安全

特別是偏遠地區的農場工作，女性背包客要特別留意農場主人或是一起同住的其他背包客，小心性騷擾甚至是性侵的可能。只要有覺得一點點怪怪的，請千萬馬上離開，不要再待下去了。而且請記得事後要把心得寫在網路上告知其他的背包客。

另外還要提醒的是身體健康的重要，有些工作需要長時間彎腰、跪坐在地上、持續性地使用剪刀或者是搬重物，短期也許沒關係，但長期下來一定會對你的身體有很大的影響。身體只有一個，不要為了賺錢賠上健康。

留下雇主的聯絡方式

你在離開一個工作之後，也許還有一些聯絡雇主的機會，可能你需要取得薪資總表，可能你需要討回遲給的薪水，甚至你可能還要回到同一份工作。因此留下聯絡方式是很重要的，如果你和雇主相處得很好，在離開澳洲前，不妨再跟他們聯絡一次，或是回到台灣再寄一張明信片給他們，相信會有很愉快的體驗。

Look!!

| 過 | 來 | 人 | 提 | 醒 |

如何預防打工陷阱

以上所說的注意事項都滿負面的，好像澳洲打工到處都是陷阱。雖然你應該會遇到很多好老闆，但是防人之心不可無。找到農場工作之前也可以到背包客棧的網站上看看之前有沒有該農場的討論，有些惡質的農場一直欺負背包客，可是每年還是有新來的不知情的背包客被騙，也許你會發現他們的名字就在討論區裡。

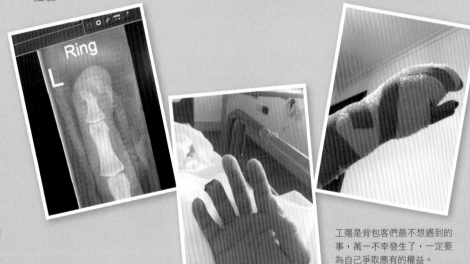

工殤是背包客們最不想遇到的事，萬一不幸發生了，一定要為自己爭取應有的權益。

如何檢舉不法雇主

　　如果不幸發生勞資糾紛，可透過澳洲的獨立政府機構「公平工作調查署(FWO，Fair Work Ombudsman)」來檢舉，就算你是做黑工，他們也只會就事論事調查，一樣會幫你討回應得的薪水。你也可以付費加入當地工會，他們有免費的勞工律師，可以幫你追討工傷賠償或積欠的薪水，通常比Fair Work有效率，缺點就是你要事先加入並定期支付會費。

【收集證據】

　　檢舉之前，記得收集你公司的資料(包含名稱、地址、電話)、公司稅號(ABN)和雇主聯絡資訊，以及盡可能收集以下證據，包含薪資單(Payslip)、薪資總表(Pay summary)、班表紀錄(Roster)、工作影音紀錄、通訊紀錄、匯款紀錄、就醫證明(如果發生工傷)等等。總之，就是要證明你有在這邊工作，可以證明你的工作內容、工作起始日、實拿多少薪資等等。如果不知道ABN，可以上網搜尋「ABN Lookup」網站，透過公司名稱找到ABN。

【檢舉管道】

　　收集好證據就可以準備聯繫「澳洲公平工作調查署FairWorkOmbudsman」，按照他們的流程進行檢舉。在網站上尋找「Fixing a workplace problem(解決工作場所問題)」，上面會教你如何解決各式各樣的勞資糾紛，若確定要舉報，可以尋找「make an anonymous report(匿名舉報)」，還可以選擇中文版，按照流程填寫資料即可，通常一週左右就可以收到回覆。

– Fixing a workplace problem

Fair Work
🌐 www.fairwork.gov.au
📞 13-13-94

以下兩個工會，是澳洲當地數一數二的工會。全國工人工會UWU保障多種職業，而澳洲肉品工會AMIEU主要保障肉品產業的工人。如果覺得有必要，建議開始工作前就要加入工會。

全國工人工會UWU	澳洲肉品工會 AMIEU
(United Workers Union)	(Australasian Meat Industry Employees Union)
🌐 unitedworkers.org.au	🌐 amieu.asn.au

CV製作小技巧

履歷要寫什麼？

履歷在英美稱為Resume，澳洲人則習慣叫CV。對澳洲人來說，履歷的構造很簡單，一張A4大小的紙，寫上你的個人資料就可以了。如果要再正式一點，就再加上一張Cover Letter自我推薦一下，兩張紙搞定。

製作履歷的時候，可以分成萬用版和特別版來思考。萬用版就是投什麼工作都適用的履歷，上面只要有基本的資料和聯絡方式就可以了。有時候你旅行到某個喜歡的城鎮，想在這裡找工作，萬用版履歷馬上就可以派得上用場。特別版則是依照想要投的產業類別專門設計履歷，因為資訊火力集中，成功的機率自然會比較大，但是你一定很忙，不可能每種工作都做一份，所以建議還是以萬用版為主，再針對你特別想應徵的工作設計幾份特別版的履歷就好。

關於說明信(Cover Letter)

Cover Letter是放在CV之前，用來自我推薦和說明來意的信件，通常比較正式的工作職位會需要。不過背包客在澳洲找的工作幾乎是以勞工為主，不需要這麼正式，準備一張CV就足夠了。除非你是透過E-mail投履歷，就可以將Cover Letter的內容直接寫在E-mail，再附上CV電子檔一起寄出即可(建議把CV存成PDF檔，格式才不會跑掉)。

說明信簡易範例

Dear Sir / Madam

My name is Irene, an 20 years old girl from Taiwan. I am currently holding First Working Holiday Visa(417)(如果是二簽就寫Second，三簽就寫Third). My visa will be expired on 12/31/2022(澳洲寫法是日/月/年). I would like to apply for a job which offered on website(可以直接寫明是哪個工作職位、在哪個網站找到的). I am reliable, flexible and enjoyed in teamwork. Please review my attached resume for more details. Looking forward to your replying. (如果是用E-mail，不要忘了把履歷檔放在附件！)

Thank you for your time and consideration.

Best Regard

Irene

在澳洲常常需要去Officeworks印東西。

哪裡可以影印？
要影印履歷，可以找連鎖文具店Officeworks，便宜實惠。如果真的找不到，也可以去各地的圖書館影印(貴得要命)。

履歷的主要內容

項目	撰寫說明及注意事項
姓名 (Name)	如果沒有英文名字，用中文拼音也可以，建議放在履歷最上方。
基本資料 (Contact Details)	個人資料(國籍、生日)、聯絡方式(電話、E-mail)、住址(有的話)、可工作的時間(Availability)、簽證種類及到期日(Visa type and expiry)。
工作經歷 (Experience)	建議寫相關的工作經驗，2～4個就好。如果有澳洲的工作經驗，建議放在最前面。
工作技能 (Skills)	會開怪手、泡咖啡、包壽司等，包含語言能力，如果有雅思(IELTs)分數可以寫上去(澳洲主要是看雅思)，或是你自行判斷你的英文程度並註明Beginner(初階)、Intermediate(一般)或Fluent(流利)。
個人特質 (Personality)	讓老闆初步了解你是什麼樣的人，主要寫這份工作需要的優點，像是可靠的(Reliable)、勤奮的(Diligent)，網路上有很多資訊可以參考。
教育背景 (Education)	寫科系和最高學歷就好，主要是讓人知道你可能有哪方面的專業。
推薦人 (Referees)	如果前一份工作做得好，可以和老闆或經理聯繫，拜託他當你的推薦人，你就可以在履歷寫上推薦人名字和電話，這對找下一份工作很有幫助，因為澳洲很重視推薦人。他們真的會打電話過去問喔！

澳洲打工種類全記錄 ｜ 找工作的七種方法

筆者(Irene)的履歷範例，僅供參考。

YI-PING, YU (Irene)
I am a reliable and diligent person. I'm also a fast learner, and a good team player. During my working experience of hospitality, I have paid great attention to create satisfied of customers. Especially energetic, motivated and willing to overcome challenges.

Personal Info.

Availability
Anytime

Visa
417 Working Holiday Visa
Expiry: 16 September, 2021

DOB
22 Apr. 1992

Nationality
Taiwan

Address
xxx road, Brisbane

Phone
0412-123-123

Email
abcde@gmail.com

Skills
• R.S.A certificate
• Sushi making

Language
• English (intermediate)
• Mandarin (Native)

Experience

12. 2022
|
08. 2022
Sushi Maker, Sushi Shop
Carindale, QLD
• Sushi making and hot food cooking.
• Preparing food ingredients.

07. 2022
|
01. 2022
Waitress, Sushi Emporium
Fortitude Valley, QLD
• Undertaking general duties including ordering, delivering meals to tables and settle the bills.
• Beverages and spirits making.

12. 2021
|
07. 2021
Trimmer, Thomas Foods International
Murray Bridge, SA
• Using whizzard knife to trim the fat of mutton.
• Trimming the meat.

06. 2021
|
01. 2021
Barista, Monocle cafe
Morningside, QLD
• Making coffee, milkshakes and smoothies.
• Preparing desserts and light foods.
• Cleaning and restocking.

Education

06. 2014
|
09. 2010
Bachelor's Degree in Information Management,
National Taipei University of Business
Taipei, Taiwan
• 13th Vice Director in street dance club
• 5th Artistic designer in student association of the department

結語

　　以上就是在澳洲找工作的教學，希望對大家有幫助，如果你不知道在澳洲可以找什麼類型的工作，後面會一一介紹背包客在澳洲常做的工作種類，讓你們對澳洲工作有一個基本的概念，找工作時也比較有方向，但是不要因此被侷限，背包客可以做的工作其實還有很多種，只要注意不要犯法，你也可以嘗試走出屬於你不一樣的道路喔！

植物系　農場、果園、蔬菜工廠

農業是背包客在澳洲最有可能參與的工作。你將會待在鳥不生蛋的鄉下地方，和一起住的朋友在日夜相處的勞動生活裡產生革命情感。不過先不要把田園生活想得太浪漫，這裡不是開心農場。每個說自己很能吃苦的，一上場都是唉唉叫。農業相關工作可以粗分為兩類，一類是真正的果園或田園，一類是清洗和包裝的工廠。能去工廠就去工廠，因為絕對比農園輕鬆。不過相同點是都很無聊。農園的工作依作物的種類和工作性質，在薪水和難易度上也有所不同，請看本篇的說明。

農產採集 Agriculture Collection

葡萄 *Grape*

西南澳、南澳、維多利亞、新南威爾斯到塔斯馬尼亞，到處都有葡萄園(Vineyard)。葡萄是你在澳洲最容易遇到的工作了。內容還可以細分為育成期的「蓋網」(Cover)、成長期的「疏葉」(Thinning)、成熟期的「摘採」(Picking)、採完之後的「剪枝」(Pruning)。最簡單的工作是蓋網和疏葉，再來是摘採。

摘採要看季節和薪資支付方式，如果正值產季的話還好，產季末尾時很多葡萄都乾掉變成葡萄乾了，這時候採起來就很辛苦，如果又遇到契約型的計薪方式，根本賺不到什麼錢。

最可怕的就是剪枝了，剪枝是把採完葡萄後的老藤枝剪掉，所以你會不斷地使用剪刀，長時間地反覆按壓會造成職業傷害，而且還會常常剪到手，如果用的是電剪，一不小心還有可能把手指頭都剪斷。如果你有朋友在葡萄園剪枝，他的部落格卻突然很久都沒有更新，記得打電話關心一下他的手指。☹

產物收成時間查詢

http jobsearch.gov.au/harvest

別忘了到澳洲政府網站下載《澳洲農業收穫指南》的PDF檔喔。裡頭會幫你把所有的產物和收成時間列出來，你就可以預先分配工作的時間了。

1.《澳洲農業收穫指南》會介紹所有農產地的作物和收成季節。
2.葡萄的淡季和旺季，好不好賺差很多。(圖片提供：Neo)
3.一個星期之後，你會變得討厭剪刀。(圖片提供：Neo)
4.(圖片提供：Sophia)

 # 草莓 *Strawberry*

採草莓有兩種，一種是種在地上的草莓園，一種是種在高架上的草莓園。如果是高架草莓園，那真是恭喜你了，你只要推著放草莓的推車，在草莓園裡邊走邊採就好了。雖然你可能會抱怨推車很重，但是請你摸著良心，想想那些在一般草莓園工作的朋友，他們都要跪著或是趴在地上採草莓，長期下來不是腰痛就是膝蓋痛。這個時候，你就會覺得自己可以用兩隻腳站著，實在是很幸福的事。☺

芒果 *Mango*

芒果出現在以熱帶氣候為主的北邊，北領地和西澳的北端都可以看到芒果的蹤影。芒果是很恐怖的作物，因為你在把芒果從梗上剪下來的時候，斷枝處噴出的樹液是有毒的，噴到身上會讓你灼傷毀容，有過敏體質的話可能會腫得像豬頭一樣，噴到眼睛還可能會失明，總之就是毒得不得了啦！澳洲又沒有像台灣有「破布子」可以用來解毒，所以真的要去芒果園工作，一定要把全身都包得緊緊的(不過天氣很熱……)。

1.採草莓最愉快的就是偷吃的時光！
(圖片提供：Sophia)
2.第一次看到地面上的草莓田會很開心，但是一個星期之後……(圖片提供：Sophia)

3.起重機會穿梭在田裡收集裝滿作物的箱子。
(圖片提供：Neo)
4.休息時遮蔭的小工寮。(圖片提供：Sophia)
5.考驗腰力的南瓜們。(圖片提供：Neo)

蘋果 *Apple*

在農場工作裡，蘋果算是相當乖巧的水果，好摘又好拿。唯一要注意的是，蘋果長在樹上，摘採時需要用到梯子。另外和蘋果等級相當的還有桃子、李子、梨子、鱷梨這些水果，洋人通稱他們為核果(Stone Fruit)，也就是長在樹上，切開來裡頭會有果核的水果。

5

香蕉 *Banana*

香蕉是熱帶作物，主要出現在昆士蘭北部和西澳北部，全年都有收成。香蕉是很和善的作物，主要的工作大概是綁香蕉、砍香蕉和拔香蕉，算滿簡單的。唯一要注意的是香蕉其實很重，一大串香蕉集合起來背在背上真是重得不得了，從二十幾公斤到八十公斤都有。男生如果要練身體，香蕉會是一個不錯的選擇。女生的話，大多會被放在香蕉包裝工廠裡當「蕉蕉女」。☺

附帶一提，昆士蘭還有在賣用香蕉纖維做的男性內褲。

櫻桃 *Cherry*

像櫻桃與藍莓這種小型的水果可以說是農產採集之王。以櫻桃為例，它單價高，又輕又好採，而且產季來臨的時候一次可以產非常多，如果以契約制計算，可以在短期間賺不少錢。但是每年去採的人都很多，通常在你排隊等待時，就已經先花了很多錢。

瓜 *Melon*

西瓜、南瓜、甜瓜、香瓜、哈密瓜……除了小黃瓜以外，只要是名字裡有「瓜」的，都不是好惹的！一來它們長在地上，二來它們都有一定的重量，所以可說是最容易讓人閃到腰的水果，搬運時請小心。相同等級的還有會刺人的鳳梨。

柑橘 *Citrus*

「Citrus」這個字泛指柑橘類的水果，像是橘子、柳丁、葡萄柚、檸檬之類的水果，這類的水果算是好採，不過採的時候受天氣影響很大。一下雨的話就不能採收，偏偏採收期又常常會下雨，讓你看得到吃不到。

蔬菜 *Vegetable*

蔬菜類的工作大概可分為採收和種菜。基本上都要蹲在地上，作物像是蘆筍、高麗菜、青椒、蘿蔔之類的。另外也有搭支架讓藤蔓類作物生長的，像是番茄、豆子、小黃瓜……等，就比較輕鬆一點點。

花卉 *Flower*

花卉類的工作通常比較輕鬆，因為大部分是在室內或是半室內的環境進行的。把種子種進混合了肥料的土裡，把花苗搬來搬去等等，除了肥料比較臭、翻土會手痠之外，也沒什麼好抱怨的。

除了上述的分類之外，還有一些其他的作物，像是菸草、堅果、棉花、橄欖、樹苗……等。各有各的樂趣與痛苦，就看你的運氣如何啦！

1.採橄欖大概都是偶爾出現的小零工。
(圖片提供：Sophia)
2.在葡萄酒工廠裝箱貼酒標是不錯的工作。
(圖片提供：Neo)

農產加工
Farm Processing

可以選工廠工作就不要選農場工作，最簡單的理由就是不用曬太陽。農產品的工廠大概就是「挑選」(Sorting)和「包裝」(Packing)這兩大類。像是洋蔥工廠、馬鈴薯工廠、蔬菜包裝工廠……種類很多。要找這類的工作：第一靠朋友介紹，再來是靠仲介，不然就上網查查這些工廠在哪裡，自己跑一趟。比較特別的是像種蘑菇的蘑菇工廠，這種工廠就要做和種植有關的工作。另外在南澳還可以找到穀倉管理人員，或是釀酒工廠的工作。

農產販賣
Farm Sale

菜市場就是農作物進到你購物袋之前的最後一站了。你可以在各個大城市的果菜市場，找到幫忙叫賣算錢的工作。這種工作通常只有直接去找商家丟履歷才找得到。最好利用早上還沒開攤前的空檔去找，不然一旦開市，大概就沒什麼人有空理你了。

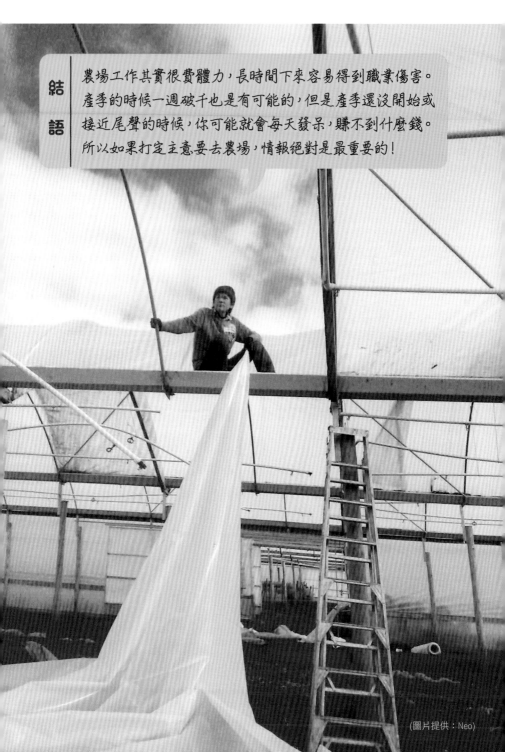

結語

農場工作其實很費體力，長時間下來容易得到職業傷害。產季的時候一週破千也是有可能的，但是產季還沒開始或接近尾聲的時候，你可能就會每天發呆，賺不到什麼錢。所以如果打定主意要去農場，情報絕對是最重要的！

(圖片提供：Neo)

動物系 龍蝦、肉類工廠、漁船、肉品店

　　相對於植物系的工作，當然也有動物系的工作，但你可能很難找到畜牧相關的工作(WWOOF的話還有可能)，因為照顧活的動物通常需要一些經驗。不過對於處理已經死掉的動物，就可以讓背包客來做了。

(圖片提供：蝦倫)

牛、羊、雞肉工廠

Meat Factories

澳洲肉工廠名單：上網搜尋「aus-meat accreditation listing」可免費下載由澳洲肉品畜牧協會(Aus-Meat)所提供的PDF檔，裡面列出所有紐澳肉類工廠名單與聯絡方式。

在肉工廠裡工作需要力氣大和膽子大，因為你每天都要搬動被肢解的動物屍體。尋找這類的工作有4種途徑：仲介介紹、上該肉品公司網站填資料、直接到該公司填詢問填資料、朋友引薦。通常如果你應徵上了這類的工廠工作，因為一天到晚接觸的都是血淋淋的環境，所以公司都會幫你先施打預防針。工作大概可以分為「肢解」和「包裝」兩大類。

肢解類

肢解的部分就是待在生產線上，每天做同樣的動作，像是用機器把羊皮撕下來、用各種不同的工具把牛分解成小塊、把牛的內臟從已切開的身體裡「抱」出來丟到處理槽等等，工作內容比較恐怖。分解動物的部分還分為冷切和熱切，冷切的工作環境溫度就比較低。這些工作通常只要男生，而且真的很粗重，請想清楚再做，不要講起來都一條龍，做起來一條蟲。

包裝類

相對地較輕鬆，就是把切好的牛、羊肉依部位一箱箱地分裝好。這類的工作通常需要女生。

1.在肉工廠工作就要有和肉塊相處的心理準備。
2.工廠裡的盥洗室。
3.掛吊在輸送帶上的牛隻屍體。
（**1~3.**圖片提供：振華）

龍蝦工廠 Lobster Plant

龍蝦工廠與龍蝦們。(圖片提供：蝦倫)

　　龍蝦工廠只有在西澳特定的幾個地方有，找工作的途徑主要是朋友介紹或直接到公司投履歷。工作內容差不多是：折斷龍蝦頭，再把龍蝦分解、煮熟、清洗、包裝。龍蝦工廠在旺季的時候可以賺很多錢，不停折蝦頭、折到手腕受傷的也大有人在。通常女生會做包裝的工作，男生就什麼都做啦！

　　相關工作還有昆士蘭的蝦場工作，主要是餵餵蝦苗、收成大蝦子，相較於龍蝦來得簡單。另外各地也會有漁貨工廠，工作內容也差不多，就是整理漁貨，開大卡車載漁貨之類的。

漁船工作 Fishing Vessels

據訪問過的漁夫說，他們在船上下班後，最常做的娛樂就是釣魚，這……

　　捕魚或是捕蝦船上的工作不是那麼好找，船長多半需要有經驗的人，因為船上的工作真的非常累人。這類工作可上尋工網站(詳見P.243)搜尋Deckhand，或是透過海港城市附近的仲介，甚至直接去港口找船隻一艘一艘地問船長有沒有缺人。

　　捕魚的工作薪水有的是時薪，有的是依漁獲量的多寡來分紅計算，不過不管怎麼算，工時都很長，所以算是薪水滿高的工作。但

肉店與魚店 Butcher and Fish Shop

上面講的都是肉品的上游產業，肉店與魚店就是產業末端的零售業了。這些通常是自己跑去店裡問有沒有工作才找得到。

肉店的工作內容，不外就是處理肉片，做成肉捲、肉排之類的東西，可能還會有收攤之後清洗盤子之類的事。可以學到連字典裡都找不到的肉品名稱，算是很簡單的好工作。

在魚店或肉店工作，都會學到很多奇妙的肉類單字。

結語

因為處理的是肉品，所以工作環境相對也比較嚴苛一點(高溫、低溫、腥臭等)。只要能忍受這些條件的話，普遍來講動物系工作薪水都不錯(雖然也是有黑工)。而且做了肢解動物的工作後，可能有好一陣子你都不會想吃肉類，無形中也可以多省一點錢。

是漁船工作非常需要體力，而且長時間都要待在船上，出船一次大概要1～3個月才會回來，在船上沒有什麼娛樂，收工之後你能做的大概就是釣魚吧！這個工作基本上是男生做的，不過筆者也曾聽過有台灣女生到船上當廚工，負責煮三餐給漁夫們吃。當然，如果你會暈船的話，就什麼都不用講了！

漁船工作可以在西澳的Fremantle、北領地的達爾文、昆士蘭的凱恩斯等地找到。

Dining Series

餐飲系

廚助、侍者、咖啡師
酒保、速食店、超市

　　如果想待在城市生活，又想練習英文，而且沒有集簽壓力的話，餐飲業會是你在澳洲打工的最佳選擇，你會遇到各式各樣的澳洲客人，還有機會進入全英文的工作環境，雖然能訓練的英文範圍有限，至少也比每天面對不會講話的蔬菜水果好多了。本篇會介紹餐飲業常見的工作種類，幫助大家事先了解工作內容，或許你會發現在澳洲餐廳工作，沒有想象中這麼難喔！

餐廳 Restaurant

餐廳的工作主要分成外場和內場，外場需要具備一定的英文能力才能勝任，不然你聽不懂客人講什麼或點錯客人餐點，客人就會投訴，所以老闆在找外場時會優先考慮對方的英文是否可以應對客人，主要工作包含點單、收桌、上菜和收銀等等，舉凡廚房以外的所有事務都是由外場負責，有些餐廳外場還要幫忙洗碗；內場對於英文的要求較低，但廚房的辛苦程度有時候並不亞於工廠，因為工時很長，除了快速完成客人指定餐點，有些店還要做外送APP的單，用餐時段會非常忙，忙做菜、忙備料、忙清潔……每天都是同樣的循環，比較適合體力好、抗壓性強的人，而且不能太笨！

壽司店

如果你自認英文不佳，又想體驗餐廳工作，可以考慮先應徵壽司店，澳洲人很喜歡吃壽司，所以澳洲有非常多壽司店，只要學會「包壽司」這項技能，基本上不用擔心在城市活不下去。大部分壽司店是華人開的，英文要求門檻低，比較在乎你做壽司的速度和美觀度，雖然薪水通常不高，很多店只會給最低時薪。有些人會先到薪水低的壽司店學包壽司，有經驗之後，再跳槽到薪水較高的壽司店工作，因為有經驗才比較好談薪水。

1.這是筆者(Irene)做過薪水最高、最累的一間壽司店。/ 2.萬聖節還要戴面具做壽司。/ 3.每次客人點Sushi Platter(壽司拼盤)，我們都會忙到不行。

Look!!

| 過 | 來 | 人 | 提 | 醒 |

備戰眼花撩亂的壽司料

學包壽司最麻煩的就是要背壽司料，看到琳瑯滿目的壽司真的會暈倒，所以剛開始上班的時候，一定要準備紙筆，盡量記下每個壽司要包的料有哪些，回家也要複習，然後隔天上班大廚就會很驚訝，你怎麼學得那麼快！不過其實做久了，被罵個幾次，你就會記得了。

咖啡廳 Coffee Shop

　　澳洲的咖啡廳多到數不清，這邊的咖啡廳就像澳洲人的早餐店，很早開也很早休息，通常下午兩點過後，就很難找到可以喝咖啡的地方，適合喜歡早點下班或晚上想另外兼職的人(如果你想當超人的話)。

咖啡廳工作內容

　　除了跟餐廳一樣有內外場，還多了一個咖啡師(Barista)的職位，內場工作和餐廳差不多，只是換成西式早午餐。外場又叫做All-rounder或FOH，除了負責外場事宜，可能還要製作冰沙、奶昔和其他非咖啡的飲品；而咖啡師的工作就是專心製作咖啡，澳洲的咖啡點法和台灣不太一樣(關於在澳洲點咖啡，請見P.108)，想要當咖啡師，一定要先學會在澳洲點咖啡！

咖啡廳應徵祕訣

　　如果你想當咖啡師，但是沒有經驗，建議不要直接應徵市區的咖啡廳，因為市區算一級戰區，非常要求速度和質量，一天上百杯都是家常便飯，市區老闆通常不會讓新手坐鎮咖啡師。建議先從郊區的咖啡廳開始應徵，因為郊區的客人主要以退休老人為主，他們對咖啡的要求就是，只要有咖啡就好⋯⋯也不像市區這麼忙碌，老闆比較有時間教你做咖啡。不過也不因此就小看郊區的咖啡廳，有些郊區的店也很忙。

1.澳洲人習慣稱大杯是Mug，小杯是Cup。 / **2.**筆者(Irene)在澳洲的一間咖啡廳工作。 / **3.**這位澳洲弟弟上班很混，但是人很好(P.S.他小我10歲)。

|過|來|人|提|醒|

Look!!

咖啡師經驗勝過證書

　　澳洲有很多Barista證書的課程，但是相信我，取得證書對找咖啡師的工作幾乎沒有加分效果，澳洲老闆比較看重經驗，但是上課可以幫助你掌握做咖啡的基本訣竅，如果有機會到咖啡廳上班，可以讓你更快上手。

超市 Supermarket

　　澳洲除了三大超市Woolworths、Coles和ALDI，還有一些地區型的小超市，像是IGA、Spar和亞洲超市等等，以及便利超商7-11，這些背包客都可以嘗試應徵。超市工作需要負責收銀，所以英文不能太差。除了到官方網站投履歷，也可以直接拿履歷到店面，親自交給店員或駐店經理。超市的工作內容以收銀、包裝、補貨、生鮮處理和倉儲人員等為主。

超市工作內容

　　筆者(Irene)曾在疫情期間有機會到來自荷蘭的Spar超市工作，主要內容為開店、收銀、補貨、準備熟食、檢查過期品，以及定期更換價格標籤；其中最累的是補貨，尤其是補牛奶、飲料和冷凍食品(會補到手凍僵)，再來就是經常遇到客人偷東西，特別是

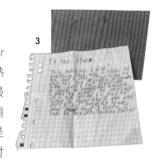

澳洲小屁孩，他們很喜歡偷偷把糖果塞進口袋不付錢，基本上被抓到後，他們都會乖乖把東西交出來，除非他們一偷完東西馬上拔腿狂奔，那就不要追上去了，因為這樣很危險。總而言之，超市的工作很繁雜，但是有機會獲得不一樣的體驗和歷練。

1.每次補貨都要拆開一堆紙箱。 / 2.下班之前要算零用金，算錢是最麻煩的。 / 3.澳洲媽媽發現自家小孩偷東西，要求小孩寫信道歉。 / 4.幫客人結帳其實滿輕鬆的。

Look!!

|過|來|人|提|醒|

販售菸酒，務必檢查對方證件

　　如果有客人要買菸酒，一定要記得檢查他們的證件，如果對方說證件忘了帶，並且看起來未滿18歲(通常看起來低於25歲就要檢查)，千萬不能在沒有檢查證件的情況下賣給對方，因為在澳洲，若是賣菸酒給未滿18歲的年輕人，只要被抓到一次就是罰金上萬澳幣！

速食店 Fast Food

　　澳洲的速食店有麥當勞、肯德基、Hungry Jack's、Subway、Pizza Hut、達美樂、Red Roaster……以及大大小小連鎖或是自營的速食店，數量非常多，也難怪澳洲是全世界胖子比例最高的國家。你可以在速食店找到廚房人員(備料、炸薯條、煎肉餅等)，或是櫃檯的工作，當然關店後也要負責清潔。另外在披薩店還可以找到外送人員的工作。

　　因為速食店員工流動的速度比較快，所以通常都會有很容易上手的標準作業程序(SOP)讓你參考，不用太擔心學習的問題，只是英文溝通能力就真的滿重要的。通常鄉下地方的速食店比較缺人，薪水也會比城市裡的高。

應徵速食店工作的方法

　　如果想應徵連鎖速食店的工作，通常直接到店面投履歷都會被退回，他們會要求你到各大官方網站應徵。你只要上網搜尋想應徵的速食店名稱，然後輸入「Careers」，就可以找到該速食店的求職頁面，直接按照上面的步驟應徵即可。不過澳洲的連鎖速食店，比較偏愛雇用低於20歲的童工，因為童工的法定薪水比較低，所以背包客申請成功的機率滿小的。

1.伯斯市中心裡肯德基、麥當勞、Hungry Jack's都擠在同一條街的情景。
2.麵包店也是不錯的打工地點。
3.愛麗斯泉的披薩店生意可是很好的。

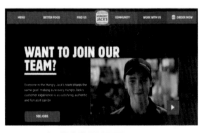

Hungry Jack's的求職網站頁面。

如何取得酒保證照

想取得酒保的證照只要到各大城市的遊客中心詢問，或是上網搜尋「Bar School」或是「RSA License」就可以找到相關的機構。

酒吧 Bar

如果你想要在酒吧工作，就必須取得合格的證照。因為賣酒給客人是有責任的，如果他喝醉了，你當然就不能再給他酒，同時也要維護整個酒吧的秩序，因此在澳洲和賣酒相關的證照有兩種：「RSA」和「Security」。Security就是安全人員，除非你有深厚的實戰武術底子，不然亞洲人很難應徵得上，要考這張證照也要上課3個星期。RSA(Responsible Serving for Alcohol)就簡單多了，分成實體和線上考試。實體考試是半天課程，報名費為澳幣80～100元；線上考試則是一定期限內要完成線上作答，可以翻書(Open book)，報名費也比較便宜，約澳幣15～40元都有。課程的內容主要教你怎麼判斷客人的狀態、顧客喝醉了要怎麼應變之類的事，都還滿簡單的。取得證照後就可以當酒保了，如果對調酒技術有興趣，還可以繼續去TAFE上調酒課程。

旅館附設餐廳 Hotel Restaurant

大型一點的旅館、飯店裡會附設餐廳和酒吧，而且福利都還不錯。也是找餐飲類工作的好地方。

結語

找餐飲業工作時，最好避開繁忙的午餐時段，不然你送出去的履歷也沒有人會看。如果可以的話，最好直接找經理，跟他說明來意。記得微笑，跟經理大方地握個手，流利地自我介紹一番(在家裡就先練習一下)，不要丟了履歷就走，那店裡的人當然也就隨手丟了你的履歷(想想，他們一週可能收到幾百張履歷)。當你跑了幾十間還是找不到工作，事後也不用得意地跟朋友吹噓「我一天就跑了幾十間」。拜託，目標是找到工作，不是在比投多少間的好嗎？

Cleaning Series

清潔系　房務人員、清潔工

　　清潔系的工作還滿簡單的，基本上就是打掃和整理。而且大部分在室內，不用風吹日曬、薪水又不錯，算是背包客的理想工作。主要有旅館房務人員和清潔公司兩種。房務人員在定點工作，做久了會覺得無聊，不過因為時間比較固定，還可以再去做其他的事；清潔公司可能就要到各個不同的地點去工作，相對好玩一點。

Look!!

|過|來|人|提|醒|

澳洲好人卡：良民證(又稱無犯罪紀錄證明)

　　在澳洲應徵某些旅館清潔人員、賭場服務人員或保母等工作時，對方會要求你出示良民證。良民證的申請方式分成線上和郵寄兩種，建議線上申請比較方便，網上搜尋「National Police Checks」即可找到申請網站，選擇「Online Application(線上申請)」並按照頁面步驟申請即可，申請一份的費用是澳幣42元。記得掃描好以下申請文件：護照、金融卡或信用卡(卡上姓名需與護照姓名的英文拼音一致)、存款證明(Bank Statement，可以跟銀行要)。只要文件分數湊齊100分就可以了。遞交申請後，約一週就會收到紙本良民證。雖然良民證是由澳洲聯邦警察單位(AFP)辦理，但千萬不要跑去找路上的警察局申請，警察不會理你的！

旅館房務人員
Hotel Housekeeping Staff

客房服務的工作內容很簡單，就是把住客們使用過後的房間恢復原狀。內容大概有鋪新床單、換枕頭套、使用吸塵器清潔地板；清理浴室並補充肥皂、洗髮精和衛生紙，替換毛巾和浴巾等等。基本上都是簡單的事務性工作。有時候會兩人一組搭檔，有時則要一個人做完所有的工作。如果是一個人的話，每天做這樣的工作又沒有人聊天還滿無聊的。

應徵方式通常是直接向旅館拿表格填寫應徵。有部分的旅館會把找人的工作外包給仲介，可以向這些旅館的服務人員詢問仲介的聯絡方式。如果你在有名的高級飯店工作過，而且老闆對你的印象還不錯，之後你再找同類型的工作就會比較吃香。

客房服務是很搶手的工作，因為薪水好，工作內容不會太累，也曬不到太陽，排班排到假日的話還會有假日津貼，有的甚至是雙倍薪水。但好的工作自然不是那麼容易找得到。直接向旅館投履歷，看運氣的成分比較高；如果有在裡頭工作的朋友幫忙介紹，成功的機率才會比較大。

客房服務的季節性和地域性

客房服務有季節性和地域性的差別。以季節

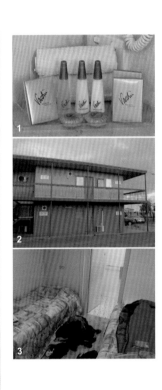

1.四星級以上的飯店，廁所裡每樣東西都要擺得好好的。
2.澳洲的旅館如果不是在大城裡，樓層通常都不會太高。
3.收拾房間的時候常常會撿到一些奇怪的東西。

性來說，夏天的塔斯馬尼亞和冬天的達爾文，或像雪梨跨年、墨爾本的網球公開賽，在這些特別的時間點裡因為遊客眾多，所以房務人員的需求就會增加。相反的，冬天的阿得雷德和伯斯，雖然還找得到客房服務的工作，但是因為住房率低，所以工時可能也不高，就會影響到收入。

地域性則是和觀光客有關，像西岸的布魯姆、中間的愛麗絲泉，這些著名的觀光度假地旅館林立，需要的房務人員自然就多，也比較不受季節影響。

清潔公司
Cleaning Companies

清潔公司的工作主要是清潔大樓或是住家內部，有標準作業程序，從屋頂到地板都清理得乾乾淨淨。因為每天清潔的地方都不一樣，比房務人員有趣一點。通常都會在室內工作，同時間會有好幾個人一起工作，跟同事熟了之後可以聊天開玩笑，對英文滿有幫助的。工作來源主要是仲介。筆者曾靠仲介在南澳找到清潔救護站的工作，一邊旅行一邊打掃，跟同事們日夜相處像是一家人，非常好玩。

結語　大部分的清潔工作對於背包客來說，都是待遇好工作又輕鬆的肥缺。所以運氣好得到這份工作的背包客們，不妨在臨走時推薦自己信得過的好朋友來做。如果你不幸遇到了老是被通知休息不上班的清潔工作(住家清潔就常會遇到這種情況)，建議還是開始準備找下一份工作比較實際。

節慶系

皇家秀、馬戲團、F1及澳網

　　澳洲在舉辦各大節慶活動時，都會聘請臨時工作人員，好處是工作場所很歡樂，會成為你一輩子難忘的體驗，壞處就是會很忙碌，但這樣的臨時工薪水通常都很高。疫情期間很多活動都停辦了，幸好現在這些活動已經陸續回歸，本篇將會介紹幾個澳洲著名的節慶活動，如果有興趣，一定要把握在活動開始前應徵！

皇家秀 Royal Show

　　皇家秀原本是澳洲各地農畜產品的年度商業集會，後來聰明的商人把遊樂設施和其他的活動也一併納入，於是變成了各地的盛事。皇家秀的概念就像馬戲團一樣：商展、農畜展和遊樂設施(包括雲霄飛車、摩天輪等大型遊樂機械)會巡迴全國各地，讓當地人可以一起參與。想買羊毛的去買羊毛、想坐咖啡杯的去坐咖啡杯，是一個集合了遊樂與產業展示會的熱鬧活動。有些州的學校甚至會特地放假，讓小朋友可以去參加皇家秀，可見這個活動對澳洲人來說有多重要。

　　每年每個州舉辦皇家秀的時間差不多是固定的，只是舉辦的日數會隨著該城市的人口數量而有所調整，像墨爾本大概會有11天，而達爾文大概就只有3天。在皇家秀來到城市之前，官網上就會放工作面試的消息，許多客棧的布告欄也會開始出現徵人的告示。這時候你就可以去應徵工作了。如果你錯過這一波的徵人，也可以在皇家秀正式開始的前幾天、場地還在搭建的時候，一大早直接去找每個攤位的負責人談。有時一些較晚才徵人的攤商可能還會缺人。

　　皇家秀的工作因為工時很長，所以薪水算是滿高的，當然依你的攤位內容不同，薪水也不太一樣。工作內容有在食物攤位準備食材、在遊戲攤位招

皇家秀舉辦地點及時間

製表／陳銘凱

州	地點	時間	網站
首都直轄區 ACT	Canberra	2月下旬，約3天	www.rncas.org.au
昆士蘭 QLD	Toowoomba	3月底4月初，約4天	www.toowoombashow.com.au
新南威爾斯 NSW	Sydney	3月底4月初，約12天	www.eastershow.com.au
新南威爾斯 NSW	Bathurst	5月初，約3天	www.bathurstshow.com.au
北領地 NT	Alice Springs	7月上旬，約2天	www.alice-springs.com.au
北領地 NT	Darwin	7月下旬，約3天	darwinshow.com.au
昆士蘭 QLD	Brisbane	8月上旬，約10天	www.ekka.com.au
南澳 SA	Adelaide	9月上旬，約9天	www.theshow.com.au
維多利亞 VIC	Melbourne	9月中旬，約11天	www.royalshow.com.au
西澳 WA	Perth	9月底10月初，約8天	www.perthroyalshow.com.au
塔斯馬尼亞 TAS	Launceston	10月上旬，約3天	launcestonshowground.com.au
塔斯馬尼亞 TAS	Hobart	10月下旬，約4天	www.hobartshowground.com.au

待客人、在販賣部裡賣福袋、或者是操縱大型遊樂器材等等。皇家秀停留在一個城市的時間並不長，是屬於月分限定的工作，但是如果你跟老闆的關係不錯，那麼皇家秀結束要移動到下一個城市的時候，也許你也可以跟著老闆一起跑。

太陽馬戲團 Cirque du Soleil

　　著名的太陽馬戲團每隔2～3年都會到澳洲巡迴演出，雖然你可能不會雜耍，但你也可以去當臨時的工作人員，掃掃地、賣紀念品、做爆米花什麼的。而且太陽馬戲團和皇家秀一樣，都會巡迴各地，如果在裡頭工作，就可以跟著巨大的帳篷一起在大城市之間移動，還可以看到免費的世界級表演。想找這份工作，就要先到太陽馬戲團的網站去查巡迴路線，他們要去一個城市搭帳篷之前，一定會有相關的宣傳活動，你可以先主動聯絡他們，說明你想當工作人員，接下來就看你的運氣囉！

F1 & MotoGP Racing

　　每年年初在墨爾本的Albert Park會舉辦澳洲一級方程式大賽，也就是大家熟知的F1賽車。另外在10月時，墨爾本附近的菲利浦島還會舉辦500cc級的摩托車世界大賽(MotoGP)。像這樣的活動你也可以去當工作人員，找工作的途徑也是透過客棧公布欄以及主動聯絡。工作內容多是清潔與打雜。

Look!!

|過|來|人|提|醒|

節慶工作注意事項

　　做節慶系的工作有一點要特別注意：在這類的工作場所，臨時工作人員都很多，因此容易有小偷。曾在皇家秀工作的背包客們，很多人都有東西被偷走的經驗，所以請多注意自己的財物，貴重物品像是筆電之類的東西，沒事不要帶到工作場所來。

節慶系活動官網
太陽馬戲團官網
http www.cirquedusoleil.com

F1方程式賽車官網
http www.grandprix.com.au

MotoGP摩托車大賽官網
http www.motogp.com

澳洲網球公開賽官網
http www.tennis.com.au

澳洲網球公開賽 Australian Open

澳洲網球公開賽是網球四大滿貫賽事之一，通常於每年1月的最後兩個星期在墨爾本舉行。這兩個星期裡，全世界的網球迷都會緊盯著電視轉播。當然，這麼巨型的活動，你也可以有機會去當工作人員。在比賽開始籌備的時候，客棧的公布欄會開始出現徵人的廣告，要不你也可以直接打電話給主辦單位。工作內容大概也都是打打雜、掃掃地。

在澳網當工作人員，說不定還會遇到台灣來的球星呢！

結語

看到這裡你應該會了解，要找節慶系的工作，其實方法都差不多。除了上述幾項比較大的活動，全澳各地常常都會有一些中小型的節慶活動，像是賽馬、賽駱駝之類的。如果遇到了，不妨毛遂自薦，主動去爭取工作吧！

Build Series

營建系 工地工作

想要待在大城裡，除了餐飲業和旅館業之外，其實你還有
另外的選擇，譬如說：工地。

建築工人 Construction Workers

　　不像華人社會有輕視勞工的陋習，在澳洲，穿著螢光背心的建築工人們是受市民尊敬的，因為他們才是建造城市的英雄。再加上澳洲缺乏人力資源，所以建築工人薪水是很高的。

　　像這樣出賣勞力的工作，背包客當然也可以做。而且工地每天都有工作，不像農場會有因天氣而強迫休假的情況。

薪資計算方式

　　建築工作和農場工作的薪資計算方式類似，也可以分成兩種：

❶ 時薪制：固定時薪

　　大部分的工地工作，尤其是在工地建設的前期，因為工作性質的關係，幾乎都是這樣的計薪方式。工地工作都是粗重或是高危險性的居多，像是搬重物，操作圓鋸鋸磁磚……等等，但其中也是有好康的。譬如「掃地」，把工地裡的塵土和垃圾清出去，男女皆宜，簡單，薪水又高。

　　筆者在工地工作時，遇過一個土耳其人，他的工作是坐在電梯裡，登記使用電梯者的名字，沒事的時候就玩「數獨」。不過也因為他的工作太簡單了，讓大家眼紅，每一個進電梯的人都會捉弄他。

1.澳洲的工地有來自世界各地的工人，但是澳洲人卻非常稀有。
2.徒手把鋼片折彎的波蘭人同事(折彎當然是騙人的)。
3.蓋房子這件事說起來還滿有成就感的。

② 契約制：做越多賺越多

契約制多出現在工地後期的裝潢階段，譬如用矽膠填縫的防水工程或是油漆工程。以做一間廚房多少錢、一間浴室多少錢的單位來計價，做得越快領得越多。筆者曾遇過一個菲律賓阿伯，是非常專業的矽膠填縫大師，用契約制一星期居然能賺澳幣1,800元，看到他的薪資單我眼珠子都快掉出來了。但是在工地工作，越想加快速度越容易受傷，要特別注意。

特殊技能勞工
Special Skill Labour

有的人在台灣會開堆高機(Forklift)、有的人是專業的電工、有的人會開大貨車甚至是連結車，這些工作技能在澳洲都可以找到高薪的工作，但是你必須要有澳洲的執照才行。如果你有閒錢和時間，也可以上網找這些特殊的課程來上，然後再去考張執照。不過有執照不保證一定有工作，畢竟你的身分是背包客，有些工地還是會把技術性的工作留給當地人，所以要不要做這個投資就要考慮一下囉！

矽膠填縫大師就是這位橘衣大叔，目前已經賺飽錢回菲律賓開便利商店了。神乎其技的他應該也算特殊技能勞工吧！

勞工安全卡 White Card

想在工地工作，就一定要俗稱白卡或藍卡的「勞工安全卡」。你必須先付費上過勞工安全的課程，並且通過考試，才能取得勞工安全卡到工地工作。參加考試的方式有兩種，一種是去找仲介應徵時，仲介就幫你安排課程與考試，課程約一個上午，考試很簡單，不用太擔心。另一種是直接到網站上做線上授課和考試(考試不限時，你可以拼命查字典，只要你有行為能

力都一定會通過)，確定考過之後用信用卡付費，過一兩天卡就會寄來了。

原本不同州發行的勞工安全卡有不同的顏色，像是昆士蘭、西澳、塔斯馬尼亞的卡都是藍卡的，加上藍色是代表勞工階級的顏色，所以才會被稱為藍卡(維多利亞叫紅卡、新南威爾斯叫綠卡)，不過在2009年之後，全國都統一使用「白卡」。不同的州可以發行屬於自己的白卡，但是只要你通過了任何一州的考試，取得白卡，那麼全國都可以通用。卡的效期也從原來的3年變為永久。

網路上還可以找到其他的線上課程教學公司。如果你在Aveling考上白卡後，3個月內憑該卡找到工作，還可以向該公司申請輔助退費。退完之後，一張勞工安全卡的成本大概只有20幾元。

Aveling
www.aveling.com.au
提供西澳的白卡課程

Narbil Training
www.narbiltraining.edu.au
提供西澳和昆士蘭的白卡課程

藍狗
www.bluedogtraining.com.au
提供昆士蘭、西澳、塔斯馬尼亞等州的白卡課程

結語

通常工地都會在城市裡，因為很早上班(約07:00)，通常也就早早下班了。萬一要你加班，也會再付加班費，是非常容易存錢的工作。唯一的問題就是工地潛在的危險性比較高，而且工作內容通常也不輕鬆。

Performing Series

表演系 街頭藝人

GET!

　　在每個大城市市中心的行人徒步區裡，你都可以看到街頭藝人的表演。有唱歌、樂器演奏、魔術、雜耍，有時還有樂團表演。只要你有才藝，臉皮厚一點，你也可以成為街頭藝人。作街頭藝人有與人分享的樂趣，也有現金的回饋。就算對自己的才藝不是很有信心也沒關係，就當作去玩，得失心不用太重。反正人在澳洲，出醜也沒人認識，就來給他體驗一下吧！

(圖片提供：偉德)

街頭藝人 Busking

在澳洲的大城市裡當街頭藝人需要申請執照，不過申請過程非常簡單，到當地的遊客中心或市議會去，一天付2～5元就有執照了，不像台灣還要考試(但也因為這樣，澳洲街頭藝人表演的水準都差很多)。街頭藝人的種類大致可以分為以下3種：

音樂型

唱歌、樂器演奏、樂團表演都算在內。音樂型表演的收入與表演水準及表演的獨特性有關。如果用吉他自彈自唱，除非唱得很棒，不然通常錢不多，因為沒什麼新鮮感；如果你拿的是二胡或簫，又表演得不錯，通常可以得到不少報酬與鼓勵。如果你還有自己的CD，也可以擺在一旁販賣，不過在申請執照的時候，要記得註明你還有在賣CD，申請費也會高一點。

音樂型
藝人戰略

地點盡量選在咖啡座旁，或是雨蔽與騎樓下。

音樂表演在繁忙的路段比較不吃香，因為行人來來去去，很少會有人停下來聽你在唱些什麼。所以如果你待在咖啡座附近表演，咖啡座上的人就自然地(或者是被強迫地)成為你的聽眾，只要你表演得好，通常在那裡坐了一段時間的人就會給你一些報酬。而在雨蔽與騎樓下則是著眼於空間對回音共振的幫助，在這些有屋簷或頂棚蓋著的地方(尤其是拱型的更好)，音樂會因為回音的關係比較集中，傳得比較遠，可以節省體力。

表演型

雜耍、特技、變魔術等表演型的街頭藝人，重點在於吸引圍觀者的能力，這點對於母語不是英語的我們就比較吃虧一點，所以盡量以表演的內容取勝。像是扯鈴、踢毽子之類帶有東方風情又不用講什麼話的就滿吃香的。如果想租道具服的話可以找派對道具店。

表演型
藝人戰略

最好有音樂，地點選在人流匯集處，大型表演要用道具圍出地方來。

對於表演型藝人來說，放音樂可以烘托整體氣氛，也可以拿來當作中場休息的段落，當表演隨著音樂結束，可以讓觀眾有一個打賞的空檔；既然是表演，越多人看到越好，選在市區人潮最多的地方，如果需要較大的場地表演，可以直接在地上用水淋一圈或是其他有創意的方式。

一位闖蕩墨爾本的台灣魔術師背包客「偉德」，歡迎追蹤他的IG：Wademagic，請教他在澳洲街頭表演的祕訣(不要說我教的)！(圖片提供：偉德)

服務型

似顏繪、人體彩繪、寫春聯、折氣球玩具等，以提供服務和商品為主的街頭藝人。這種比較靜態的服務不用去人擠人，因為你只要把作品或是照片擺出來，有興趣的人自然會被吸引，跟你聊天。不過這些服務有一定的範圍限制，多以藝術相關為主；如果你要擺攤幫人刮痧推拿，這種醫療類型的就不行，申請的時候請問清楚。

服務型
藝人戰略

攤位設在陰涼處，以特定客群會經過的時段和地點為佳。

服務型的重點是要讓客人有耐心、能久待，所以不一定要繁忙的街道，樹蔭下陰涼處會是好的選擇。女高中生、情侶、有小孩子的家庭是主要的客源，所以可以安排在下課時間或是週末家庭會出來逛街的時候擺攤。

筆者手繪的袋熊明信片。

各城市執照規定

以下是各大城市申請街頭藝人執照的相關規定，想申請的人，建議直接上網搜尋「城市名稱」加上「Busking Permit(街頭表演許可證)」，就可以找到網站申請，相當方便！

製表／陳銘凱

州	申請規定及表演地點
伯斯 Perth	可申請12個月期限的執照，對表演場地有很多限制，可以在市中心的行人徒步區表演。
阿得雷德 Adelaide	可申請3個月期限的執照，範圍僅限Rundle Mall區域。
墨爾本 Melbourne	可申請3個月或12個月期限的執照，有地域限制，強者很多。一年一度的墨爾本音樂節St Kilda Festival，須另外申請表演執照。
荷巴特 Hobart	可申請12個月期限的執照，表演場地包含市區(Elizabeth St.徒步區)、郊區購物中心和部分公園，過了晚上8點(週日6點)不可以進行表演。Salamanca市集須另外申請，一次表演不可超過30分鐘。
雪梨 Sydney	可付費申請3個月或12個月期限的執照。根據表演性質須申請不同執照，不同執照有不同規定。建議選在人潮眾多的Darling Harbour或Archibald Fountain表演。
布里斯本 Brisbane	每年有指定時間進行試鏡，通過後才可取得表演執照。可在市區Queen St. Mall商圈和Fortitude Valley部分區域表演。
達爾文 Darwin	可申請1週、4個月或12個月的執照，只能在The mall商圈的指定區域表演，每次表演不可超過2小時。
愛麗絲泉 Alice Spring	可免費申請6個月的執照，Todd Mall Markets和Night Markets須另外申請。因為是觀光客聚集地，很多人都樂於捐獻，筆者曾在Todd Mall唱歌，1個小時賺了澳幣69.45元。
朗瑟士敦 Launceston	通過試鏡才可獲得執照。須提前線上預訂表演時間(限11:00　15:00)，每次不可超過2小時。表演區域為Brisbane St. Mall和Quadrant Mall。
凱恩斯 Cairns	可免費申請4週許可證，期間行為良好，可延長至12個月。表演場所建議到凱恩斯市中心的徒步區。表演者須投保2000萬的公共責任保險。

註：沒有許可證的表演會有罰款。表演之前要仔細確認該地區的表演規定，疫情之後各州政府為了城市復甦，很多地方都可以免費申請表演執照。然而，隨著時間可能會有所調整，請依各大官網最新公告為主。

結語

認真說起來，賺錢並不是當街頭藝人的重點，雖然有錢賺也不錯，但是能把樂趣和感動分享給大家，那種感動的經驗和成就感絕對比你帽子裡的硬幣更有價值。當街頭藝人的方法其實無奇不有。也不一定要收錢，玩得開心最重要，你可以為新認識的朋友唱一首歌，或是折氣球送給在哭的小朋友。筆者的朋友Neo就租了熊貓裝在街上送人Free　Hug，自娛娛人，也把溫暖發送出去。

Delivering Series

傳送系　送餐員

　　疫情爆發期間，由於封城管制，導致當時很多背包客的工作被迫停擺，只能另求管道生存，加入送餐員的行列。雖然如今已邁入共存時代，還是有不少背包客兼職送餐，賺取零花錢。接下來將會介紹這份工作的內容以及申請方式。

澳洲常見外送APP
若有興趣了解其他平台的申請方式，可直接到各大送餐網站找到資訊。

UberEats http www.ubereats.com	**EASI** http www.easi.com.au
Deliveroo http deliveroo.com.au	**Hungry panda** http www.hungrypanda.co

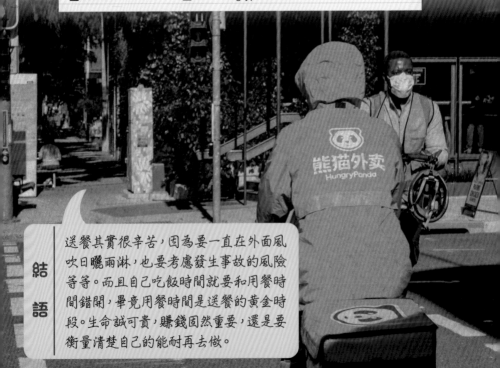

結語
送餐其實很辛苦，因為要一直在外面風吹日曬雨淋，也要考慮發生事故的風險等等。而且自己吃飯時間就要和用餐時間錯開，畢竟用餐時間是送餐的黃金時段。生命誠可貴，賺錢固然重要，還是要衡量清楚自己的能耐再去做。

Today		A$29.31
2:59 PM	A$7.25 Delivery	TODAY
2:32 PM	A$6.69 Delivery	**6 trips completed**
1:56 PM	A$7.73 Delivery	
1:14 PM	A$7.64 Delivery	SEE WEEKLY SUMMARY

1
2
3

1.申請通過後可以付押金得到一個外送保溫袋。
2.每趟行程平均可以賺6～7元左右。
3.跑了6趟才賺到29.31元，其實也是滿難賺的。
(以上圖片提供：Fumi)

送餐員 Food Delivering

對於天生懶癌的澳洲人而言，外送APP簡直是他們的福音，不用出門、動動手指就有人幫你送餐到家。由於顧客以澳洲人為主，所以大部分在外面看到的送餐員，幾乎都不是澳洲人，反而是亞洲人、印度人居多。送餐員的工作內容很單純，就是送餐，只不過要在外面一直跑來跑去，而且不時會遇到素質差的餐廳老闆。至少在澳洲送餐有一個好處，就是比較有機會遇到慷慨的澳洲人給你小費。

如何成為外送合作夥伴(以UberEats為例)

首先你需要註冊一個UberEats的帳號，並完成以下要求：

① 完成背景調查和工作權調查：你需要先通過無犯罪證明以及確認擁有合法的工作簽證。
- **背景調查：**註冊後會導向National Crime Check(NCC)網站，為了檢查你的背景，你需要提供滿足100點的證件(護照、銀行對帳單或澳洲護照等)，然後需要支付一筆申請費，若是通過，NCC就會寄E-mail通知你。
- **工作權調查：**上傳你的簽證資料。

② 完成自行車安全測試：各州有自己的自行車安全測試，都不一樣，若你是開車或騎摩托車，這一項就可以跳過。

③ 填寫個人資料，並完成「送餐基礎知識」及「食品安全」的線上課程。

註：完整申請說明，可以上UberEats網站查詢。(網址：www.uber.com/au/en/deliver)

UberEats各大城市辦公室
申請成功後，你需要到辦公室報到，領取你的外送保溫袋。

墨爾本 Melbourne
✉ 13 Byron st, Collingwood VIC

雪梨 Sydney
✉ 19 Victoria Ave, Concord West NSW 2138

阿得雷德 Adelaide
✉ Level 1 - 95 South Rd, Hindmarsh SA 5007

布里斯本 Brisbane
✉ 28 Martin St, Fortitude Valley QLD 4006

伯斯 Perth
✉ 143 Hay St, Compton Rd, Subiaco WA 6008

Beautry Series

美容系 美容師、美髮師

GET!

　　如果你本身在台灣有學過美睫美甲或具備相關工作經驗，來到澳洲也可以應徵美睫師或美甲師，薪水通常都還不錯，因為澳洲女生(當然不限性別，只是大部分是女生)也是非常愛美的，定期要做個指甲、接個睫毛……等，如果有這項技術，其實在澳洲滿吃香的，甚至可以在家開個人工作室，接當地背包客或華人的生意，口碑做好的話，週薪破千也不是問題。(只是會很累！)

(圖片提供：Chloe，IG：@lashesbychloe_yeh)

1. 位於澳洲商場內的一間美甲店。
2. 筆者(Irene)在澳洲給韓國人剪頭髮，感覺好奇妙！

美容師、美髮師
Beautician、Hairdresser

澳洲當地雖然很多美容產業，但是澳洲人的美感跟亞洲人不太一樣。以美睫來説，澳洲人喜歡又長又捲的睫毛，但是亞洲人偏愛自然日系款；以美甲來説，澳洲人主要做單色、法式或延長，而亞洲人偏愛設計款。澳洲當地會做設計款的美容師很少，所以如果你擅長設計款，且有放作品到個人社群平台，就有機會在當地華人圈一炮而紅，光是華人的生意就能讓你忙到翻掉。不過亞洲人的生意比較難做，而澳洲人要求的比較簡單，就看你怎麼抉擇。

如何找工作

以美甲師(Manicurist)及美睫師(Eyelash Extension Technician)而言，如果你已經有一定的經驗技術，可以到各大商場裡面的美睫美甲店投遞履歷。澳洲商場的美甲店以澳洲、越南和中國為最大宗。筆者(Irene)覺得在越南店做美甲很容易踩雷，透過和美甲師聊天才知道，越南店因為定價較低，所以會要求美甲師的速度要快，像是1小時就要做完一個客人，所以如果要應徵越南店，就要有心理準備會面臨速度上的要求。

除此之外，還有美髮師(Hairdresser)、髮型設計師(Hair Stylist)或理髮師(Barber，男士理髮為主)，如果有相關技術，也可以到澳洲各大髮廊應徵，澳洲也有許多髮廊是亞洲人開的，如果沒有經驗可以先從亞洲髮廊開始做起，或是應徵快剪店(Quickcut)，不過薪水通常都不高。也可以跟美睫美甲一樣，在家開私人工作室，兼職接背包客或當地人的生意。

結語

筆者(Irene)以前在一個很偏遠的小鎮工作，由於小鎮上的髮廊很少，而且當地剪髮師都是阿公阿嬤，正好就有一位背包客在那個小鎮幫大家剪頭髮，不但剪得很好，收費還比髮廊便宜，當時大家都覺得有他真好！後來他回台灣還真的開了一間髮廊。所以當髮型師(或是美容師)有一個好處，除了賺錢，還可以建立人脈，交很多朋友，真是一舉兩得！

Seasonal Series

季節系 雪山工作

GET!

　　冬天時，雪山上的滑雪場和周邊的旅館、餐廳、超市，及所有相關的商家們都會開始運作。這時候隨著滑雪者的湧入，背包客們的工作機會也開始增加了。

(圖片提供：淑馨)

雪山工作
Work on
Snow Mountains

在東澳的維多利亞東部、新南威爾斯南部和塔斯馬尼亞等地的山區都有滑雪場。不管你是熱愛滑雪或者這輩子都還沒看過雪，都可以到雪山上找工作。由於雪山交通費很貴，上下山一趟就要花很多錢，而且工作找好之後，雇主通常會跟你簽約，所以如果打定主意要到雪山工作，就要有會在上頭待到季節結束的心理準備。

雪山工作的季節

大約在3、4月就陸續會有應徵的消息。雪季工作真正開始時間，約在6月初至6月底，結束時間為9月初至9月底。如果第一階段沒有應徵到也不要氣餒，等到7月初雪厚了，學校開始放假，山上人潮逐漸湧現的時候，雪山的商家和旅館們還有機會再加雇人手。

哪裡有雪山

主要的工作都集中在維多利亞和新南威爾斯，塔斯馬尼亞雖然也有雪山，但是滑雪場規模不大，工作機會不像前兩者那麼多。

各大雪場網站

新南威爾斯的雪場 Charlotte Pass
http www.charlottepass.com.au

Perisher
http www.perisherblue.com.au

Thredbo
http www.thredbo.com.au

Selwyn
http www.selwynsnow.com.au

維多利亞的雪場 Falls Creek
http www.fallscreek.com.au

Mt. Hotham
http www.mthotham.com.au

Mt. Baw Baw
http www.mountbawbaw.com.au

Mt. Buffalo
http visitmountbuffalo.com.au

Mt. Buller
http www.mtbuller.com.au

維多利亞的雪場 Dinner Plain
http www.visitdinnerplain.com.au

塔斯馬尼亞的雪場 Ben Lomond
http skibenlomond.com.au

雪山的工作種類

　　雪山工作可分為專業人員和非專業人員兩類。專業人員有環境維護員、纜車操作員、滑雪器材維護員、雪場教練及工作人員，除了環境維護員之外，其他大概都需要有一些經驗，經過訓練，甚至考取相關證照，對背包客來說難度比較高一點，至少英文要有一定的程度才行。非專業人員就相對簡單，餐廳、酒吧、咖啡店、超市、滑雪裝備出租中心等店家，都有機會找到工作，基本上和山下情況差不多。

如何找雪山工作

　　因為有網路這個偉大的發明，找工作這件事在山下就可以解決；雖然也是有人到山上玩時，因為剛好有帶履歷，不小心就找到工作，但這種事總是巧合，建議還是先寄信吧！從3月開始，雪梨、墨爾本、坎培拉的客棧公布欄就會開始張貼雪山徵人的訊息。到了這段期間，你可以自己上網找各大雪場的網站投履歷，因為這時候差不多就會有一些工作訊息出來了。

上山的裝備

1. 保暖衣物：上雪山當然要帶點厚衣服，一般的服裝你應該都有，不然也很容易買得到。但如果是滑雪用的服裝，就要另外到滑雪用品店買了。你可能需要的有雪衣、雪褲、手套、帽子和圍巾。以上這些衣服的材質，最好都有防水的功能，鞋子最好也多準備一雙。因為一從戶外進到室內，雪融化成水你就會溼答答了。

2. 滑雪裝備：滑雪場有裝備可以租借，不過如果使用的頻率很高的話，自己買還是比較划算。關於如何選擇裝備，請參考專業的相關網站。

3. 亞洲調味料：雪山離主要大城市都很遠，很難買得到亞洲調味料，所以上山前最好先帶齊。

4. 隨身藥品：在雪山上要看醫生很不方便。在那麼冷的地方，你又常運動，比較有可能會感冒或者是肌肉痠痛之類的，事先把藥品準備好會省去很多麻煩。

(圖片提供：淑馨)

（圖片提供：淑華）

雪山的工作住宿

　　因為是雪山，你不可能搭帳篷或是住在露營車裡，一定是睡在有暖氣的地方。有的工作會提供員工宿舍，不過你可能還是得付住宿費，或用額外的工時來換。因為雪山上的住宿都不便宜，你的薪水可能會被住宿費吃掉很多。所以找工作時，記得先詢問雇主有沒有提供宿舍；如果沒有的話，能不能幫你找，如果真的不行的話，就只能自己上網搜尋，或是到時候上山再找囉！在這個季節，山上的小鎮都會有一些合宿可以找，所以不用太擔心。

　　不然的話你還可以用「工作換宿」的方式來支付住宿費，因為假日前後退房的人比較多，通常會需要額外的人力。如果本來就有工作的話，也可以當成第二份兼差來做。

滑雪交流平台
f SNOWKON滑雪控
很多資深滑雪者在這裡分享滑雪經驗，交流裝備心得，以及世界各地的自助滑雪資訊。

滑雪裝備資訊
f Snowboard Trader Australia
f Snowboard Australia Buy
　　Swap Sell
各大雪場都有租借服務，若想擁有個人裝備，除了透過eBay和Gumtree，也可以透過FB社團挖寶。

f 那魯灣二手滑雪裝備買賣專區
關於二手滑雪裝備的拍賣資訊。

結語 雪山工作的工資不錯，但你去了就一定會受不了誘惑而跑去滑雪；門票錢再加上買裝備和住宿的費用，也是不小的開支，就看你是想要玩樂還是想存錢囉！

4

Telephone Directory

澳洲打工
地點全攻略

對於剛到新城市的人來說,「如何了解一個城市」是主要的課題。城市會因你觀看的角度、心情、態度,以及習慣行走路線的不同而呈現相異的風貌,對每一個旅行者來說都是獨一無二的。所以你當然可以自由選擇你喜歡的,拜訪一座城市的方法;至於如何找工作的部分,就交給本書來幫忙吧!我們不只介紹各城市的機能運作,還會提供相關的仲介和工作資訊,讓你初來乍到也不會緊張心慌。

Ⓟ240 **各城市攻略序曲**

Ⓟ245 **西澳**
Western Australia

因為澳洲是聯邦制,所以各個行政區應該叫「州」(State)而不叫「省」(province)喔。

Ⓟ306 **北領地**
Northern Territory

Ⓟ292 **昆士蘭**
Queensland

Ⓟ257 **南澳**
South Australia

Ⓟ280 **新南威爾斯**
New South Wales

Ⓟ291 **坎培拉**
Canberra

Ⓟ265 **維多利亞**
Victoria

Ⓟ275 **塔斯馬尼亞** ←
Tasmania

各城市攻略序曲

關於找仲介和工作旅舍

　　在這一章裡，我們將會介紹澳洲各州主要的大城市和周邊的小城小鎮。大城市的部分，我們提供的是讓你快速掌握城市機能的訣竅，讓你對城市的運作有個初步的概念，能更省錢，更有效率地玩樂、生活及工作。小城小鎮的部分，因為澳洲的城鎮太多，無法一一介紹，本書只會列出「工作機會比較多」的小鎮來做說明，他們可能是農業小鎮，可能是有工廠的小城，也可能是靠觀光服務業興盛的地方。至於觀光旅遊資訊，就請你拿出你的旅遊書，或是放膽自己探索了。

● 關於仲介

　　仲介是找工作最有效率的方式。在澳洲，只要規模大一點的鎮，幾乎都有仲介，只要到當地的遊客中心去問通常都能找到。本書所列的仲介，主要以大城市的為主，因為即使是周邊的城鎮，他們也常常會利用大城市裡的仲介幫忙找人。接下來在每個州的介紹裡，我們會列出當地一些仲介的資料。不過隨著時間的改變，有些仲介可能會消失，或者你發現了好的仲介想和大家分享，都歡迎你來信通知我們。

　　本書沒辦法把所有的仲介都列出來，但是你還是可以上網鍵入關鍵字「agency」或「recruitment」加上當地地名，或是直接到該地的遊客中心去詢問，也可以找到一些當地仲介的資料。另外，除了仲介，善用尋工網站，有時也可以更直接地搜尋到你想要的工作。

● 關於工作旅舍

　　接下來的篇章裡會有全澳工作旅舍的資訊。希望能幫助你在大城市裡找不到工作的時候，還有賺錢的機會。筆者聽聞過在人事上有問題的工作旅舍(像是老闆有種族歧視的、會騙錢的、常常和背包客有糾紛的……)，為避免造成大家的困擾，就沒有列在書裡。但這也不表示沒有列進來的都是有問題的，或是列進書裡的就一定沒問題。人事物都會隨著時間變化，好壞也需要親身住過才能判斷。比較保險一點的作法就是向有住過的朋友打聽，或是直接到網站上看前人留下來的評價。另外別忘了，要去之前記得打電話問老闆還有沒有床位和工作機會。以免千里迢迢到了當地，燒了錢卻只能發呆。

● 關於自己找農場、工廠工作

　　有一些農業小鎮或是工廠，當地可能沒有仲介或工作旅舍，此時你只能靠自己開車造訪。那麼，要如何找到這些工廠的位置呢？你可以到像是HotFrog、TrueLocal之類的黃頁網站，輸入「Orchard」、「Farm」、或是「Packing Shed」等關鍵字以及你想找的省份或城鎮，網站都會洋洋灑灑地把該地所有的果園、農場、包裝工廠一一列出。可以搭配Google Map或其他導航軟體，確認實際的位置。

　　另外某些小鎮有比較特殊的產業或是工廠工作。像是龍蝦工廠、牛肉工廠、採珍珠之類的工作。這些工作雖然可能有仲介，但大部分都可以先打電話去詢問職缺，到他們的網站裡去填履歷，甚至是親自跑去當地的工廠填資料。如果是這樣，就先規劃好行程，邊玩邊找工作吧！雖然這樣邊開車邊找有點亂槍打鳥，感覺不太有效率，可是你也可以把它當作是旅行的一部分，還可以看到一些旅遊書上沒有寫的風景呢！

全澳通用的仲介公司

Adecco
http adecco.com.au
全世界都有的人力仲介公司，網站裡可以找到澳洲各大城分公司的地址。提供的工作有一定的品質，而且歡迎背包客。不過英文要有一定程度，不然電話面試都過不了的話就沒轍了。可以先上網站看有沒有想作的工作，再電話或上門詢問。

Jobfind Centres
http jobfind.com.au
Jobfind Centres也是全澳連鎖的仲介公司，分公司的數量非常多，小鄉鎮也有他們的蹤影。

Action Workforce
http www.actionworkforce.com.au
除了北領地之外，全澳都有分部的連鎖的仲介公司。

JBS
http www.jbssa.com.au
專做出口的肉公司，工廠多在東岸。

Wise Employment
http www.wiseemployment.com.au
以東南岸為主的仲介公司。

CostaExchange
http www.costagroup.com.au
這是由策略聯盟的農產公司們聯合推出的網頁。裡頭有澳洲各地的蘑菇工廠、藍莓園、番茄園等資訊。網站裡有仲介的聯絡方式。每個類別也都有迷你地圖，可以直接跑去工廠所在的位置接洽。

WorkStay
http www.workstay.com.au
專作背包客工作仲介，工作內容遍布全澳。

全澳通用的仲介公司

Corestaff
🔤 www.corestaff.com.au
全澳洲的連鎖仲介公司，也有背包客曾透過他們找到花椰菜農場的工作。

Hays
🔤 www.hays.com.au
澳洲知名連鎖仲介公司，除了北領地沒有分店以外，可以透過網站在各大城市找到分公司。

Chandler Macleod
🔤 www.chandlermacleod.com
澳洲知名連鎖仲介公司，除了北領地和塔州沒有分店以外，可透過網站在各大城市找到分公司。

Pinnacle
🔤 www.pinnaclepeople.com.au
澳洲全國唯一連鎖餐飲服務人力仲介，但是需要有經驗和英文能力要求，通常需要具備RSA證照，分別在墨爾本、雪梨、布里斯本、黃金海岸、陽光海岸、阿得雷德、伯斯、坎培拉和達爾文都有分公司。

Michael Page Recruitment Agency
🔤 www.michaelpage.com.au
全球知名連鎖仲介公司，在澳洲的雪梨、墨爾本、布里斯本、伯斯及坎培拉都有分公司。

Skill Hire
🔤 www.workskil.com.au
澳洲知名連鎖仲介公司，主要分布於新南威爾斯、南澳、西澳、維多利亞。

Programmed Skilled Workforce
🔤 programmed.com.au
澳洲知名連鎖仲介，各州都有分公司。可以找到工廠類型的工作．

Sarina Russo Job Access
🔤 www.sarinarusso.com
專門介紹農場和勞力工作，除了塔斯馬尼亞跟北領地，各大城市都有許多分公司，網站可以找到分店的位置。

Randstad
🔤 www.randstad.com.au
專門介紹工廠工作，除了北領地，各州都有分公司。

Max Solutions
🔤 www.maxsolutions.com.au
澳洲知名連鎖仲介，各地都能找到許多分公司可以諮詢。

Workforcexs
🔤 www.workforcexs.com.au
澳洲知名連鎖仲介，除了北領地，全澳洲都有分公司。

IPA
🔤 www.ipa.com.au
澳洲知名連鎖仲介，可以在新南威爾斯、南澳、西澳、維多利亞和昆士蘭找到分公司。

Task Labour Australia
🔤 tasklabour.com
澳洲合法仲介公司，有中文服務，提供全澳洲肉廠、蔬菜廠、雞蛋廠、食品加工廠等工作機會。

Agri Labour Australia 澳喬亞吉
🔤 www.agrilabour.com.au
澳洲知名連鎖仲介，有中文服務，提供全澳洲肉廠、棉花廠、蔬菜廠、各式農場等工作機會。

適合背包客的尋工網站

澳洲求職網站

Jobsearch
http www.jobsearch.com.au
類似Seek求職網站，也是透過關鍵字搜尋找工作。

Gumtree
http www.gumtree.com.au
澳洲最大的生活資訊交流網，很多當地人會在上面刊登住宿、買賣和工作相關的資訊；以背包客而言，Gumtree會比Seek更高機率找到工作機會。

Seek
http www.seek.com.au
全澳洲最大的求職網站，很多職缺會要求必須是公民才能應徵(Resident only)，背包客礙於簽證關係及語言能力，比較難在Seek上找到合適的工作職缺，但還是可以碰碰運氣。

背包客求職網站

Backpacker Job Board
http www.backpackerjobboard.com.au
f @backpackerjobsaustralia
這個網站主要針對背包客求職者，可以找到很多偏遠地區的工作，有些還會註明是否可以集簽。

MLKA Hospitality Recruitment
http www.mlkarecruitment.com.au
f @HospitalityRecruitment
可以找到全澳洲的服務業工作職缺，薪水都很高，但是要求一定的英文能力。

Labour Solutions
http www.laboursolutions.com.au
f @laboursolutionsaustralia
背包客建議找製造業(Manufacturing)、食品加工(Food Processing)、建築(Construction)和農業(Agriculture)等類型的工作比較容易應徵成功。

Pickingjobs
http www.pickingjobs.com/australia
這個網站主要是農業工作，雖然網頁介面設計不太好，但其實都有在更新徵人資訊，可以參考看看。

Workabout Australia
http www.workaboutaustralia.com.au
f @workaboutaustralia
以農業為主，建議直接臉書私訊詢問。

WorkStay Australia
http www.workstay.com.au
f @workstay.australia
以農業為主，建議直接臉書私訊詢問。

適合背包客的尋工網站

華人求職網站

背包客棧
🌐 www.backpackers.com.tw

台灣最有名的背包客旅遊論壇，裡面分類十分詳細，想找工作可以到「澳洲打工度假」的「工作機會版」查看，通常只有華人老闆才會在這個論壇刊登求職資訊，所以薪水普遍不高、遇到黑工的機率也高。

SunBrisbane
🌐 www.sunbrisbane.com

當地韓國人最常使用的生活資訊論壇，主要針對布里斯本地區，有分成韓文、中文、英文和日文，上面有房屋出租、二手買賣、工作機會等等資訊，除了農場和工廠，還有很多餐飲業的工作職缺。

以下3個網站是中國在澳洲的論壇，可以找到很多當地工作機會，但就像背包客棧一樣，幾乎是華人在上面刊登資訊，薪水通常不高，且容易找到黑工。

今日悉尼
🌐 www.sydneytoday.com/job_information

昆士蘭OZYOYO
🌐 brisbanebbs.com/portal.php

阿得雷德BBS
🌐 adelaidebbs.com/bbs/portal.php

中文臉書社團

澳洲找工網
f @workinaus

澳洲白工工作交流區
f @timitajob

背包客同鄉會工作版
f @a0gzb

可在「關於」找到其他各大城鎮的分板

英文臉書社團

Hospitality Network Brisbane
f @hospitalitynetwork

Hospitality Network Sydney
f @HNSydney

Hospitality Network Gold Coast
f @HNGoldCoast

Hospitality Network Melbourne
f @HNMelbourne

Sydney Hospitality Job
f @1764357117186212

以關鍵字搜尋的其他求職網站

🌐 au.indeed.com
🌐 careerone.com.au
🌐 www.getartisan.com.au (藝術設計和創意類性質的工作)
🌐 www.theloop.com.au (藝術設計和創意類性質的工作)

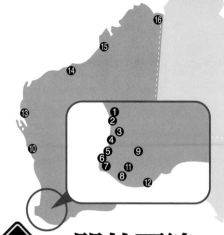

西澳
Western Australia

關於西澳

Western Australia

粗曠袤廣的無人地帶與散布沿海的美麗小城

　　西澳(Western Australia)是澳洲面積最大的一個州，但人口相對稀少。北邊大部分是荒地和沙漠，屬於熱帶氣候，6～8月是乾季，12月到隔年2月則是雨季，夏天的時候熱得要命，但是也有壯麗的海岸線，以觀光業和礦業為主。西北邊有不輸給東岸大堡礁的潛水地帶，而西南邊則是西澳的精華地區，屬於溫帶氣候，省會伯斯和幾個小城市都聚集在這裡，以農業和林業為主。西澳的工資從整個澳洲來看，算是比較高的，但因背包客多，工作也不一定好找。

1 Perth
伯斯

　　伯斯是西澳的州府，也是許多台灣背包客們的第一站。對剛到澳洲的背包客而言，這是一座很容易上手的城市，因為整個城裡的背包客資訊相當發達，而且台灣人多，得到資訊和交朋友的機會也多。如果城市裡找不到工作，往南或往北都還有不少工作機會。氣候則是四季分明，夏天的時候可以很熱，冬天的時候還會下冰雹。

西澳

Western Australia

如何從機場到市區

伯斯有國際機場(International)和國內機場(Domestic)，可以搭乘航廈循環巴士(Terminal Transfer Bus)轉換航廈。如果想從機場到伯斯市區，可以在T1、T2航廈搭Airport Line，或在T3、T4航廈搭乘940公車，車程約50分鐘左右。如果不確定公車站牌位置在哪裡，可至機場服務台詢問。除此之外，也可以搭計程車到市區，車程約20分鐘左右。若身上東西多，建議搭計程車。若不趕時間且行李不多，則建議搭公車，比較便宜。

市中心有什麼

遊客中心(Information Centre)位於火車站(Perth Station)正對面。以火車站為分界，北邊為燈紅酒綠的北橋區(Northbridge)，以南到天鵝河(Swan River)河邊為商業區，東邊主要是住宅區，西邊則有大型市集和零星的住宅區，一路延伸到海邊的Fremantle。

【圖書館】

州立圖書館在火車站北邊，有無線網路和列印、影印服務，還有報紙可以找工作。是台灣背包客聚集的地方。另外，市立圖書館也有無線網路，但人比較少。

圖書館

中華街

【中華街】

中華街在北橋區，有許多華人商店、肉店和餐廳，附近還有中醫診所。

在伯斯機場(Perth Airport)網站中搜尋Public transport，就可看到接駁公車的停靠點和相關資訊。

【市集】

① 傳統市集與二手市場
Canning Vale Sunday Markets

伯斯最大的市集，每週日07:00～13:00營業，出售各種二手商品，包含服裝、配飾和書籍等，現場有各種小吃攤。

Farmers Market on Manning

位於Karawara的新鮮農產品市場，每週六07:30～12:30營業。

Kailis Fish Market

想吃尚青的海鮮來這裡就對了，每天08:00～18:00營業(聖誕節及Boxing Day休市)。

Subi Farmers Market

位於城西的Subiaco，每週六08:00～12:00營業。

Melville Rotary Markets

伯斯市區的南邊，每週日06:00～10:00營業。

Belmont Rotary Markets

距離機場約10分鐘，每週日05:00～11:00營業。

② 暢貨中心

DFO是大型的暢貨中心，有些東西在特價的時候會相當便宜，也有工作機會。

認識交通系統
【公車】

市中心有紅藍黃三色的貓公車(Cat Bus)，是免費公車，不過大概到下午5、6點就停了。另外在市中心裡搭所有的公車都是免費的，出了城區才要收費。其餘的公車路線和時間，可參考伯斯的交通網頁，網站裡有「Journey Planner」可以幫你規劃行程，非常好用。或者你也可以直接到火車站旁邊的公車總站拿免費的時刻表。

市中心資訊Memo

市中心郵局
✉ 66 St Georges Terrace, Perth WA 6000, Australia

市立圖書館
✉ 573 Hay St

DFO Perth暢貨中心
✉ 11 High Street, Perth Airport, WA 6105
➡ 可搭乘935號公車，從市區到伯斯機場T3/T4區，DFO Perth就位於伯斯機場附近的Dunreath Drive上。

伯斯交通網站
🔗 www.transperth.wa.gov.au

在伯斯交通網裡有火車、公車以及船班的時間表和地圖，是一個綜合性的官方網站。

西澳
Western Australia

【電車】

如果要久待，而且會頻繁使用電車和公車的話，可以考慮申辦「Smart Rider」(一種儲值卡)，成本10元，使用時可以加值，像台灣的悠遊卡一樣，費率也有優惠，學生辦卡的話折扣更多。

【火車】

伯斯除了長途火車，也有距離比較近一點的火車，路線不多，最遠可搭到南邊的Bunbury，但並不便宜。想去遠一點的地方，還是到公車總站搭長途客運才比較划算。

【船】

從城南Swan Bell附近的小碼頭可搭船渡Swan River到South Perth。或者也可以順流而下一路坐到Fremantle。票價也是以區段(Zone)來計算。

【長途火車】

想從伯斯坐長途火車到阿得雷德(Adelaide)，要到East Perth Terminal。在Perth火車站東邊距離1區段(Zone)的地方，搭捷運會到。

【腳踏車】

除了週一～週五07:00～09:00和16:00～21:00這兩段通勤時間之外，其餘時間都可以把腳踏車帶到捷運上。

工作機會

【餐旅業】

市中心有許多餐飲業，但背包客多、競爭也激烈，可以搭捷運到沿線尋找機會。市中心靠河的部分有許多旅館，可直接向旅館拿表格填寫應徵。

【清潔看護】

找清潔人員和看護的工作，要透過仲介才比較有機會。城裡也有按摩助手的工作，但是培訓期長，要久待才賺得到錢。

【工地工作】

伯斯是建築業興盛的城市，薪水也很高。不論男女都可透過仲介找到工地工作。

【食品加工、製造業】

城市周邊的工業區有許多食品加工或初級製造業的工廠，像蔬菜包裝工廠、糖果工廠、鋁框工廠之類，大部分需透過仲介尋找。

【小農場】

城市周邊有一些小農場，像北邊的Wanneroo、更北邊的Gingin，還有東邊的Pickering Brook。要找這類工作，除了上網找出當地農場直接聯絡之外，就只能靠伯斯城裡的仲介了。

仲介電話簿

工作機會

The Pamphleteers
傳單派送公司
🌐 thepamphleteers.com.au
✉ Unit 1/194 Balcatta Road, Balcatta WA
☎ (08)9445-9229
需要有機車駕照，自備ABN，採計件制。

HUON Aquaculture
鮭魚食品加工廠
🌐 www.huonaqua.com.au
✉ 13 Cartwright Dr, Forrestdale WA 6112
這間加工廠在雪梨和塔斯馬尼亞都有分廠，可以直接到網站了解求職方式。

Golden Boronia
巧克力工廠
🌐 golden-boronia.com
✉ 168 Kewdale Rd, Kewdale WA 6105
☎ (08)9353-3088

Integirty Staffing
🌐 www.integritystaffing.net.au
✉ 13/109 St. Georges Terrace, Perth WA 6000
☎ (08)9327-5444

Flexi Staff
🌐 flexistaff.com.au
✉ 33 Belmont Ave, Belmont WA 6104
☎ (08)9479-4781
- - - - - - - - - - - - - - - - - -
✉ 34/43 Rockingham Beach Road, Rockingham, WA 6168
☎ (08)9592-7500
- - - - - - - - - - - - - - - - - -
✉ U2/33 Carey Street, Bunbury, WA 6230
☎ (08)9791-5032

Horner Recruitment
🌐 www.horner.com.au
✉ 6/132 Terrace Road, Perth WA 6000
☎ 1300-119-580

Action Workforce
🌐 www.actionworkforce.com.au
✉ Unit 6, 74-80 Attfield Street, Maddington WA 6109
☎ (08)9452-2266

Labour Hire WA
🌐 www.labourhirewa.net.au
✉ 6 Gray St., Geraldton WA 6530
☎ (08)9924-5435

Manpower
🌐 www.manpower.com.au
✉ Level 16, 108 St. Georges Terrace, Perth WA 6000
☎ (08)9471-5100

Crest Personnel
f @crestpersonnel
✉ 8/189 St Georges Terrace, Perth WA 6000
☎ (08)9215-6200

西澳
Western Australia

Rottnest Island是西澳伯斯附近著名的度假小島,島上有袋鼠家族中體型最小的短尾袋鼠(Quokka,或稱沙袋鼠),是超可愛的人氣動物。

2 Fremantle

Fremantle是伯斯西南方靠海的海港小城,從事進出口業和漁業。從伯斯搭捷運會到,背包客可在這裡找到城市工作以及龍蝦工廠的工作。每週日大清早會有大型跳蚤市場。

認識交通系統

市中心有免費的藍貓公車可坐。從伯斯來的話可坐捷運或渡輪。另外港口部分可以搭船到Rottnest Island玩。

Fremantle的免費藍貓公車。

工作機會

【餐旅業】

氣氛悠閒的城市,有許多服務業、速食店和旅館。另外也可以在網路上找Rottnest Island工作的資訊。

【龍蝦工廠】

處理龍蝦是此地的重要工作,產季時薪水很高,男女兼收。還有魚工廠,需要處理漁貨,可以直接找工廠投履歷。想知道這些工廠的位置可以到當地的仲介公司詢問,或是上網搜尋。此地也有捕魚的工作,可以到港邊漁家詢問。

○ **Lobster Shack 龍蝦工廠**
http lobstershack.com.au
✉ 37 Catalonia St., Cervantes WA 6511
☎ (08)9652-7010

仲介電話簿

Staff-Net
🌐 staff-net.com.au
✉ 3/330 South Terrace,
South Fremantle WA 6162
📞 (08)9335-5799

Perth Recruitment Services
🌐 www.perthrecruit.com.au
✉ 27 Parry St, Fremantle WA 6160
📞 (08)9336-5544

❸ Harvey

伯斯南方的Harvey鎮上有牛肉工廠和飲料工廠。飲料工廠非常有名，你可以在超市找到它出品的的牛奶和果汁。當然你也可以去那裡找工作。

工作機會

Harvey Western Australia 飲料工廠
🌐 www.harveyfresh.com.au ✉ Lot 4 Third St, Harvey WA 6220
📞 (08)9729-0600

Harvey Beef 牛肉工廠
🌐 www.harveybeef.com.au ✉ 99 Seventh St, Harvey WA 6220
📞 (08)9729-0000

> 牛肉工廠的老闆說雞肉工廠很噁心(yaki yaki)，頗有種五十步笑百步的趣味。

❹ Bunbury

Bunbury是西澳的第三大城，以工業為主。因為人多，也有一些服務業。

工作機會

VOV Walsh 牛肉工廠
🌐 www.vvwalsh.com.au
✉ South Western Highway, Bunbury WA 6230
📞 (08)9725-4488

仲介電話簿

South West Personnel
🌐 www.southwestpersonnel.com.au
✉ 31 Spencer Street, Bunbury WA 6230
📞 (08)9721-8155

Dolphin Retreat YHA
🌐 www.dolphinretreatbunbury.com.au
📘 @Bunbury.YHA
✉ 14 Wellington Street, Bunbury 6230
📞 (08)9792-4690
是YHA，非工作旅舍，但也會幫你找工作。

西澳
Western Australia

⑤ Busselton / Donnybrook

Busselton有南半球最長，2公里的碼頭，黃昏時刻非常美麗。再往東走會遇到農業小鎮Donnybrook，生產葡萄、蘋果、梨子。有車的話也可以自己去找農場工作。

工作旅舍

Busselton Backpackers
🌐 busseltonbackpackers.com.au
✉ 6 Pries Ave, Busselton WA 6280
📞 (08)9754-2763

Brook Lodge Backpackers
🌐 www.brooklodge.com.au
✉ 3 Bridge St, Donnybrook WA 6239
📞 (08)9731-1520

6 Dunsborough

有漂亮海灘的小鎮，附近有葡萄園工作。

工作旅舍

○ **Dunsborough Beachouse**
🔗 www.dunsborough beachouse.com.au
📘 @dunsboroughbeachouse
✉ 201 Geographe Bay Rd, Quindalup 6281 WA
☎ (08)9755-3107

仲介電話簿

○ **AHA Viticulture Vineyard**
🔗 www.ahaviticulture. com.au ✉ Unit 14, 31 Dunn Bay Rd, Dunsborough, WA, 6281
☎ (08)9756-8011

○ **Go Workabout**
📘 @GoWorkabout
✉ 13 Dunn Bay Rd, Dunsborough WA 6281
☎ (08)6420-5005

---

7 Margaret River

西南澳的Margaret River是葡萄酒的著名產區，自然也成為葡萄園工作的大本營，幸運的話還可以找到酒莊的釀酒工作。小鎮的中心有一些服務業可以找找看。這裡也是全澳學衝浪最便宜的地方。

工作旅舍

○ **Margaret River Backpackers**
✉ 66 Town View Terrace, Margaret River WA 6285
☎ (08)9757-9572

○ **Inne Town Backpackers**
✉ 93 Bussell Hwy, Margaret River WA 6285
☎ (08)9757-3698或 1800-244-115

仲介電話簿

○ **Vine Power**
✉ 33 Fearn Ave, Margaret River WA 6285
☎ (08)9757-2547

○ **Labour Solutions**
✉ 24 Fearn Ave, Margaret River WA 6285
☎ (08)9758-8136

○ **Down to Earth**
🔗 www.dtearth.com.au
✉ Unit 3/8 Owen Tucker Lane, Margaret River WA 6285
☎ (08)9758-7074

西澳
Western Australia

8 Pemberton

伐木起家的小鎮，鎮上有出名的巨大火警樹，可以找到葡萄園相關工作。

工作旅舍

○ **YHA Pemberton**
⑴ Pemberton Backpackers Yha
✉ 7 Brockman Street, Pemberton WA 6260
☎ (08)9776-1105

9 Beaufort River

在Albany Hwy正中央的位置，附近鳥不生蛋，但是有羊肉工廠。

工廠資訊

○ **Beaufort River Meats**
🌐 www.beaufortrivermeats.com.au
✉ 46 Macri Rd, Beaufort River WA 6394
☎ (08)9469-3350

10 Geraldton

Geraldton是個因龍蝦而興起的鎮，有服務業，生活機能很好(圖書館還有無線網路，你看有多好)。龍蝦產季時會有相關工作。補龍蝦需要有潛水執照，一般比較容易找到的是龍蝦工廠的工作。工廠有4間，上網找當地龍蝦工廠的網站再聯絡他們就可以了。

11 Manjimup

內陸的農業大鎮，有鱷梨、葡萄等作物。

工作旅舍

○ **Moonya Lodge Frail Aged Hostel**
✉ 59 Ipsen St, Manjimup WA 6258
☎ (08)9771-1975

○ **Normalee Manor Hostel**
✉ 664 Ralston Rd, Dixvale WA 6258
(靠近Manjimup)
☎ (08)9772-1200

12 Albany

Albany是西澳的第二大城，有非常美麗的海灣，人口約有3萬，服務業和旅館眾多，還有市集可以找工作。不找工作的話來玩玩也好。Albany北方的小鎮Mt. Barker也有一些農場工作。

仲介電話簿

○ **ATC Work Smart**
🌐 atcworksmart.com.au
✉ 6 Victoria St. Bunbury 6230
✉ 235a Flores Road Geraldton 6530
☎ 1300-443-331

仲介電話簿

○ **Skill Hire**
- 🌐 www.skillhire.com.au
- 📘 @skillhireau
- ✉ 142 Aberdeen St., Albany WA 6330
- 📞 (08)9892-7444

工廠資訊

○ **Fletcher Internaitonal WA**
羊肉工廠
- 🌐 www.fletchint.com.au
- ✉ Lot 520 Settlement Rd, Narrikup WA 6326
- 📞 (08)9892-4000
- 網頁可查工作機會，也有履歷可填寫。

提供住宿的農場

○ **Handasyde strawberries**
- 🌐 www.handasydestrawberries.com.au
- 📘 @handasydes
- ✉ 382 Chester Pass Road Albany WA 6330
- 📞 0467-443-417

🔟3 Carnarvon

農業型小鎮，有番茄工廠、香蕉工廠和海鮮工廠，及許多農場工作。除了香蕉工廠外其他農作物都是季節性的，去之前先打聽清楚。這區農場很多，如果你有車，可直接去農場找工作。

工作旅舍

○ **Port Hotel**
- ✉ 35 Robinson St., Carnarvon WA 6701
- 📞 (08)9941-1704

工作機會

○ **Gnaraloo Station**
- 🌐 www.gnaraloo.com.au
- 📘 @gnaraloostation
- ✉ Gnaraloo Rd., Carnarvon WA 6701
- 📞 (08)9942-5927
- 若有木工、油漆、焊接、機械修理相關經驗者，可以到這裡應徵維修工人的工作，將履歷Email寄到paul@gnaraloo.com.au。

求職管道

○ **Carnarvon 工作資訊及週邊**
- 📘 @276330469366052
- 不定期會有Carnarvon小鎮的工作職缺。

○ **Carnarvon Backpackers and Visitors**
- 📘 @1094703107210485
- 不定期會有Carnarvon小鎮的工作職缺。

🔟4 Karratha

靠開採鐵礦和天然氣而發展出來的工業小城。可以找到為了服務礦工們而產生的大量服務業工作。再往北一點的Port Hedland也差不多是這樣。

仲介電話簿

○ **WorkPac Recruitment Karratha**
- ✉ Unit 13/5-15 Sharpe Ave, Karratha WA 6714
- 📞 1300-967-572

○ **Merge Group**
- ✉ Unit 2/20 Hedland Place, Karratha WA 6714
- 📞 (08)9144-4358

⑮ Broome 布魯姆

西北澳的布魯姆是以海灘上的駱駝隊和登月之階聞名的觀光地，旅館很多，服務業發達。多為直接投履歷型。布魯姆的Coles不排斥用背包客，可以試試。這一帶也有農產品：芒果、哈蜜瓜、檸檬、葡萄柚等。所以有農場工作。週六早上會有假日市集喔。

工作機會

採珍珠：4、5月到9、10月之間是旺季，要找工作除了靠仲介之外，可上網找珍珠公司的網站有沒有徵人訊息，已經在Broome的人可以問客棧櫃檯人員或直接到公司丟履歷。一般會在船上做開殼的工作，如果要下水採珍珠需有潛水執照。

○ **Cygnet Bay Pearl Farm**
  天鵝灣珍珠養殖場
  🌐 www.cygnetbaypearlfarm.com.au
  ❲f❳ @PearlsofAustralia
  ✉ 2/23 Dampier Terrace, Broome WA 6725
  ☎ (08)9192-5402

⑯ Kununurra

西澳最北方的大鎮，盛產瓜類和芒果，鎮上也有旅館和服務業。周邊有許多農場，有車子的人也可以自己去接洽。

工作旅舍

○ **Poinciana Lodge**
  🌐 poincianalodge.com
  ✉ 20 Poinciana St., Kununurra WA 6743
  ☎ (08)9168-3350或0439-438-733

仲介電話簿

○ **The Job Shop**
  (伯斯也有據點)
  🌐 www.thejobshop.com.au
  ✉ 116 Coolibah Drive. Kununurra WA 6743
  ☎ (08)9168-1500

求職管道

以下兩個社團不定期會有人分享針對Kununurra小鎮的工作職缺。

Jobs in Kununurra WA
❲f❳ @540684292659656

East Kimberley [Kununurra, Wyndham and Halls Creek] Jobs Board
❲f❳ @179470958837613

南澳
South Australia

關於南澳
South Australia

充滿葡萄酒與節慶的藝文之鄉

　　南澳(South Australia)可以切成3個區域來看：第一個是以州府阿得雷德以東和以南、盛產葡萄酒和水果的部分；第二個是阿得雷德以西、兩個種植穀物和養殖鮪魚的半島；第三個就是北邊一大片荒涼無人的沙漠。背包客們通常待在第一個區域工作，因為這裡有非常多的農場，而且南澳全區的農場都有二簽資格可以拿。工作的空檔還可以跑到南邊的袋鼠島(Kangaroo Island)玩，這個面積和東京差不多大小的島上，有許多奇怪的野生動物。另外還有少部分的人會到西邊的兩個半島上去做服務業，或者乾脆不工作了，北上經過沙漠裡的挖礦小鎮，到北領地去玩。

⓱ Adelaide 阿得雷德

　　阿得雷德(Adelaide)是南澳的州府，在德語裡是「貴婦人」的意思。有著整齊的街道、頻繁的節慶活動、宜人的地中海型氣候，還有方便的中華街。因為台灣沒有飛機可以直達這裡，所以會來這裡的台灣背包客，通常已經有了一些經驗。而有了比較之後，許多背包客就被這裡的氣氛黏住不想離開了。來這裡的人除了找農場工作之外就是去北領地的烏魯魯(Uluru)玩，因為這裡是到愛麗絲泉(Alice Spring)機票最便宜的地方。

南澳
South Australia

如何從機場到市區

阿得雷德國際航線不多，所以機場比較小，出了機場大門左側就會看到公車站牌Stop 10 Adelaide Airport，可以搭J1、J2、J7、J8公車抵達市區。除了付現，也可以使用Metro Card南澳交通卡，機場的售票機有賣。

市中心有什麼

阿得雷德北邊的North Tce(北大街)是博物館、大學、圖書館和火車站聚集的地方。和這條大道平行的Rundle St.是主要的商店街。而Victoria Sq.(維多利亞廣場)西側的中央市場、中華街和中央客運站這一帶，則是客棧聚集，生活機能最充沛的地方。

【圖書館】

來到阿得雷德一定不要錯過南澳州立圖書館(State Library of South Australia)，就在North Terrace的街上，裡面連接了老圖書館，走進去彷彿置身於哈利波特的場景，在裡面看書，感覺好像隨時會有人在旁邊變魔法一樣。除了州立圖書館，市中心還有一間位於Rundle Mall的Adelaide City Library，以及位於北阿得雷德的North Adelaide Public Library。圖書館都有提供免費的無線網路。

【中華街】

沿著Grote St.往西走，就可以看到中華街的石獅與牌樓。有許多中菜自助餐、大型餐館、亞洲超市，甚至還有小吃攤。街上有通道可以接往中央市場。公布欄上面有許多中國留學生的租屋資訊。附近也有中醫診所。

【郵局】

市中心有好幾間郵局，在維多利亞廣場(Victoria Sq.)旁有間很氣派的，是阿得雷德的郵政總局。

✉ 2/10 Franklin St, Adelaide SA 5000

【市集】

① 傳統市場

中央市場(Central Market)就在Grote St.上中華街旁，東西又多又便宜。

> **中央市場營業時間**
> 週二 07:00～17:30
> 週三 09:00～17:30
> 週四 09:00～17:30
> 週五 07:00～21:00
> 週六 07:00～15:00
>
> **阿得雷德市集查詢**
> http www.you.com.au/ adelaide/market

② 假日市集

星期日早上在Rundle St.上有假日市集，會賣一些奇奇怪怪的東西。

③ 暢貨中心

阿得雷德唯一一個大型購物Outlet，是位於機場附近的Harbour Town Premium Outlets。

http harbourtownadelaide. com.au

認識交通系統
【輕軌電車】

城裡有輕軌電車，在城裡的範圍搭都不用錢，出了城以外的部分才會有車長來向你收錢。不過輕軌電車的路線有限，距離也都不會太遠，要去遠一點的地方還是要搭火車。

【公車】

搭公車除了購買地鐵票(Metro Ticket)，也可買當地的地鐵卡(Metro Card)，會比Metro Ticket便宜，而且2小時內搭乘公車只會收一次費用，還可以選擇14天或28天通票，分別是64.5元跟107元。詳細資訊，可以上Adelaide Metro網站查詢。

【免費公車】

在市中心有99A和99C兩個不同路線的公車是免費的，會環繞市中心的主要街道。在中華街前可以找到它的站牌，詳細路線圖可向遊客中心索取。

詳細路線圖可向遊客中心索取，或上Adelaide Metro網站查詢。

南澳
South Australia

【火車】

火車站有好幾條路線可以搭。

【長途火車】

要搭長途火車的話,要到城市西南角的Keswick Railway Station乘坐。

【長途客運】

在中央客運站(Central Bus Station)可以搭長途客運去到南澳各個地點。如果你要到其他省分,也可以在這裡找到灰狗巴士、Firefly和V-line等客運公司。

【腳踏車】

在中央客運站旁,111 FranklinSt.,是Adelaide City Bike的總辦公室,可以免費借用腳踏車,不過一次只能借一天,當天下午歸還。城市裡還有另外7個腳踏車借用點,詳情請洽該辦公室或上網查詢。

交通資訊Memo

Adelaide Metro
阿得雷德大眾運輸資訊
http www.adelaidem etro.com.au

Adelaide City Bike
免費腳踏車租借
http www.bikesa.asn.au
(08)8168-9999

計程車叫車電話
13-22-11
13-22-27
13-10-08

工作機會
【服務業】

背包客在城裡能做的工作並不多,大概只有服務生、廚房助手、清潔人員或是房務人員等服務業工作。搭火車或是輕軌電車,到沿線比較熱鬧的站,像Glenelg之類的地方也有機會。

【中華街】

中華街很多餐廳,也常常徵人,但幾乎全是無稅工作,而且薪水低到嚇死人。除非走投無路,否則還是不要去浪費時間。

【工廠、農場】

這類工作就靠仲介來幫你找了。

票券(MetroTicket)

阿得雷德的大眾運輸票券整合得很好,公車、火車和輕軌電車都是用同一種票券,可以互通。

工作機會

Samex 羊肉工廠
http www.samex.com.au
✉ 128 Gilbert Street Adelaide South Australia 5000
☎ (08)8413-8000

South Australian Potato Company 馬鈴薯工廠
http sapotatoco.com.au
✉ 102-106 Alexandrina Rd, Mount Barker SA 5251
☎ (08)8391-0966
筆者(Irene)曾經在這間馬鈴薯工廠做過，有時候還有機會拿整袋馬鈴薯回家加菜！

工作旅舍

Adelaide Travellers Inn
✉ 220 Hutt St. Adelaide SA 5000
☎ (08)8224-0753

仲介電話簿

Madec
http www.madec.edu.au
這是整個南澳都有據點的連鎖農場工作仲介公司，只要是南澳的農業小鎮，在網站裡都可以找到當地的仲介資料。

Viterra
http viterra.com.au
✉ Level 1, 186 Greenhill Road Parkside, SA 5063
☎ (08)8304-5000
這是南澳的一家大型穀物公司，你可以在網站上找到農場或穀倉的相關工作，逢收成季節會有很多工作機會。

Skill Hire
http www.skillhire.com.au
✉ Unit 5, 74 Fullarton Road, Norwood, SA, 5067
☎ (08)88349-3400

Trojan Workforce
http www.trojanworkforce.com.au
✉ 219 Gouger St. Adelaide SA 5000
☎ (08)8443-5130

Complete Personnel
http www.complete-personnel.com.au
✉ Level 1,183 Melbourne St, North Adelaide, SA 5006
☎ (08)8267-9000

Action Workforce
http www.actionworkforce.com.au
✉ 506B Henley Beach Road, Fulham SA 5024
☎ (08)8353-2666

Jobs Statewide Adelaide
http www.jobs-statewide.com.au ✉ Level 1, 60 Waymouth St, Adelaide SA 5000
☎ (08)8212-9000
這間在南澳有很多分店。

Horner Recruitment
http www.horner.com.au
✉ Suite 609/147 Pirie Street, Adelaide SA 5000
☎ 1300-119-580

Findstaff
http findstaff.com.au
✉ Level 1/136 Frome St. Adelaide, SA 5000
☎ 1300-995-627

Manpower
http www.manpower.com.au
✉ Level 9, 99 Gawler Place, Adelaide SA 5000
☎ (08)8214-6200

南澳
South Australia

⓲ Port Augusta / Whyalla / Port Lincoln

Port Augusta在阿得雷德北方，是南澳重要的轉運城市。Whyalla是進入Eyre半島的門戶城市，是南澳第二大城。而Port Lincoln則是澳洲唯一成功養殖黑鮪魚的城市。這3個城市的共通點就是人都不少，所以有餐廳、速食店、旅館，還有星級飯店等服務業工作。不過直接殺去的風險有點大，建議透過仲介，或是先在網路上找該地的旅館，看看他們的網頁有沒有什麼徵人訊息。

Port Lincoln是世界上鯊魚前二多的地方，但是傍晚時的海灣美得不得了。

仲介電話簿

○ **Career Employment Group**
- http www.ceg.net.au
- ✉ 47 - 49 Commercial Rd, Port Augusta SA 5700
- ☎ 1300-885-697

- - - - - - - - - - - - - -

- ✉ 80 Cartledge Ave, Whyalla Norrie SA 5608
- ☎ 1300-885-697

- - - - - - - - - - - - - -

- ✉ 91 Liverpool St, Port Lincoln SA 5606
- ☎ 1300-885-697

○ **Complete Personnel**
- http www.complete-personnel.com.au
- ✉ 40 Flinders Tce, Port Augusta, SA 5700
- ☎ (08)8642-0900

- - - - - - - - - - - - - -

- ✉ 169 Nicolson Ave, Whyalla Norrie, SA 5608
- ☎ (08)8644-0600

- - - - - - - - - - - - - -

- ✉ 20 Napoleon St, Port Lincoln SA 5606
- ☎ (08)8682-1698

這間仲介在南澳許多地方都有分公司，可以到網站裡看看。

⑲ Barossa Valley

Barossa Valley其實是由Tanunda、Nuriootpa、Bethany、Angaston這幾個小鎮所組成的一個環型的葡萄酒產區，是全澳最大的葡萄酒產區，每年的生產量約占全國的25%。自然也就有葡萄園的相關工作啦！

仲介電話簿

○ **Fuse Recruitment**

🔗 www.fuserecruitment.com

✉ Level 1/33 Murray St, Gawler SA 5118

📞 (08)8104-0747

這可以透過這間仲介公司，申請位於Barossa地區葡萄酒莊的工作。

⑳ Adelaide Hills / Clare Valley / McLaren Vale

除了Barossa Valley，這三個圍繞著阿得雷德的地區也有很多葡萄園，不過要找工作的話，就得直接去問農家，或是找城裡的仲介才行了。

㉑ Victor Harbor

Victor Harbor是阿得雷德南方一個有名的觀光小鎮，鎮上也有仲介公司，來玩的時候也可以順道去問問工作，另外FWS這間仲介公司在袋鼠島上竟然也有據點，運氣好的話說不定可以找到島上的工作。

㉒ Robe

Robe是人口不到1,000的漁港小村，不過以前淘金熱的時候可是個大鎮。這附近有和葡萄相關的農場工作可以做。

仲介電話簿

○ **Jobs Statewide**

🔗 www.jobs-statewide.com.au

✉ 48/50 Torrens St., Victor Harbor SA 5211

📞 (08)8552-6988

港邊有著名的雙層馬車。

㉓ Berri / Barmera / Renmark / Kingston on Murray / Loxton / Waikerie

這幾個位於阿得雷德東北、靠近維多利亞邊界，圍繞著湖泊和國家公園的小鎮們，是南澳重要的農產地，其中以身為黑工大本營的Renmark最有名。主要生產蘋果、梨子、堅果、櫻桃、葡萄和一大堆橘子。雖然區域很遼闊，但工作旅舍只有幾間。不過每個鎮上都有農場仲介Madec的分公司(見本篇阿得雷德的仲介電話簿P.261)，如果有車的話也可以自己去問問看。

工作旅舍

Loxton Smiffy's Accommodation
- ✉ 75 Bookpurnong Tce, Loxton SA 5333
- ☎ 0419-847-442或(08)8584-7442

Berri Backpackers
- 🌐 tillinoz.wixsite.com/berribackpackers
- ✉ 1081 Old Sturt Hwy, Berri SA 5343
- ☎ (08)8582-3144

㉔ Bordertown

Bordertown是一個舒服但無聊的地方，圖書館可以免費上網。除了羊肉工廠，這附近也有葡萄園剪枝和洋蔥工廠的工作，不過大部分是黑工，所以就不列出了，有興趣的話自己問問吧！

㉕ Naracoorte

南澳東南邊的小鎮，有洋蔥工廠和葡萄園工作。

工作機會

Dolling Produce 洋蔥工廠
- 🌐 www.dollingproduce.com.au
- ✉ 7852 Riddoch Highway Keppoch SA 5271, Australia
- ☎ (08)8765-6143

PGL Vineyards 葡萄農場
- 🌐 www.pglvineyards.com.au
- ✉ 7432 Riddoch Highway, Padthaway Padthaway, SA 5271
- ☎ 0439-827-003 或 (08)8765-6018

維多利亞

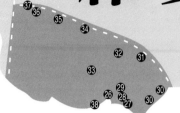

Victoria

關於維多利亞

Victoria

兼有藝術氣質與運動狂熱的美麗之州

維多利亞(Victoria)是澳洲本土面積最小的一個州，屬於溫帶海洋氣候，地勢和自然景觀非常多變，往山上走可以滑雪，往海邊走可以衝浪。這個因金礦而興起的州因為人口眾多，有不少略具規模的小城鎮。除了農場工作之外，這些小城也有些服務業可以做。我們就以墨爾本為中心，由東到西逆時針轉一圈地介紹維多利亞各區的工作吧！

26 Melbourne 墨爾本

墨爾本(Melbourne)是一座很有韻味的藝文城市，到處都是藝廊、書店和美麗的維多利亞時代建築；這也是一座熱愛競賽的體育城市，澳式足球、網球和賽馬開始比賽的時候，整個城市都陷入瘋狂。因為亞航的關係，這裡也是許多背包客的第一站。服務業工作機會不少，往郊區也有農場和滑雪場的工作機會。在墨爾本生活是很愉快的事，交通方便，到處都有好玩的事，只要你待得夠久，這座城市的底蘊一定會讓你印象深刻。整體來說氣候溫和，但一日之間的變化不小，所以常常有人說墨爾本是一日四季，出門記得要多帶件衣服。

維多利亞
Victoria

墨爾本官方觀光網站
http www.visitmelbourne.com
裡面有中文的各大景點說明，誠意十足。

墨爾本接駁公車網站
http www.skybus.com.au
裡頭可以找到轉乘小接駁車的時間表。

如何從機場到市區

墨爾本的機場接駁公車叫「Skybus」，24小時營運，行經路線是國際機場、國內機場、市中心的南十字星車站(Southern Cross Station)。到了南十字星車站之後可以再免費轉乘小接駁車到你所住的客棧。不過小接駁車有營運時間的限制(週一～週五06:00～21:30、週末07:30～17:30)，太晚就搭不到了。如果你沒有先訂好住處，可以暫時把行李寄放在置物櫃裡，反正車站就在市中心，之後再來拿也很方便。要到機場也是到南十字星車站搭車。另外有些客棧還會推出住3天以上可以憑接駁公車票根退車資的優惠，入住之前可以先查一下。

市中心有什麼

墨爾本的市中心方方正正的，機能很齊全，客棧也很多。

【圖書館】

位於Swanston St.與Latrobe St.街口，建於1853年，是澳洲最古老的圖書館。裡頭古色古香，當然也有無線網路和列印服務啦！

【中華街】

中華街在Little Bourke St.，是澳洲最早的中華街，還有華人博物館，不過街上大部分是餐廳和禮品店，如果要買亞洲食品的話要到其他地方找。市中心其實還滿多家亞洲超市的，像是位於Russell St.的運時亞洲超市(Balwyn也有分店)。其他還有位於Little Bourke St.的大亞食品，以及墨爾本連鎖韓國超市KT Mart，就在Elizabeth St.上面。

在市區之外，「BoxHill」這個華人聚集的城區，也有許多亞洲商店和食肆，東西又多又便宜。

氣派又豪華的圖書館。

在St. Kilda的Luna Park是有名的地標(新加坡某個客棧的牆上也畫了這圖呢！)

【郵局】

市中心的郵政總局是座非常漂亮的大鐘樓，除了郵政事務之外還是個購物中心呢！

✉ 260 Elizabeth St., Melbourne VIC 3000

這麼古色古香的十大書坊，大概也只有墨爾本有吧！

【市集】

① 傳統市場

維多利亞女皇市場(Queen Victoria Market)是澳洲最大的露天市場，有各式各樣便宜的商品和食材，是來墨爾本絕對不可以錯過的地方。市場的位置就在Queen St.上，非常好找。

女皇市場營業時間
週二 06:00～15:00
週四 06:00～15:00
週五 06:00～15:00
週六 06:00～16:00
週日 09:00～16:00

維多利亞女皇市場有許多精美的手工藝品。

② 假日市集

墨爾本也是一個假日市集非常多的地方，這裡僅挑選幾個大家較常去的介紹。

假日市集

Camberwell
Sunday Market
✉ 城西Camberwell的
Station St.
ⓒ 週日07:00～12:30
是個大型的跳蚤市場口。

Arts Centre
Sunday Market
✉ 100 St Kilda Rd的藝術中心裡
ⓒ 週日10:00～16:00
專賣手創品的創意市集。

Esplanade Market
✉ St Kilda(在每年夏天也會有夜市喔)
ⓒ 每週日10:00～16:00
是在海灘邊的創意市集。

③ 夜市

在暑假期間(11月底～2月底)，每週三17:30開始，維多利亞女皇市場就會變身成鈴木夜市(Suzuki Night Market)，還會有戶外的表演團體助陣喔！之所以會有夜市，是因為2001年有位香港出生的蘇震西先生當選了第一屆的民選市長，他便把夜市這個華人社會的好習慣帶了進

維多利亞

Victoria

來，後來他還獲選為世界最佳市長(不過為什麼取名叫鈴木夜市就不得而知了)。不過不是每年都有，可以隨時注意官方消息。

④暢貨中心

墨爾本最大的Outlet叫做DFO，共有4間。最靠近市中心的位於SouthWharf。另外3間分別是DFO Essendon、DFO Moorabbin，以及DFO Uni Hill。

http www.dfo.com.au

認識交通系統

【公車】

墨爾本身為大城市，公車當然很發達。除了一般日間的公車，晚上也有夜間公車(Nightrider)，週末還會一直營業到凌晨，是很貼心的設計。

還有城市觀光巴士(City Sightseeing)，目前暫時停駛，可以上Worldwide City Sightseeing網站查詢最新消息。

【輕軌電車】

墨爾本是電車之都，城裡到處都充滿了電車軌道，非常方便。要搭電車很簡單，在自動售票機買票，上車再插票就可以了(車上也有售票機，不過只吃硬幣)。除了一般電車，還有環繞著市中心、造型復古可愛的環城電車(City Circle Tram)可以免費搭乘。

車長會透過廣播介紹行經的建築物，而且有時車裡還會播放City Circle Tram之歌，非常有趣。以前還有世界唯一的電車餐廳「Colonial Tramcar Restaurant」，後來停止服務，筆者(Irene)有幸於2017年看到過，沒想到竟是最後一眼了！

【火車】

在墨爾本搭火車旅遊非常方便，因為範圍很廣，許多景點都在沿線上，市中心就有好幾個車站，可視你要去的地方做選擇。

交通資訊Memo

墨爾本輕軌電車
http www.yarratrams.com.au

墨爾本交通網
http www.ptv.vic.gov.au
裡頭有各種大眾交通工作的時間表、路線、費用、以及各種優惠票的資訊。

計程車叫車電話
☎ 13-22-11
☎ 13-22-27
☎ (03)9579-7888

【長途火車】

目前會途經墨爾本的長途火車只有一台，是連接墨爾本和阿得雷德之間的Overland，火車標誌是一隻鶅鶹，可以在南十字星車站搭乘。訂票方式請查詢Journey Beyond的網站。

http www.journeybeyondrail.com.au

【客運】

到南十字星車站除了是火車站，也是客運出發與抵達的轉運站。這裡有很多家不同的客運公司任你選擇，其中有政府輔助的V-line算是比較便宜的客運。

【船】

從墨爾本港可搭「塔斯馬尼亞精神號」(Spirit of Tasmania)到塔斯馬尼亞的戴文港(Devonport)路程約11個小時，一天兩班。船上還有紀念品店、餐廳、電影院和賭場。你可以在賭場裡演賭神的橋段，問問朋友是不是已經到公海了。

塔斯馬尼亞精神號
http www.spiritoftasma-
nia.com.au

【開車】

墨爾本的電車實在太多了，所以有個特別的交通規則叫鉤形轉彎(Hook Turn)，姑且看作是「汽車二段式右轉」會比較容易理解。在輕軌電車軌道轉彎的地方，為了怕車子轉彎時會和電車相撞，所以有這個規定。在這種特殊路口，車子要右轉的話，要先靠左道，開到斑馬線外「虛擬的」汽車待轉區，然後把車頭轉右，等左右方向的綠燈亮了再開車。簡單講就是像機車的二段式左轉，只是方向相反、機車換成汽車。

而關於收費道路的問題(在某些高速公路會遇到收費站)，請參考「交通篇」P.146。

工作機會
【服務業】

墨爾本人多所以服務業也很多，只是薪水都沒有很高。城裡較多的工作機會是餐飲或清潔類。可以搭火車到周邊的其他小城鎮找工作。

【小農場】

墨爾本的周邊有不少小型農場，可以靠仲介或是乾脆自己開車去應徵。

【華人聚集區】

「Box Hill」這個華人聚集區有許多餐廳工作，不過都是黑工就是了，薪水滿低的。

票券

墨爾本的票卡有點複雜。首先，墨爾本市區的公車、輕軌電車和火車都可以使用同一種交通卡，叫做Myki卡。不過一旦超過墨爾本市區的範圍，Myki卡可能就不能使用。以V/Line列車為例，Myki卡只能使用於Eaglehawk、Epsom、Seymour、Traralgon、Waurn Ponds和Wendouree之間的V/Line列車，其他路線就需要購買紙本車票。巴士(Coach)也是一樣，有些巴士路線只能購買紙本車票，沒辦法使用Myki卡。不過Myki卡有個好處，就是可以買Myki Pass(通行證)，有分成7天、28天及365天，可以在選擇的區域內不限次數搭乘交通工具，但是所選區域不能是本來就不能使用Myki卡的地方。完整的票卡使用資訊可以上Public Transport Victoria網站查詢。

http www.ptv.vic.gov.au

維多利亞
Victoria

工作機會

Cherrybrook Cherryfarm
櫻桃農場
- cherryfarm.com.au
- 562 Jones Rd, Mount Bruno VIC 3675
- 0409-009-878

Chocolatier Australia
巧克力工廠
- www.chocolatier.com.au
- 111/117 Bamfield Rd, Heidelberg West VIC 3081
- (003)9455-9000
- 傳說中的夢幻巧克力工廠，但是不能集簽。

Corex Plastics Australia
塑膠工廠
- corex.com.au
- 261 Frankston - Dandenong Rd, Dandenong South VIC 3175
- (03)9238-1300

Viterra 小麥廠
- viterra.com.au
- Level 8, 484 St. Kilda Road Melbourne, VIC 3004
- (03)9864-2000

仲介電話簿

Agricultural Appointment
- www.agri.com.au
- St Kilda Towers Business Centre, 1 Queens Road, Melbourne VIC 3004
- (03)9866-6899

SPC Ardmona
- spc.com.au

- - - - - - - - - - - - - - -

主要辦公室
- Suite 4, Level 1, 3 Bristol Street, Essendon Fields VIC 3041
- (03)9861-8999

- - - - - - - - - - - - - - -

工廠
- Andrew Fairley Avenue, Shepparton VIC 3630
- (03)5833-3777

Horner Recruitment
- www.horner.com.au
- Level 8, 160 Queen St, Melbourne VIC 3000
- (03)9604-2888

Agricultural Appointment
- www.agri.com.au/contact
- 1 Queens Road, Melbourne VIC 3004
- 1300-209-641

Action Workforce
- www.actionworkforce.com.au
- Unit 1, 32 Westside Drive, Laverton North VIC 3026
- (03)9977-9100

Findstaff
- findstaff.com.au
- 192 High Street Northcote, VIC 3070
- 1300-995-627

Manpower
- www.manpower.com.au
- Level 7, 180 Flinders Street, Melbourne VIC 3000
- (03)8633-4000

Australia Wide Labour Hire
- www.labourhireaustraliawide.com.au

- - - - - - - - - - - - - - -

- 241 Blackburn Rd, Mount Waverley, VIC 3149
- (03)9847-6500

- - - - - - - - - - - - - - -

- Level 1, 92 Railway St., Altona Victoria 3018
- (03)9094-7923

27 Warragul / Koo Wee Rup

Koo Wee Rup位於墨爾本市區東南方的海灣旁，有許多農場在這裡。再往西走，公路上的Warragul也有番茄農場。

農場

○ **Flavorite Farm**
- http www.flavorite.com.au
- ✉ 264 Copelands Rd, Warragul VIC 3820
- ☎ (03)5623-1693

28 Emerald

在墨爾本東南邊，是最靠近城市的農業小鎮。

工作旅舍

○ **Emerald Backpackers**
- ✉ 2 Lakeview Crt, Emerald VIC 3782
- ☎ 0412-458-227

29 Yarra Glen

在墨爾本東邊，亞拉河(Yarra River)流經的這個區域，是維多利亞主要產酒區，有不少和葡萄相關的農場工作。

30 Maffra / Bairnsdale

Bairnsdale是墨爾本東邊一座靠海的熱鬧城鎮，鎮上有些服務業，附近也有一些農場工作，其東南邊的Maffra有工作旅舍。

工作旅舍

○ **Cambrai Backpackers Hostel**
- http www.cambraihostel.com.au
- f @cambraiworkinghostel
- ✉ 117 Johnson St, Maffra 3860 VIC
- ☎ 0403-476-449
- 這間價位有點高，去之前要先問清楚。

仲介電話簿

○ **Workways Association**
- http www.workways.com.au
- ✉ 280 Main St, Bairnsdale VIC 3875
- ☎ 1800-631-196

31 Wangaratta / Myrtleford / Beechworth / Bright

Wangaratta位於墨爾本東北，小鎮周邊一路往東南走，到Bright都有一些農場，產的東西也很妙，有菸葉和栗子。當地沒有工作旅舍，要找農場工作可利用關鍵字搜尋。

維多利亞
Victoria

仲介電話簿

Sureway Employment and Training Wangaratta
- www.sureway.com.au
- 70 Murphy Street, Wangaratta VIC 3677
- 1300-787-392

Recruitment Select
- recruitmentselect.com.au
- 10 Mason Street, Wangaratta, VIC 3677
- (03)5720-0320 或 0417-313-989

㉜ Shepparton / Mooroopna / Murchison / Cobram / Echuca

以大鎮Shepparton為首的這個區域在墨爾本的正北方,是水果的大產區。Shepparton產蘋果、梨、櫻桃和番茄,鎮上也有一些服務業的工作。Cobram則有很多的橘子。

工作旅舍

William Orr Hostel
- 260 Wanganui Rd, Shepparton VIC 3630
- (03)5833-2891

Echuca Backpackers (Nomads Oasis Backpackers)
- www.backpackersechuca.com.au
- 410-424 High St, Echuca VIC 3564
- (03)5480-7866

仲介電話簿

Recruitment Select
- recruitmentselect.com.au
- 98 Drummond Rd, Shepparton VIC 3630
- (03)5822-8500

SPC Ardmona
- spc.com.au
- Andrew Fairley Avenue, Shepparton VIC 3630
- (03)5833-3777

SPC是處理水果和蔬菜的工廠,不過在旺季的1~4月才比較容易有工作。

CVGT Australia
- www.cvgt.com.au
- 12 Ashenden Street Shepparton Vic 3630
- 13-28-48 或 (03)5481-3444

🎲 Bendigo

位於墨爾本西北，是因為淘金興起的大鎮，現在則是個觀光地，鎮上有許多中國建築和有趣的景點，有服務業和農場的工作。

仲介電話簿

○ **Cvgt Australia**
🌐 www.cvgt.com.au
✉ 17 Jackson St., Long Gully VIC 3550
☎ 13-28-48

○ **Access Australia Group**
🌐 aag.org.au
✉ 18-20 St. Andrews Ave, Bendigo, VIC 3550
☎ (03)5445-9800

🎲 Nyah / Swan Hill / Kerang

位於墨爾本西北邊靠近邊界處，主要產葡萄和其他水果。

工作旅舍

○ **The Depot @ Nyah**
✉ 2921 Murray Valley Hwy, Nyah VIC 3594
☎ (03)5030-2625

○ **Nyah Village Caravan Park**
✉ 2636 Murray Valley Highway. Nyah VIC 3594
☎ (03)5030-2284

仲介電話簿

○ **MADEC Swan Hill**
🌐 www.madec.edu.au
✉ 186-188 Beveridge St, Swan Hill VIC 3585
☎ (03)5033-0025

🎲 Robinvale / Nangiloc / Red Cliffs

Robinvale是人稱黑工大本營的小鎮，從這裡往西北邊走到Nangiloc，一直連接到Mildura南邊的Red Cliffs都是有農作物的地帶。

工作旅舍

○ **Red Cliffs Backpackers**
🌐 redcliffsbackpackers.com.au
f @RedCliffsBackpackers
✉ 63 Indi Ave, Red Cliffs VIC
☎ 0422-445-184

○ **Robinvale Bridge Motel**
✉ 112 Bromley Rd, Robinvale VIC 3549
☎ (03)5026-4907

工作機會

○ **Robinvale Organic Wines**
葡萄農場
🌐 organicwines.com.au
✉ 243 Sea Lake Rd, Robinvale VIC 3549
☎ (03)5026-3955

維多利亞
Victoria

Billabong Backpackers Mildura
✉ 33 Lemon Ave, Mildura VIC 3500
☎ 0408-121-303

36 Mildura

Mildura是個頗具規模的綠洲小城，位於維多利亞的西北邊，但從阿得雷德搭客運過來還比較近。這一帶是著名的葡萄、橘子產區，還會有一些其他零星的農作物，像南瓜、豌豆之類的。整個區域非常廣大，包括附近的Merbein也有工作機會。東北邊約1小時車程有世界遺產Mungo National Park，是澳洲考古學的發源地，不過路太爛了，一定要四輪驅動車才行。

工作旅舍

Mildura International Backpackers
✉ 5 Cedar Ave, Mildura VIC 3500
☎ 0408-210-132 (老闆John人很好)

Sunraysia Backpackers
http www.sunraysiaback packers.com.au
✉ 441 Deakin Ave, Mildura VIC 3500
☎ 0477-660-196

Mildura Stopover Guesthouse
http www.stopover.com.au
✉ 29 Lemon Ave, Mildura VIC 3500
☎ 0408-210-132 或 0418-147-363

仲介電話簿

MADEC Wesley Centre
✉ 126-130 Deakin Ave, Mildura VIC 3500
☎ (03)5021-3472

37 Wentworth (NSW)

Wentworth其實被劃分在新南威爾斯，不過因為離Mildura實在是太近了，就放在這裡一併說明。這也是一個產葡萄的小鎮，有一些白葡萄果園可以工作。

38 Geelong

這個發音聽起來像基隆的城市是維多利亞的第二大城，就在墨爾本的西南方，基本上和墨爾本可以說是連在一起，人口眾多，以澳式足球聞名。服務業也很多。

仲介電話簿

Hays
http www.hays.com.au
✉ Suite 16, Level 1, 240 Pakington St, Geelong West, VIC, 3218
☎ (03)5226-8000

塔斯馬尼亞

Tasmania

關於塔斯馬尼亞

Tasmania

古老大陸之外的綠色淨土

塔斯馬尼亞(Tasmania)因為緯度和山勢的關係，和澳洲本土有截然不同的景色，面積是台灣的2.5倍，主要以農牧業和觀光業為主，是個沒有什麼汙染的乾淨島嶼。島上的交通除了大城市之間的長途客運之外並不方便，最好的遊玩方式是租車，如果你想長期留在島上的農場工作，還是買輛車會比較方便。塔斯馬尼亞和西澳一樣，都是買車手續很簡便的州，離開時再賣掉，要不也可以花點錢用船運回澳洲。要到這個島上除了飛機之外，還可以從墨爾本搭渡輪，不過費用不會比機票便宜就是了，而且飛機可以飛的點還比較多。

塔斯馬尼亞的工作主要是農業，不過不是全年都有工作，要去的話記得先聯絡好以免撲空。另外在旅遊旺季也會有旅館工作。

39 Hobart 荷巴特

荷巴特(Hobart)是塔斯馬尼亞的首府，依山傍水而建，街道很乾淨，是座富有藝文氣息的城市。因為緯度很高，夏天時晚上9點多天還是亮的，只是街上都沒有人，就變得像鬼城一樣。冬天的時候附近的威靈頓山(Mount Wellington)還會下雪。

如何從機場到市區

可直接搭Hobart City Express(Skybus營運)到市區，巴士會停靠在1號大門外的黃色巴士候車亭的右側。車票可以直接跟司機購買，單程19.5元。

塔斯馬尼亞

Tasmania

市中心有什麼

荷巴特的市區不大，但單行道很多，開車時要特別注意。客棧除了市中心有幾間，其他主要集中在Liverpool St.一帶。遊客中心就在富蘭克林廣場(Franklin Sq.)旁邊，從市中心往港邊走一下就會看到了。是間可愛的紅色小房子。

【圖書館】

荷巴特圖書館的地址是91 Murray St.，營業時間09:30～18:00(週六14:00結束，週日休館)。圖書館有免費的無線網路可以使用！

【郵局】

荷巴特有很多郵局，總局的地址是Elizabeth St, Hobart TAS 7000。在富蘭克林廣場(Franklin Sq.)旁，是一間漂亮的鐘樓。

【市集】

① 超級市場

荷巴特有Coles和Woolworths(大型連鎖生鮮超市，詳見「生活篇」P.84)，但是離市中心都有點距離，可以直接用Google Map搜尋找離你最近的超市。在莎拉曼卡市集(Salamanca Market)也有小型超市。

② 假日市集

每週六上午，靠近港邊的莎拉曼卡市集(Salamanca Market)總是人山人海非常熱鬧，有街頭藝人、食物攤位和許多有趣的東西。

莎拉曼卡市集有各式各樣的手作工藝品。

認識交通系統

【公車】

荷巴特的公車系統並不發達，公車總站就在郵政總局門口。

交通資訊Memo

荷巴特公車資訊網
🔗 www.metrotas.com.au

長途客運 Tassielink
🔗 www.tassielink.com.au
有賣通票，可以讓你在一定時間裡無限次搭公車，行車路線圖可以在網站上看到。另有提供Walking Tracks Links的服務，想要嘗試搖籃山步道(Cradle Mountain Overland Track)的人可以搭這個上山。轉運站在64 Brisbane St.上。

長途客運 Redlink
🔗 www.tasredline.com.au
轉運站在230 Liverpool St.上。

荷巴特計程車叫車電話
📞 13-22-27或13-62-94

【開車】

　一開始的簡介就提過，開車是這個島上最方便的移動方式。要特別叮嚀的是，島上的動物實在太多了，尤其過了傍晚請盡量不要在山裡開車，因為一定會有動物跑出來。

【長途客運】

　塔斯馬尼亞沒有州營的客運，只有民營的。客運除了連接荷巴特(Hobart)、朗瑟士敦(Launceston)、戴文港(Devonport)這些大一點的城市之外，也有跑一些旅遊景點，雖然沒有環島路線，班次也沒有很方便，但要用客運作島上的旅行，還是有可能的。

工作機會

　到市中心的遊客中心詢問一下，可以得到一些仲介或是農場的資料。

【服務業】

　荷巴特對背包客來說能做的大概就只有服務業，多半是餐廳和旅館，連速食店都不是很好找，不然就要出城找農場工作。城市附近比較有名的農場有Reid fruits、Smart Berries Farm等，可以上網找他們的位置。

仲介電話簿

○ **Findstaff**
🌐 findstaff.com.au
✉ 1 Bowen Rd Moonah, TAS 7009
☎ 1300-995-627

○ **Horner Recruitment**
🌐 www.horner.com.au
✉ Level 6, 85 Macquarie Street, Hobart TAS 7000
☎ 1300-119-580

○ **Manpower**
🌐 www.manpower.com.au
✉ Level 1, 41A Salamanca Place, Hobart TAS 7004
☎ (03)6242-2008

○ **Searson Buck**
🌐 www.searsonbuck.com.au
✉ Level 6, 85 Macquarie St, Hobart, TAS 7000
☎ (03)6333-3055

○ **Workskills**
🌐 www.workskills.org.au
✉ Suite 7 Trafalgar Centre－110 Collins Street, Hobart
☎ (03)6262-5400

⓬ Launceston 朗瑟士敦

朗瑟士敦(Launceston)是島上的第二大城，有很多服務業，對背包客而言生活機能比荷巴特還要方便。臨近市區西邊的奔流峽谷是個很棒的景點，用走的就會到。

塔斯馬尼亞

Tasmania

仲介電話簿

Searson Buck
- http www.searsonbuck.com.au
- ✉ Tenancy 2, Level 1 "Milledge Lane", 112 Cimitiere Street, Launceston, TAS 7250
- ☎ (03)6333-3888

Workforce Extensions – Launceston
- http www.workforcexs.com.au
- ✉ Suite 22, Coulter Ct, Launceston TAS 7250
- ☎ (03)6311-0127

Corestaff
- http www.corestaff.com.au
- ✉ 255 Brisbane St. Launceston TAS 7250
- ☎ (03)6311-1799

㊶ Devonport 戴文港 / Ulverstone / Gunns Plains

戴文港(Devonport)是從墨爾本搭船到塔斯馬尼亞的接駁港口，港邊常常看得到巨大的塔斯馬尼亞精神號(Spirit of Tasmania)。這裡也是到搖籃山(Cradle Mountain)最近的一個大鎮。而戴文港東邊的Ulverstone和東南的Gunns Plains這兩地都有一些農場，採櫻桃和草莓。有車的話，可以直接到當地去找。

工作旅舍

Tasman Backpackers
- http www.tasmanbackpackers.com.au
- ✉ 114 Tasman St, Devonport TAS 7310
- ☎ (03)6423-2335

仲介電話簿

WISE Employment
- http wiseemployment.com.au
- ✉ 38-40 Formby Road, Devonport, TAS 7310
- ☎ (03)6422-5200

Leftfield
- http leftfield.net.au
- ✉ 2/33-35 Steele St., Devonport TAS 7310
- ☎ 0428-103-090 或 (03)6459-0430
- 以農場工作為主的仲介。

Corestaff
- http www.corestaff.com.au
- ✉ 47 Best St., Devonport TAS 7310
- ☎ (03)6311-1799

MAX Employment Devonport
- http www.maxsolutions.com.au
- ✉ 165 William St., Devonport TAS 7310
- ☎ 1800-603-503

㊷ Ross

這個小鎮在荷巴特北方，基本上沒有什麼工作好找，會被提到只是因為這個小鎮上有《魔女宅急便》作為動畫藍本的麵包店。動畫裡琪琪住的麵包店閣樓，現在也變成可住人的旅館，只是要事先預約。

㊸ Huonville / Cygnet / Geeveston

這3個小鎮都是在荷巴特西南方的農業小鎮，以採櫻桃、藍莓、草莓和蘋果為主。附近的農場還不少，不過有些很偏遠，手機要Telstra系統才收得到訊號。除了Geeveston，3個小鎮中間還有一個叫Cradoc的小小鎮有工作旅舍，其他的就得靠工頭仲介或是自己找了。找到工作後，大部分是住在農場的宿舍裡，有車會比較方便。

工作旅舍

○ **Huon Valley Backpackers**
- 🌐 www.huonvalleybackpackers.com
- ✉ 4 Sandhill Rd, Cradoc TAS 7109
- 📞 (03)6295-1551

○ **Little Devil Backpackers**
- 🌐 www.littledevilbackpackers.com.au
- ✉ 201 Main Road, Huonville, TAS 7109
- 📞 (03)6264-2953

仲介電話簿

○ **Huon Valley Trade Training Centre**
- 🌐 www.maxsolutions.com.au
- ✉ 101 Wilmot Rd, Huonville TAS 7109
- 📞 (03)6264-0888

○ **Maxima Group**
- 🌐 maxima.com.au
- ✉ 11 Main St., Huonville TAS 7109
- 📞 1300-669-859

新南威爾斯、坎培拉

New South Wales , Canberra

(圖片提供：Humorghost)

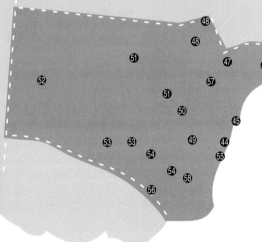

PLATYPUS
BILLABONG
NEXT 7 km

關於新南威爾斯

New South Wales , Canberra

人潮和故事聚集的首善之區

因為東澳洋流的關係(就是海底總動員裡尼莫爸爸搭乘的EAC, East Australian Current)，位於澳洲東南角的新南威爾斯(New South Wales)，海岸地帶氣候溫和、適宜人居，是個非常熱鬧的地方，加上還有雪梨這個熱點，幾乎是每個背包客都會造訪的地方。新南威爾斯大概可以分成4區：人口聚集的海岸線地區、南邊的雪山地區、雪梨西邊的藍山地區，還有更深入的內陸地區。新南威爾斯的工作旅舍並不多，但意外的是這個州其實有許多的小農場。另外，大城市有許多的服務業工作，也是想待在城市裡的背包客不可錯過的選擇。接下來讓我們以雪梨為中心，逆時針繞整個新南威爾斯來作介紹吧！

（圖片提供：Elin）

㊹ Sydney 雪梨

　　講到雪梨(Sydney)就想到歌劇院和大橋。這是全澳洲規模最大、人也最多的城市,商業發達,交通便利,生活步調繁忙。台灣背包客說這裡像台北(連電話號碼開頭都是02),香港背包客說這裡像香港。總之就是那個調調。每年到了跨年煙火的時候,每個背包客都希望自己有一個住在雪梨的朋友可以借打地鋪。想要來看煙火,最好半年前就要訂房。

如何從機場到市區

　　雪梨的國際機場在第一航廈,國內機場則在第二、三航廈,兩者有一點距離,有免費的機場接駁公車可以搭乘(出關後可詢問機場服務台)。雪梨的機場和市區滿近的。下飛機後,進大廳往右手邊直走,就可以找到專用的機場接駁火車Airport Link,大概只要15分鐘車程,非常快速,票價約15元,會直達中央車站(Central Railway Station)。你也可以在第一、三航廈搭420號公車,最遠可到Burwood。趕時間也可以搭計程車,到市區約澳幣35元左右,在機場沿著Taxi標示即可找到乘車專區。

【在雪梨機場睡覺】

　　雪梨的國內機場晚上會關門,所以如果你要在機場過夜,就要搭電車(train)到第一航廈的國際機場去。一出車站,就可看到麥當勞附近有一堆人在那裡睡覺了。

交通資訊Memo

雪梨直升機
http www.sydneyhelicop
ters.com.au
如果你錢很多的話可以租直升機去空拍歌劇院,還可以叫直升機在天空上用白煙寫字傳情什麼的……好啦,我也覺得這個資訊好像有點多餘。

機場接駁火車資訊
http www.airportlink.
com.au
裡頭有票價、路線和時刻表。

新南威爾斯、坎培拉
New South Wales , Canberra

市中心有什麼

雪梨的市中心是熱鬧的商業地帶，從中央車站以北，到河邊的環型碼頭這一段，算是雪梨的精華地帶，也是剛來的背包客會去逛的地方。但雪梨其實很大，靠火車就可以去很多地方。遊客中心有兩個，一個比較大的在岩石區(The Rocks)，一個比較小的在達令港(Darling Harbour)。

【圖書館】

雪梨有11間圖書館，幾乎都有無線網路，更棒的是大多都有中文書。州立圖書館就在Macquarie St.上、市議會的旁邊，有很先進的置物櫃系統。「辛德勒的名單」就藏在這間圖書館裡喔。另外還有市政廳圖書館(Town Hall Library)。至於其他的圖書館可以問遊客中心，或上網查詢。

【中華街】

之前因為九七大限，許多香港人逃難來到澳洲，特別是雪梨這個地方，就有好幾條中華街，規模超大，根本都變成一個城區了。主要是在Dixon St.、Sussex St.、George St.這一帶，如果你看到一個地標「金水口」(Golden Water Mouth，一棵會滴

市中心資訊Memo

雪梨各圖書館資訊
http www.cityofsydney.
nsw.gov.au/Library

市政廳圖書館
✉ 456 Kent St.

雪梨郵政總局
✉ 1 Martin Pl, Sydney
NSW 2000

雪梨魚市場
http www.sydneyfish
market.com.au
✉ Bank St. Pyrmont
(在Blackwattle Bay旁)

雪梨的中華街離中央車站很近，
是雪梨最熱鬧的心臟地帶。
(圖片提供：Olivia)

水的枯木)，那附近大概就是亞洲人的商店區了。

【郵局】

雪梨有一大堆郵局，郵政總局是一間巨大的鐘樓。

【市集】

① 傳統市場

雪梨魚市場是世界第二大魚市(僅次於東京築地)，海鮮又多又便宜，如果不想買回家的話還可以到現場吃到飽，這裡可能是你在澳洲能買到最便宜海鮮的地方。除了吃，你也有機會在這裡找到工作。魚市每天07:00～16:00開市，有些攤位還會開到更晚。

② 假日市集

雪梨的假日市集超多的啦，林林總總居然有20個以上，如果你每個都想去的話，大概要在這裡待好幾個月吧。建議選一兩個喜歡的就好，去太多也會麻木。

Market City是雪梨著名的賣場，有許多便宜的蔬果和紀念品。地點就在中華街對面。因為人潮眾多，其周邊也是街頭藝人的兵家必爭之地。(圖片提供：Olivia)

名稱	地址	營業時間	備註
The Rocks Market 岩石區市集	George St. 的北端	週六、日 10:00～17:00	算是跳蚤市場，賣紀念品，價位偏高
Paddy's Haymarket 派蒂市集	位於Market City 裡面	週三～日 10:00～18:00	販賣新鮮蔬果及海鮮，還有很多手工藝品
Glebe Markets 格里伯市集	Glebe Public School (小學裡頭)	週六 10:00～16:00	有二手商品，也會賣一些風格奇怪的東西
Paddington Market 帕丁頓市集	Padding Public School(小學裡頭)	週六 10:00～16:00	手創品為主
Bondi Market 邦代市集	Bondi Beach旁邊	週六09:00～13:00 週日10:00～16:00	新品、二手商品都有
Manly Markets 2095 曼力市集	Manly Beach旁邊	週六、日 09:00～17:00	以藝術品、手創品為主

以上資料時有異動，依最新公告為準。

製表／陳銘凱

新南威爾斯、坎培拉
New South Wales , Canberra

認識交通系統

雪梨主要有5種交通工具，分別是公車(Bus)、地鐵(Metro)、火車(Train)、渡輪(Ferry)和輕軌(Light Rail)，他們分別有一個代表字母(請見下述說明)，這是為了讓你更好辨認不同的交通工具，因為雪梨的交通工具太發達了，如果沒有標示清楚的話，真的會很容易走錯！

【公車】

公車字母代表為**B**。雪梨的公車系統十分完善，如果常在市區走動，公車會成為你的好朋友。搭乘公車最好辦一張Opal交通卡，因為有些公車會寫「Opal only」，代表你沒辦法跟司機買票，只能用Opal卡或行動支付來付款。另外你有可能會搭乘到「B-Line」黃色的雙層巴士，非常大台，座位旁邊還有USB充電器。

【地鐵】

地鐵字母代表為**M**。目前只有兩條路線，一條是從雪梨市中心往西北延伸至Tallawong，另一條則是往西南延伸。適合住在雪梨西區的人可以方便往返市中心。

【火車】

火車字母代表為**T**，總共有9條路線，分別是T1～T9，就好比台北的板南線、淡水線和信義

雪梨中央車站。(圖片提供：Olivia)

交通資訊Memo

雪梨大眾運輸資訊
http transportnsw.info

雪梨公共交通票價
http transportnsw.info/tickets-opal/regional-tickets-fares

雪梨渡輪
http transportnsw.info/routes/ferry

雪梨長途客運站
✉ Cnr Eddy Ave & Pitt St, Haymarket, NSW 2000

長途火車資訊
http www.journeybeyondrail.com.au

計程車叫車電話
☎ 13-10-17

線等。跟地鐵相比，搭火車有更多路線，以雪梨市區為中心點往外發散，四通八達，十分方便。其中T8是可以往返雪梨機場的機場快線。

【輕軌電車】

輕軌字母代表為**L**。主要行駛雪梨市中心，目前有3條，分別是L1～L3，都會經過雪梨中央車站(Central)。L1會途經Darling Harbour到Dulwich Hill；L2和L3則是可以到雪梨歌劇院附近的環形碼頭(Circular Quay)。因為軌道就在市區，路上隨時都會有輕軌經過，記得聽到電車準備開來的聲音時，就不要站在軌道上或是硬衝了，這樣很容易發生事故。

【渡輪】

渡輪字母代表為**F**，總共有9條，F1～F9雪梨的渡輪主要是從環形碼頭(Circular Quay)出發，主要是代替跨海大橋，不用開車也可橫跨巴拉馬打河(Parramatta River)。若天氣好，傍晚搭渡輪景色會非常美。

路線查詢

如果想知道以上5種主要交通工具怎麼搭乘最適合，可以透過Trip Planner的網站查詢(Google搜尋就可以找到)，或是打開Google map設定你預計要前往的地方，就可以事先知道搭乘的路線。

【長途火車】

如果你今天想來挑戰一場長途火車之旅，在雪梨可以搭老鷹標誌的Indian Pacific，穿越4,352公里途經阿得雷德到伯斯……只不過票價非常的貴就是了。

工作機會
【服務業】

雪梨是澳洲最大的城市，各種類型的工作都很多。城市主要以服務業為主，餐廳、咖啡館、速食店。搭火車到沿線各站找工作吧！

【旅館】

雪梨有上百間旅館，尤其在旺季的時候，找到房務人員工作的機會就更高了。

【各類型黑工】

雪梨的黑工超多，但薪資卻是全澳最低，竟然還有1小時8元的，而且不只是中國城附近，餐廳、超市也都有，非常恐怖！

【專業型工作】

雪梨有很多介紹專業型工作的仲介，像仲介會計人員、網管人員等等，所以找仲介的時候要問一下。

要找農場或工廠工作就靠仲介了。雪梨的仲介超級多，不小心滑倒可能就跌進某家仲介公司。找工作靠仲介還是比較有效率的方法。

工作機會

Ingleburn Fish Market
海鮮加工廠
🔗 ingleburn-fish-market.business.site
✉ Shop 1/102-104 Macquarie Rd, Ingleburn NSW 2565
☎ (02)9829-7330

TESS Fresh
蔬菜廠
🔗 tessfresh.com.au
✉ 222-238 Parramatta Rd, Homebush NSW 2140
☎ (02)9721-0102

新南威爾斯、坎培拉
New South Wales , Canberra

仲介電話簿

Summit Personnel
🔗 www.summit-et.com.au
專門作新南威爾斯各地農場的人力仲介，服務據點非常多，幾乎每個農業鎮都有。

Joblink Plus
🔗 www.joblinkplus.com.au
幾乎在全新南威爾斯都有的連鎖仲介，而且服務據點有些還滿冷僻的。抵達小鎮之後，可以先查查公司的網站，通常都有分公司(反而是雪梨沒有)。

Drake Sydney
🔗 au.drakeintl.com
✉ Address:Level 13, 77 King Street, Sydney, NSW, 2000
📞 (02)9273-0500

Pinnacle
🔗 www.pinnaclepeople.com.au
✉ Ground Floor, 188 Day Street, Sydney NSW 2000
📞 (02)8298-3111
主要介紹廚房與服務生工作，要有經驗而且英文要好才會錄用。

Work & Travel Company
🔗 www.worktravel-company.com
✉ 477 Kent Street, Sydney NSW 2000
📞 (02)8987-3700

Manpower
🔗 www.manpower.com.au
✉ Level 9, 201 Kent Street, Sydney, NSW 2000
📞 (02)9263-8500

Travellers Contact Point Company
🔗 www.travellers.com.au
✉ UltimateOz, Shop 2, 2 Lee Street, Sydney NSW 2000
📞 (02)9211-7900
是間旅行社，但也兼工作仲介。

Chandler Macleod
🔗 www.chandlermacleod.com
✉ Level 13, 345 George St., Sydney NSW 2000
📞 (02)9269-8666

Horner Recruitment
🔗 www.horner.com.au
✉ Level 1/98-100 Moore Street, Liverpool NSW 2170
📞 1300-119-580

Agricultural Appointment
🔗 www.agri.com.au/contact
✉ 3 Spring Street, Sydney NSW 2000
📞 (02)9223-9944

Action Workforce
🔗 www.actionworkforce.com.au
✉ Unit 2, 11 Holbeche Rd., Arndell Park NSW 2148
📞 (02)9672-7777

Findstaff
🔗 findstaff.com.au
✉ Level 6, 10-14 Smith St. Parramatta, NSW 2150
📞 1300-995-627

Australia Wide Labour Hire
🔗 www.labourhireaustraliawide.com.au
✉ Level 13, 109 Pitt St, Sydney, NSW 2000
📞 (02)8046-4555

㊺ Newcastle新堡 / Hunt Valley獵人谷

新堡在雪梨北邊，是新南威爾斯第二大城，過去是一座鋼鐵工業城市，人口眾多，服務業也很多。而附近的獵人谷則是新南威爾斯最大的葡萄酒產地，當然也有葡萄相關工作。可以到獵人谷裡的Cessnock這個小鎮去找找。

仲介電話簿

○ **Eather Recruitmen**
🔗 www.eatherrecruitment.com.au
✉ 14 Short St., Port Macquarie NSW 2444
☎ (02)6583-8222
這間仲介在雪梨周邊的衛星小鎮也有許多分店。

○ **Chandler Macleod Newcastle**
🔗 www.chandlermacleod.com.au
✉ 6 Newcomen St., Newcastle NSW 2300
☎ (02)4978-7777

㊻ Ballina / Byron Bay / Casino

這一帶是新南威爾斯海岸線的最北端，這一帶的農園有產一些較特別的作物，像是荔枝、咖啡、鱷梨。規模比較大的鎮是Ballina，但是比較有名的是Byron Bay。Byron Bay是有名的嬉皮風小鎮，有美麗的沙灘和慵懶的人們，會到這裡大概都是來玩的，不過Byron Bay也有間Beach Hotel會雇用背包客。另外往內陸一點走，有個叫Casino的小鎮；按照澳洲小鎮取名的慣例，小鎮上並沒有Casino(賭場)，但是有牛肉工廠。

仲介電話簿

○ **JHA Recruitment**
🔗 www.jharecruitment.com.au
✉ 7 Kingsley St, Byron Bay NSW 2481
☎ (02)6680-9018

㊼ Tenterfield

從Ballina往東走，就會遇到Tenterfield，產櫻桃和葡萄。

工作旅舍

○ **Tenterfield Backpackers Lodge**
🔗 www.tenterfieldlodgecaravanpark.com.au
✉ 2 Manners St, Tenterfield NSW 2372
☎ (02)6736-1477

新南威爾斯、坎培拉

New South Wales , Canberra

48 Moree(NSW) / GoondiwIndi(QLD)

從Tenterfield再往西走，位於雪梨西北方的 Moree，到接近昆士蘭的GoondiwIndi這一 帶，是產棉花的。除了一般的仲介之外， 當地的遊客中心也可以問得到工作機會。

仲介電話簿

○ **BEST Employment Ltd**
🔗 www.best.com.au
✉ 90 Balo St, Moree NSW 2400
📞 (02)6751-1444

49 Bathurst / Orange / Cowra / Forbes / Young

Bathurst距離雪梨還滿近的，從城裡往西北 方走，2個多小時就會到了。Bathurst是內 陸的一個大鎮，盛產水蜜桃。從Bathurst往 西南邊走，有個叫Cowra的小鎮有在產蘆 筍，再更西南的Young有產櫻桃；如果往 西北邊走，附近有個叫Orange的小鎮，鎮 上有產梨子、蘋果、櫻桃、葡萄，但就是 沒有產橘子……再往西走一點，就會遇到 Forbes，盛產櫻桃。

仲介電話簿

○ **OCTEC limited**
🔗 www.octec.org.au
✉ 247 Anson St, Orange NSW 2800
📞 (02)6362-7973
總公司在Orange，不過Bathurst、 Cowra、Forbes、Young這幾個地方 也都有分公司，可上他們網站查詢。

○ **Skillset**
🔗 www.skillset.com.au
✉ 2/150 Lords Place, Orange NSW 280
📞 1300-853-525
在附近這一帶還有許多分公司。

50 Dubbo

雪梨西北邊的小鎮，鎮上也找得到菜園的 工作。

工作機會

○ **Fletcher Internaitonal NSW 羊肉工廠**
🔗 www.fletchint.com.au
✉ Locked Bag 10, Dubbo NSW 2830
📞 (02)6801-3100

51 Warren / Bourke

由Dubbo往西北方走,會先遇到Warren,這是個產棉花的小鎮。再往更西北深入,會遇到Bourke,這是新南威爾斯內陸北方的大鎮,產橘子、棉花和瓜類。

52 Menindee

位於新南威爾斯最西邊,在Broken Hill東南的小鎮,產白葡萄。附近有國家公園和美麗的湖泊。這裡也是從阿得雷德過來會比較快的地方。

53 Griffith / Leeton / Hillston / Hay

這裡是新南威爾斯的中間地帶,大約是雪梨的正西方,Griffith、Leeton有非常非常多的橘子,以及洋蔥、番茄等作物;Hillston也差不多,而且還有櫻桃。比較特別的是Hay還有砍綠花椰菜的工作。

工作旅舍

○ **The Globe Backpackers**
http www.theglobebackpackersgriffith.com.au/index.html
✉ 26 Wayeela St, Griffith NSW 2680
☎ (02)6962-3619

○ **Griffith Working Hostels**
http www.griffithworkinghostels.com.au
☎ 0429-300-126
這是Griffith旗下2間工作旅舍的聯合網站,分別是The Original Backpackers、Shearers Quarters。關於地址和價位可以在網站中找到。

○ **Fruitshack**
✉ Farm 312, Henry Lawson Drv, Leeton NSW 2705
☎ (02)6953-2451或0429-866-965

仲介電話簿

○ **Acclaimed Workforce**
http www.acclaimedworkforce.com.au
✉ 129 Yambil St., Griffith NSW 2680
☎ (02)6962-6315

○ **Murray Mallee Training**
http www.mmtc.com.au
✉ 292 George St., Deniliquin, NSW, 2710
☎ 1800-786-360

54 Batlow / Tumut / Jugiong / Wagga Wagga

這一帶位於新南威爾斯的中南部，雪梨西南方的山谷地帶，主要產蘋果、藍莓和櫻桃，尤其是Batlow這個地方，有數量密集到嚇死人的果園。這一區的東邊是坎培拉，西邊是一個叫Wagga Wagga的大鎮，剛好夾在兩個人口密集地的中間。Wagga Wagga還有牛肉工廠的工作。

仲介電話簿

○ **Programmed Skilled Workforce**
　http www.programmed.com.au
　✉ 3/8 Fitzhardinge St., Wagga Wagga NSW 2650
　☎ (02)6932-8500

55 Wollongong 臥龍崗

在雪梨南邊，是新南威爾斯第三大城，以前是座鋼鐵工業城。因為人很多，服務業和仲介自然也很多。

56 Albury

新南威爾斯和維多利亞邊界的小城。人口很多，有服務業工作。

仲介電話簿

○ **Drake International**
　http au.drakeintl.com
　✉ Level 1, Suite 3A, 592 Dean St., Albury NSW 2640
　☎ (02)6023-7222

57 Tamworth

距雪梨車程4小時的一個小鎮，鎮上每年會舉辦鄉村音樂節(Country Music)，附近有一間羊肉工廠。

工作機會

○ **Thomas Foods International**
　羊肉工廠
　http thomasfoods.com
　✉ 55 Phoenix St., Westdale NSW 2340
　☎ (02)6764-9900

★ 澳洲首都直轄區(Australia Capital Territory)
　這塊特別的區域位在新南威爾斯的南方，是澳洲的首都和行政中心。

58 Canberra 坎培拉

因為雪梨和墨爾本為了誰當首都爭論不休，最後乾脆在兩者間蓋了座城市——坎培拉當作首都。許多背包客覺得這裡都是行政機關，一定很無聊，所以乾脆放棄。不過身為一個國家的首都，坎培拉當然有她的可看性。亞洲最強的澳洲大學，和一大堆國家的大使館都在這裡，還有非常精采的博物館與美術館。而且此地的人大多是公務員，所以連去超市買個菜，裡頭的每個人都是西裝加墨鏡，氣氛非常詭異。

因為沒什麼人想來，所以坎培拉的工作機會比起其他大城市算是多的，大部分都是服務業，而且薪水也不錯，只是大部分都是要正職，給背包客的工作就要找一下。另一個讓大家不想在這裡生活的原因，是客棧住宿費普遍都很高，如果在這裡找到工作，最好就去找合宿吧！

因為坎培拉是在山谷之中，所以氣溫比較低，冬天來臨的時候，溫度幾乎比更南方的墨爾本還低。夜裡去牽腳踏車的時候，可能還會發現車子結冰了。

坎培拉的國家戰爭紀念館。裡頭展示著二戰退役的戰機和坦克，還有許多機場模型。
(圖片提供：Humorghost)

仲介電話簿

○ Findstaff
📄 findstaff.com.au
✉ Level 5, 64 Northbourne Ave.
Canberra 2601
📞 1300-995-627

○ Manpower
📄 www.manpower.com.au
✉ Level 1, 14 Childers Square
Canberra, ACT 2601
📞 (02)6200-3399

昆士蘭

Queensland

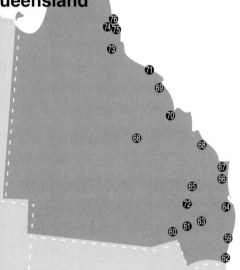

(圖片提供：Sophia)

(圖片提供：Sophia)

(圖片提供：Olivia)

KOALAS
NEXT
4 km

關於昆士蘭

Queensland

(圖片提供：Olivia)

農產與美景皆豐富的陽光之州

　　東北邊的昆士蘭(Queensland)被稱為陽光之州不是沒有原因的，這裡一年到頭陽光普照，只有夏天是雨季，是澳洲農業最興盛的地方，到處都是農場和果園，工作旅舍的數目也是全國之冠。除了農業，像大堡礁、弗雷澤島、聖靈群島這些著名的景點，讓昆士蘭也成了觀光業的熱門州。南迴歸線以北有許多的熱帶雨林，其他大部分是宜人的亞熱帶氣候。主要的大城市是亞洲人聚集的布里斯本和黃金海岸，以及北方的凱恩斯，因為直飛日本非常便宜，就理所當然地變成日本人到澳洲的第一站。讓我們先介紹布里斯本和黃金海岸，再由南到北依次來介紹其他小鎮。

(圖片提供：Humorg

(**1~3.**圖片提供：油麵)

59 Brisbane 布里斯本

　　布里斯本(Brisbane)是座小而美的城市，陽光充足適宜人居，是很熱門的移民地點，有著來自世界各國的人。難怪《銀河英雄傳說》裡的地球統一政府會選這裡當首都。因為布里斯本的語言學校數量非常多(僅次於新南威爾斯)，附近農場也很多，加上有廉價航空的班次(捷星會到布里斯本，亞航會到黃金海岸)，所以這裡也是背包客們的起點站之一。布里斯本周邊有許多衛星城鎮，也都頗有規模，在城市裡找不到工作時不妨到這些地方找找。若是春天來到這裡，可以遇見藍花楹盛開、滿城飛紫的美景。

如何從機場到市區

　　布里斯本機場到市區最方便的方式就是搭乘機場快線火車(AirTrain)，由於國際機場和國內機場只相隔2公里，只要跟著Train標示就能找到火車站(國際航廈要先到航站3樓；國內航廈則是直接沿著人行天橋方向走)。搭火車要先買車票，除非你有布里斯本的交通卡(Go card)。找到火車站後，在第一月台搭火車就能前往布里斯本的中央車站(Central Station)。若要到黃金海岸(Gold Coast)和衝浪者天堂(Surfers Paradise)，則需要搭到Helensvale站下車，再轉搭輕軌電車(G:link)就可以到黃金海岸了。

交通資訊Memo

布里斯本機場資訊
http www.bne.com.au

機場快線火車資訊 (AirTrain)
http www.airtrain.com.au

黃金海岸輕軌資訊 (G:link)
http ridetheg.com.au

昆士蘭

Queensland

市中心有什麼

　　布里斯本坐落在蜿蜒的布里斯本河畔，靠著渡輪來往河的兩岸。除非你會直接去到郊區的寄宿家庭，不然背包客一開始會到的地方，通常都是河北岸的市中心。這塊河流堆積岸所構成的土地有你需要的所有生活機能。市中心主要熱鬧的地方都在Queen St.上，包括跟你

關係密切的遊客中心。與Queen St.平行的街道都是女生名，與Albert St.平行的都是男生名。

　　河的南岸稱為「Southbank」。布里斯本的大型活動都在這裡舉行。這裡還有人工沙灘跟游泳池，可以看到與高雄締結姊妹市的紀念碑。

【圖書館】

　　布里斯本的市立圖書館就位在市中心的Queen St.上，裝潢很有現代感，裡頭有免費的無線網路，你也可以借用裡頭的電腦上網。市立圖書館的對面是賭場，有這麼多「書」放在賭場對面，進去賭場的華人大概都不會贏

吧！市立圖書館還有很多分館散居在布里斯本各郊區。

　　除了市立圖書館，在河南岸的South Bank還有省立圖書館，非常漂亮，隔壁還有美術館。地點是從市中心過了維多利亞橋，在Stanley St.上。省立圖書館就有免費的無線網路可以使用了。

【中華街】

　　中華街在市中心東北方的Fortitude Valley這一區，和中央車站只差一站，從機場坐火車來的時候會經過。這裡食物很便宜，也可以買到亞洲食材，還有便宜的理髮店。不過這一區也是夜店區，週五晚上常有人喝醉鬧事，有點危險。另外在布里斯本南方的Sunnybank，則是華人聚集的社區，雖然有點距離，但是這裡的

1.晚上更漂亮的市立圖書館。
（圖片提供：Olivia）
2.South Bank的人工沙灘。
（圖片提供：Olivia）

亞洲商店規模比Fortitude Valley的還大，可以吃得到台灣菜喔！

【郵局】

布里斯本的郵政總局在市中心。

✉ Queen St 261, Brisbane Queensland 4000

【市集】

布里斯本是個有很多假日市集的城市，幾乎每個市郊都有，除了下列幾個大家常去的，你也可以在網站上找到離你最近的假日市集。

除了這些定期舉辦的市集，偶爾會有小型文創市集，可以透過臉書搜尋Brisbane Markets，並篩選僅列出「活動」的部分，說不定會意外發現新的市集！

① 傳統市場：

Brisbane Market

是布里斯本最大的生鮮蔬果市場。位於市中心南方，距離稍遠，要開車、搭公車或火車才會到。這個市集以量販為主，東西非常便宜，像水果大概都是超市的2折左右。其他假日市集所賣的蔬果，有不少都是從這裡批貨再拿去賣的。湊人合買會非常便宜，入場需入場費。

Brisbane City Markets

這個市場就沒有Brisbane Market這麼遠了，不過一週只開市2天，就在市區的賭場正前方，非常好找。如果住在市區不妨等到開市的時候過去撿便宜！

② 假日市集：

West End Markets

是結合便宜生鮮蔬果和二手貨的市集。

New Farm Market

位於布里斯本東邊的高級住宅區，地點就在New Farm Park裡，宮崎駿《龍貓》裡的大樹，據說就是以這座公園作參考畫出來的。有非常多的亞洲食物小吃攤。

Riverside Market

賣工藝品和雜貨。

South Bank Lifestyle Market

是賣藝術品、設計品、手創小東西的市集，也有許多街頭藝人表演。就在河的南岸。

③ 暢貨中心：

布里斯本有兩間DFO (Direct Factory Outlet)，一間在機場旁邊，一間在Jindalee。

市集資訊Memo

Brisbane Market
🌐 www.brisbanemarkets.com.au
✉ 385 Sherwood Rd, Rocklea
🕐 週一～五07:00～15:30

Brisbane City Markets
✉ Reddacliff Place, Brisbane City
🕐 週三08:00～18:00，週四08:00～14:00

West End Markets
✉ End of Jane St, West End. Amongst Davies Park
🕐 週六06:00～14:00

New Farm Market
✉ New Farm Park
🕐 每月第二及第四週的週六06:00～12:00

Riverside Market
✉ City Botanic Gardens
🕐 週日08:00～15:00

South Bank Lifestyle Market
🌐 collectivemarkets.com.au
✉ Stanley St Plaza
🕐 週一08:00～18:00
週六09:00～18:00
週日08:00～21:00

昆士蘭
Queensland

(圖片提供：油麵)

認識交通系統

【公車】

布里斯本的公車和雪梨一樣，都是低汙染的瓦斯車。市中心有紅線與橘線兩條方向相反的免費市區巡迴公車(Downtown Loop)。其他通往市區以外的公車，就要到Queen St.的公車站去搭車，除此之外也有部分的路線是從Adelaide St.上發車。

【火車】

從布里斯本機場搭機場快線火車(Airtrain)抵達布里斯本中央車站(Central Station)後，就會連接昆士蘭鐵路(Queensland Rail)。有時候公車要等很久，搭火車就很方便。而且這個鐵路很猛，最北可以搭到陽光海岸，最南可

計程車叫車

13cabs
☎ 13-22-27

Black & White Cabs
☎ 13-22-22

以搭到黃金海岸(不過搭到Helensvale站就可以轉G:link輕軌到黃金海岸)。詳細路線和票價可以參考Queensland Rail網站。

🌐 www.queenslandrail.com.au

【渡輪】

因布里斯本河的關係，這個城市的渡輪系統非常發達。

(圖片提供：Humorghost)

【長途火車】

從布里斯本出發的長途火車是連接到阿得雷德的Great Southern，路程大約2天21小時，不過長途火車的價格非常昂貴(上千澳幣)，如果你是樂於挑戰這種長途火車的人，可以到Journey Beyond Rail網站看看有什麼優惠。

🌐 www.journeybeyondrail.com.au

票券

布里斯本的大眾交通系統稱為「Translink」，在他們的官網上可看到以上3種交通工具的票價、路線和其他相關資訊。官網上還有個非常好用的「Journey Planner」功能，只要你輸入起點和目的地，系統就會幫你列出最方便的搭車(船)方式。這些交通工具的票券都是一張薄薄的紙票，你可以在公車上買，可以在火車站買，也可以在書報店買。票種從一日票、離峰時段日票(Off-Peak Daily)、週票、月票到年票都有。

除了一般的票，Translink有推出「Go-Card」，功能類似台灣的悠遊卡，上下公車、火車或渡輪時，對著機器「嗶」一下，就會自動計算距離來扣錢，而且票價有8折優惠。如果要長住在這座城市的話，可以考慮到Translink的服務站辦一張。服務站的位置就在Queen St.的遊客中心旁。

Translink官網
🌐 www.translink.com.au

工作機會

到市中心的遊客中心詢問，可得到一些仲介的資料。

【服務業】

城市裡當然少不了服務業囉，餐飲業、清潔工、房務人員……市中心的食肆(Foodcourt)是找工作的一級戰區。還是老話一句，搭火車去別的地方看看吧！

【農場】

昆士蘭本來農場就多，所以布里斯本周邊有不少相關的工作機會，農場工作算是滿容易找的，可請仲介或工頭幫忙。

【保姆、實習導遊】

布里斯本的華人還滿多的，因此女背包客有機會可以找到當地華人家庭的保姆工作。另外也有實習導遊的工作機會。

【中華街】

中華街依然是黑工本營，有肉店、餐廳、按摩助手等工作。除此之外昆士蘭日報上也有滿多華人提供的工作。

【製造業】

周邊的小城鎮有一些製造業工作，像塑膠工廠之類的。

【島嶼工作】

昆士蘭有許多美麗的小島，這些島上也有度假村、餐廳之類的工作。在尋工網站上以島嶼的名字當關鍵字搜尋，運氣好的時候會撿到島上的工作。

工作機會

○ Australian Country Choice
牛肉工廠
🌐 www.accbeef.net.au
✉ 117 Colmslie Rd, Cannon Hill QLD 4170
☎ (07)3902-4141

筆者(Irene)在這間肉廠待了快一年，我最喜歡的Supervisor就是Nathan，他是最棒的主管！

○ Teys Australia
牛肉工廠
🌐 teysgroup.com
✉ 112-148 Logan River Rd, Beenleigh QLD 4207
☎ (07)3382-5100

○ Baiada Poultry
雞肉工廠
🌐 www.baiada.com.au
✉ 123 Toongarra Rd, Wulkuraka QLD 4305
☎ (07)3817-1200

○ Ingham's
雞肉工廠
🌐 inghams.com.au
✉ 1201 Lytton Rd, Hemmant QLD 4174
☎ (07)3908-0000

仲介電話簿

○ Sarina Russo Job Access
🌐 www.sarinarusso.com.au
✉ Level 6, 100 Eagle Street, Brisbane Qld 4000
☎ 13-15-59

專門介紹農場和勞力工作，城裡有許多分公司，在網站上可找到他們的位置。

○ Agri Labour
🌐 www.agrilabour.com.au
✉ 527 Gregory Terrace, Fortitude Valley QLD 4006
☎ 1300-247-823

昆士蘭

仲介電話簿

Enviroclean Oz
http envirocleanoz.com.au
✉ Level 22, 127 Creek Street, Brisbane, QLD, 4000
☎ 1300-864-653

JobWire
http www.jobwire.com.au
✉ Suite 15, Level 2, 354 Brunswick St, Fortitude Valley QLD 4006
☎ 1300-655-292

Worklink
http worklink.org.au/wordpress
✉ 11A Sheridan Street Cairns, QLD 4870
☎ (07)4031-0877

Horner Recruitment
http www.horner.com.au
✉ 27 James Street, Fortitude Valley QLD 4006
☎ 1300-119-580

Agricultural Appointment
http www.agri.com.au/contact
✉ 477 Boundary Street, Spring Hill QLD 4000
☎ 1300-209-641

Action Workforce
http www.actionworkforce.com.au
✉ Unit 7, 3-5 University Drive, Meadowbrook QLD 4131
☎ (07)3489-0100

Findstaff
http findstaff.com.au
✉ 47 Ashmore Rd., Bundall, QLD 4217
☎ 1300-995-627

Manpower
http www.manpower.com.au
✉ Level 8, 307 Queen Street, Brisbane QLD 4000
☎ (07)3407-3111

IPA Personnel
http www.ipa.com.au
✉ 307 Queen Street Brisbane QLD 4000
☎ (07)3225-7500

Agricultural Appointments
http www.agri.com.au
✉ 477 Boundary St., Spring Hill QLD 4000
☎ 1300-209-641

Pinnacle
http www.pinnacle people.com.au
✉ 300 Ann Street, Brisbane QLD 4000
☎ (07)3225-9999

60 Glen Aplin

離Stanthorpe很近的一個小鎮Glen Aplin，有不少酒廠和一間由澳洲最大的蔬果營銷商Costa經營的蘑菇農場。

工作機會

COSTA Mushroom Exchange
http costagroup.com.au
✉ 27230 New England Hwy, Glen Aplin QLD 4381
☎ (07)4680-0500

61 Stanthorpe

布里斯本西南方、靠近新南威爾斯的邊界。生產葡萄和蘋果和梨子，有許多酒莊。

工作旅舍

○ **Summit Backpackers**
🔗 www.summitback-packers.com
✉ 283 Granite Belt Drv, The Summit
☎ (07)4683-2044

○ **AAOK Happy Apple Caravan Park**
🔗 www.happyapple.com.au
✉ 11 Munson Lane, Thulimbah Qld 4376
☎ (07)4685-2880

仲介電話簿

○ **AimBig Employment Stanthorpe Workforce Australia**
f www.aimbigemployment.com.au
✉ Stanthorpe Training Centre, 23 Short St, Stanthorpe QLD 4380
☎ 1300-034-997
可以透過這間仲介公司Workforce，詢問Stanthorpe的農場工作機會。

62 Gold Coast 黃金海岸

黃金海岸(Gold Coast)在布里斯本南邊，約1個多小時的車程，是昆士蘭人口第二多的地方，因亞航的關係成了許多人來到澳洲的第一站。這裡雖然飯店林立，但是要找到飯店工作還是得靠運氣；餐廳工作會稍微好找一點。由於是觀光地，住宿的費用會比布里斯本高。

黃金海岸的機場在Coolangatta，由機場到市區可以搭接駁公車，從市區到機場搭一般的公車也可以到。如果想直接到布里斯本機場的話，要先搭接駁公車或是一般公車(班次請詢問櫃檯人員)到Robina Station，再轉搭火車就會到了。

黃金海岸的機場沒辦法讓你在裡頭過夜，如果要搭一大早的飛機離開，最好先訂機場旁的YHA。不然偷睡機場是會被請出來的……

仲介電話簿

○ **Max Employment**
🔗 www.maxsolutions.com.au
✉ Level 6 Tower 2 Southport Central, 5 Lawson St., Southport QLD 4215
☎ 1800-603-503

○ **Tursa Employment & Training**
🔗 www.tursa.com.au
✉ 30 Price St., Nerang QLD 4211
☎ (07)5596-0366

昆士蘭

63 Laidley / Gatton / Toowoomba

Gatton在布里斯本西邊不遠處,這一帶有許多農場,許多剛到布里斯本的背包客都會到這裡來,不過要注意淡旺季的問題。工作內容很多都是砍殺類,像是砍花椰菜、綠花椰菜、美生菜、高麗菜等,還有採蔥和洗馬鈴薯的工作。再往西邊走有個大鎮Toowoomba,這裡也有蘆筍和棉花的工作。

仲介電話簿

○ **AG Workforce**
   http www.agworkforce.com.au
   ✉ 107 Herries St, Toowoomba QLD 4350
   ☎ (07)4637-6900

工作旅舍

○ **Homestyle Lodge**
   ✉ 10 Breuer St. Laidley QLD 4341
   ☎ 0450-590-331

○ **Mulgowie Farming Company 玉米農場**
   http www.mulgowie.com.au
   ✉ 35 Mulgowie School Rd, Mulgowie QLD 4341
   ☎ (07)5465-9222

64 Sunshine Coast 陽光海岸

布里斯本的南邊有黃金海岸(Gold Coast),北邊也有陽光海岸(Sunshine Coast)。被稱陽光海岸的這個區域,範圍大概是從Caboolture到Noosa,靠近海邊的這一段。比起黃金海岸,陽光海岸的開發較少,遊客也比較少,保存了較多的原始風貌。沿線除了沙灘美景,也有許多的農場和工作旅舍。另外在Noosa更北邊一點的Gympie,這個以淘金起家的小鎮,周邊也有一些農場。

工作機會

○ **Pt Cartwright Seafoods**
   http www.ptcartwrightseafood.com.au
   ✉ 245 Nicklin Way, Warana QLD 4575
   ☎ (07)5437-8923
   陽光海岸的海鮮市場,可以直接進去投履歷,問有沒有工作職缺。

○ **Sunshine Coast Seafood Factory Outle**
   ✉ 3/42 Technology Dr, Warana QLD 4575
   ☎ (07)5390-9923
   陽光海岸的海鮮市場,可以直接進去投履歷,問有沒有工作職缺。

工作旅舍

○ **Suncoast Backpackers Lodge**
   ✉ 50 Parker St, Maroochydore QLD 4558
   ☎ 00455-555-998

65 Gayndah / Mundubbera

這兩個鎮在Bundaberg西南比較靠近內陸的地方，產橘子、蘆筍和棉花。

仲介電話簿

○ **River View Caravan Park**
- http www.caravanparkgayndah.com.au
- ✉ 3 Barrow St, Gayndah QLD 4625
- ☎ (07)4161-1280
- 這間Caravan Park有在仲介採橘子的工作。

66 Childers

這裡離農業大鎮Bundaberg已經很近了，包括附近的Gin Gin都有許多的農場可以找工作。

工作機會

○ **Simpson Farms 酪梨農場**
- http simpsonfarms.com
- ✉ 1721 Goodwood Rd, Goodwood QLD 4660
- ☎ (07)4126-8200

67 Bundaberg

(圖片提供：Fion)

布里斯本北方約4個小時車程的Bundaberg，應該是全澳洲工作旅舍最多的地方吧！因為這裡一年四季都有農作物可以採收。除了農場之外，這裡還有酒廠(就是瓶子上有隻北極熊的甘蔗酒)以及蝦苗工廠。工作旅舍雖然多，但是每間的環境好壞和提供的工作數量都差很多，除了靠運氣，有辦法的話，最好事先打聽一下。

工作旅舍

○ **Dingo Blue Backpackers Hostel**
- ✉ Quay St., Bundaberg Central QLD 4670
- ☎ (07)4152-0100

○ **North Bundaberg Backpackers**
- http northbundybackpackers.com.au
- ☎ 0427-795-276

○ **East Bundy Backpackers**
- ✉ 20 Princess St, Bundaberg East QLD 4670
- ☎ 0459-333-364

昆士蘭

Queensland

68 Yeppoon / Emerald / Rockhampton

Yeppoon在畜牧大鎮Rockhampton的東北邊，有鳳梨農場的工作可以找。Emerald則在Rockhampton的西邊，靠近內陸，有葡萄園的工作可以找。

仲介電話簿

○ **Neato Employment Services**
http www.neatoemployment.com.au

✉ The Hub, Suite G 6-12 Opal Street, Emerald Qld 4720 ☎ (07)4964-1426

✉ Corner Queen and Barry Streets, Yeppoon 4703 ☎ (07)4913-4600

○ **Integrated Group**
☎ (07)4900-1617

69 Bowen

從Bowen這一帶往北，開始會有許多農場。Bowen本身也有不少菜園、番茄園、哈蜜瓜田和玉米工廠之類的工作。

工作旅舍

○ **Bowen Backpackers**
✉ 4 Herbert St., Bowen QLD 4805
☎ (07)4786-3433或0429-616-300

○ **Grand View Hotel**
http www.grandviewhotelbowen.com.au
✉ 5 Herbert St, Bowen QLD 4805
☎ (07)4786-4022

○ **Barnacles Backpackers**
✉ 16-18 Gordon St, Bowen QLD 4805
☎ (07)4786-4400

○ **Aussie Mates Backpacker**
✉ 10 Herbert St. Bowen, QLD 4805
☎ 0408-647-848

70 Mackay

這個地名的發音就是台灣人熟知的馬偕。是個人氣觀光地，也是可以坐船去大堡礁的幾座小鎮之一，你開車旅行一定會經過。驚人的是，鎮上麥當勞的無線上網區竟然有插座。小鎮周邊也有些農業可以做。

仲介電話簿

○ **Neato Employment Services**
http www.neatoemployment.com.au
✉ Level 2 12 Greenfields Blvd., Mt Pleasant,QLD 4740
☎ (07)4847-5000

71 Townsville / Ayr / Home Hill / Giru

Townsville在凱恩斯南方濱海，是可以坐船去大堡礁的小鎮之一。其東南附近，靠近Ayr這一區，都是農業地帶，生產非常多種的蔬果，如青椒、聖女番茄等等，也有不少食品加工廠。而在Ayr南邊的Home Hill和北邊一點的Giru也都有一些農場。

工作旅舍

Ayr Hotel
✉ 160 Queen St, Ayr QLD 4807
☎ (07)4783-2477

Home Hill Backpackers
✉ 30 Fourth St, Home Hill QLD 4806
☎ 0439-826-758

Ayr Silverlink Caravan Park
✉ 34 Norham Road, Ayr 4807
☎ (07)4783-3933或 1800-335-261

Ary Backpackers
🌐 www.ayrbackpackers.com.au ✉ 54 Wilmington St, Ayr QLD 4807
☎ (07)4783-5837

Lazy Lizard Lodge
✉ 20-22 Chippendale St. Ayr, QLD 4807
☎ (07)4783-3232

工作機會

Mulgowie Farming Company
🌐 mulgowie.com.au
☎ (07)5465-9222
可詢問Bowen周遭的農場工作。

72 Kingaroy

距離布里斯本市區約2.5小時的車程，是一座農業大鎮，有漂亮的薰衣草莊園Pottique Lavender Farm。鎮上有一間豬肉工廠可以工作。

工作機會

Swickers 豬肉工廠
🌐 www.swickers.com.au
✉ 206 Kingaroy Barkers Creek Rd, Kingaroy QLD 4610
☎ (07)4164-9575

73 Tully

這裡也是香蕉園林立的地方。

工作旅舍

Banana Barracks Working Backpacker Hostel
🌐 www.bananabarracks.com
✉ 50 Butler St, Tully QLD 4854
☎ (07)4068-0455

Hotel Tully
📘 @HotelTully
✉ 5 Butler St. Tully QLD 4854
☎ (07)4068-1044

昆士蘭

Queensland

75 Innisfail

這裡種滿了香蕉和甘蔗，不過因為甘蔗是機器採收的，所以大家來這裡都是摘香蕉的。沒得摘的時候，還可以去香蕉工廠包香蕉。

74 Atherton

Atherton是凱恩斯附近的小鎮，周邊有許多台地(Tableland)，一年四季都有產香蕉。

(圖片提供：Olivia)

工作旅舍

○ **Innisfail Budget Backpackers Hostel**
- innisfailbudgetbackpackers.com.au
- 125 Edith St, Innisfail QLD
- 0409-687-527(James) 或 0436-298-767(Steve)

工作機會

○ **Tropicana Banana Farm 香蕉農場**
- 216 Lockwood Rd, Mareeba QLD 4880
- (02)9746-8348

○ **Walkabout Backpackers**
- 6 Stitt St., Mighell QLD 4860
- (07)4061-2311

○ **Kureen Farmingd 香蕉農場**
- www.kureenfarming.com.au
- 403 Beantree Rd, Atherton QLD 4883
- (07)4091-1388

○ **Backpacker Shack**
- backpackersshack.com/index.html
- 7 Ernest St. Innisfail 4860 QLD
- (07)4061-7760

76 Cairns 凱恩斯

凱恩斯(Cairns)是東北角最大的城市，不過澳洲人所謂的城市對台灣人來講都不過是小鎮。凱恩斯是去大堡礁潛水或跳傘最便宜的地方。這裡有直飛日本東京和大阪的廉價航空，所以理所當然地成了日本背包客的第一站，走在這裡就好像在日本一樣。在這個氣氛悠閒的地方，你可以找餐廳或是飯店的工作來做，但你的同事可能都是日本人，所以不要太期待英文會進步。除了農場和飯店，在凱恩斯也可以找到導遊或是漁船工作，在3月初和4月初的時候會有捕蝦船出海捕蝦子。

市中心有什麼

【圖書館】

凱恩斯的圖書館就在Abbott St.上，有冷氣和免費的無線網路，讓你可以涼涼地找工作，揪甘心。除此之外附近的麥當勞也有無線網路，只是在人多的尖峰時段，上網會變得超慢。

【郵局】

凱恩斯的郵局在蘭花廣場(Orchid Plaza)的2樓。蘭花廣場還有許多背包客的情報資料可以找。另外鎮上還有一間很氣派的白色房子，招牌上還寫著「Post」，但那不是郵局，是郵報公司。

✉ 79 Abbott St. Cairns QLD 4870

【市集】

從凱恩斯市中心沿著Shield St.往海邊方向走，就會遇到傳統市場「Rusty's Market」。這個市場只有週五、六、日早上6點會開始營業。除了週五是下午6點關門，六日都是下午4點還沒到就收攤了。市場裡有便宜的蔬果，按照慣例在收攤前會有特價大拋售。

【夜市】

凱恩斯有個難得的夜市，也在Abbott St.上，營業時間從下午5點一直到晚上11點。但重點是裡頭的大型自助餐。進去付錢買一個盤子，要裝多少食物都沒問題，只是次數有限，所以你會看到大家都在玩疊疊樂。有考過白卡的背包客，在堆疊食材的建築結構上應該會比較占優勢。

凱恩斯的麥當勞位置非常好，多待幾天之後，在裡頭常常會看到認識的人經過。(圖片提供：Olivia)

仲介電話簿

Signature Staff
🌐 www.signaturestaff.com.au
✉ Unit 3/194 McLeod St., Cairns North QLD 4870
📞 (07)4050-3888

Staffing Solution
🌐 www.staffingsolution.com.au
✉ 130 Abbott St., Cairns City QLD 4870
📞 (07)4031-5000

NEATO Employment Services
🌐 www.neatoemployment.com.au
✉ 14 Aplin St., Cairns City QLD 4870
📞 (07)4081-8100

Workways Cairns
🌐 www.workways.com.au
✉ 12 Aplin St., Cairns City QLD 4870
📞 (07)4081-2600

Q.I.T.E. Quality Innovation Training and Employment
🌐 www.qite.com
✉ 19 Aplin St., Cairns QLD 4870
📞 (07)4030-8600

北領地

Northern Territory

關於北領地

Northern Territory

壯麗的沙漠地景和茂密的原始雨林

北領地(Northern Territory)是澳洲原住民的大本營，有著許多壯麗的景點，北端靠海的部分有世界遺產級的熱帶雨林，其他部分幾乎都是一望無際的熱帶沙漠，充滿了奇石、巨岩和蟻丘。這是一個專門設計用來消耗防曬油的州，因為太陽實在是太大了！不過雖然天氣很熱，最好還是不要在海邊游泳，因為海裡會有毒水母和鹹水鱷魚。

77 Darwin 達爾文

達爾文(Darwin)也是許多背包客選為第一站的地方，因為離新加坡比較近，容易有便宜的機票，再來是冬天乾季的時候旅館工作很多，薪水也滿高的。不過不要忘了，工作很多的時候，聚集過來的背包客也很多，要跟很多人搶工作是其次，最可怕的是你可能找不到地方住。達爾文是熱帶草原氣候，即便到了冬天還是很熱，而且因為濱海的關係，空氣比台灣的夏天還要溼黏，雨季的時候更是要命。市區以州府來說還滿小的，氣氛非常悠閒。

如何從機場到市區

達爾文機場是整個北領地最繁忙的機場，距離達爾文市中心約13公里。主要經過的航空除了澳洲本地，還有新加坡的亞航。由於達爾文的機場很小，轉乘到市區的方式不會很複雜，以下提供幾種方式。

方法一：你可以搭乘Blur Taxi經營的Darwin CBD巴士到達爾文所有住宿地點，每天11:00～15:00、23:00～03:00行駛，需要先在行李傳輸帶的服務台買車票，前往市區15元一人。

方法二：到距離航站約8分鐘步程的Charles Eaton Drive站牌，即可搭公車前往Casuarina Interchange，再轉公車即可到達爾文市區，不過耗時很久就是了。或者是直接搭計程車或使用叫車服務，機場到市區的車程約20分鐘。

市中心有什麼

達爾文市中心很小，幾乎都在一個岬角上。客棧和旅館集中在Mitchell St.，超市也都很近，非常方便。市中心的北邊是機場，機場更北邊是達爾文主要的住宅區。遊客中心就在Bennett St.和Smith St.的交叉口。

1~2.市中心的代表街道：Smith St.。**3.**達爾文遊客中心。
4.達爾文機場。

【圖書館】

達爾文的圖書館在Bennett St.和Mitchell St.交叉口，從海邊廣場(Esplanade)就可以看到一棟很高大的白色建築，是非常豪華的無敵海景圖書館。因為和國會大廈是同一棟大樓，要進門還要用X光檢查包包，這可能是你在澳洲使用無線網路最安全的地方。

【郵局】

達爾文的郵局位在48 Cavenagh St, Darwin NT 0800。

【中華街】

達爾文以前有中華街，不過在第二次世界大戰中被日本轟炸後，就隨著城市重建被拆了(有一說是澳洲人分不清華人和日人，以為他們是同夥的，就氣呼呼地拆了)。原本當地華人有計畫要蓋條新的中華街，不過建商周轉有問題，蓋到一半就停了，所以市中心是沒有

亞洲商品的。要買亞洲食物，要沿著機場旁的大道往北走，到305 Bagot Rd, Coconet Grove，路邊就可以看到「北澳東方百貨公司」，老闆來自東帝汶。另外在Rapid Creek Markets旁還有間「快樂食品之家」。

【市集】

① 夜市：

達爾文的夜市相當有名，如果不坐公車，傍晚沿著海邊走30、40分鐘就會看到Mindil Beach Night Markets，只有在乾季(5～10月)的週四和週日晚上才有開市。

② 假日市集：

在城北有個Parap Village Markets，也有許多小吃攤。再往北一點，在Pavonia Way有個形態類似的Nightcliff Market。再繼續更北一點，有個Rapid Creek Markets，場地不大，有許多越南小吃。

③ 購物中心：

達爾文市區主要的商店街在Smith Street上，而最大的購物商場則是要到木麻黃的Casuarina Square。其他還有Jape Homemaker Village商場，以及Sheridan Outlet。

認識交通系統

【公車】

達爾文人口不多，所以大眾運輸也不是很發達，唯一有的大概就是公車了。

【長途火車】

從達爾文到愛麗絲泉(Alice Springs)有著名的Ghan(汗)長途火車，路程是一天一夜，中間會停留凱瑟琳(Katherine)車上有臥鋪和餐車，不過窮背包客通常只會買最便宜的票睡在自己的座位上，所以睡袋記得帶上火車，不要跟著行李一起託運了。

交通資訊Memo

達爾文公車資訊
🌐 buslink.com.au

計程車叫車電話
📞 13-10-08或
(08)8981-3777

市集資訊Memo

Parap Village Markets
假日市集
✉ 3/3 Vickers St., Parap NT 0804
🕐 週六08:00～14:00

Nightcliff Market
假日市集
✉ Pavonia Way
🕐 週日08:00～14:00

Rapid Creek Markets
假日市集
✉ 48 Trower Rd Milner
🕐 每週六、日07:00～14:00

Casuarina Square
🌐 www.casuarinasquare.com.au

Jape Homemaker Village
🌐 www.homemakervillage.com.au

Sheridan Outlet - Darwin
🌐 www.sheridanoutlet.com.au

工作機會

達爾文是個觀光地，人口也不多。所以主要的工作以飯店、餐廳、超市等服務業為主，農場相對比較少。

○ **The Job Shop**
🌐 www.thejobshop.com.au
✉ 24 Cavenagh St, Darwin City NT 0800
☎ (08)8941-4785

○ **WorkPac**
🌐 www.workpac.com
✉ Level 1, Building 2/631 Stuart Hwy, Berrimah NT 0828
☎ 1300-967-572

仲介電話簿

○ **Action Workforce**
🌐 www.actionworkforce.com.au/contact-us
✉ Level 1, 48-50 Smith Street, Darwin NT 0800
☎ (08)8943-0644

○ **Core Staff**
🌐 www.corestaff.com.au
✉ 16 Swan Cres, Winnellie NT 0820(靠近達爾文機場)
☎ (08)8942-6666

78 Katherine
凱瑟琳

凱瑟琳是愛麗絲泉和達爾文中間的小鎮，長途火車經過時，都會在這裡停留約4個小時做補給。有著名的峽谷可以划獨木舟，北邊一點還有澳洲難得一見的野溪溫泉。凱瑟琳周邊也有芒果園工作可以做。鎮上沒有工作旅舍，但客棧裡的公布欄常常會有一些工作資訊。

⑲ Alice Spring

愛麗絲泉

愛麗絲泉(Alice Spring)位於澳洲中心,是個被石頭山包圍起來的小綠洲。因為是在沙漠裡,氣候極端,日夜溫差很大。由於這裡是從阿得雷德到達爾文之間唯一比較有規模一點的小鎮,要去烏魯魯(Uluru)、國王峽谷(Kings Canyon)、和風之谷(Kata Tjuta)的人都會到這裡來參加旅行團,所以觀光業非常興盛。大飯店多,自然工作機會也多,大部分都是房務人員的工作。要特別注意的是,這裡有許多不友善的原住民,會襲擊落單的背包客。如果你清晨要去上班或是夜裡下班回家,都要特別小心,沒事也不要跑去乾涸的Todd河床上。不管男女都有可能被攻擊,遇到了一定要閃躲,閃不掉就反擊吧!

風之谷

市中心有什麼
【圖書館】

愛麗絲泉的圖書館有件值得一提的事,就是館內有繁體中文書!在荒涼的沙漠裡,竟然可以找到中文書,實在是件神奇的事。

仲介電話簿

MAX Employment
🔗 maxsolutions.com.au
✉ 2A, 40 Bath Street, Alice Springs, NT, 0870
📞 1800-603-503

國王峽谷

烏魯魯

附錄

轉機機場攻略
● 新加坡樟宜機場
● 吉隆坡LCCT機場

因為廉價航空的關係，台灣背包客通常會利用新加坡和吉隆坡這兩個地方，轉機來往台灣和澳洲。本篇要介紹關於這兩個轉機機場的攻略法。

● 新加坡樟宜機場

新加坡樟宜機場又大又豪華，一共有4個航廈，光是機場就是一個很有趣的地方。如果你搭新航或酷航從台灣到新加坡，剛到的時候通常都是晚上，到達的航廈會是第一航廈。如果你這時出境，帶著大箱行李在街上走動找住處，其實是很麻煩的事。所以通常背包客們都會選擇當天晚上在新加坡機場過夜。如果你打算待在航廈裡，記住不要傻傻地跟著大家一直走，等你不小心出境的話，要哭都來不及。總之謹記「不要下到一樓來」就沒問題了。

在機場過夜

樟宜機場是傳說中「最好睡的機場」，只要你半夜在航廈裡散步，就會看到地上到處躺著來自世界各國的轉機旅客們。因為這個機場實在太大了，而且又是地毯式的地板，晚上航廈內的商店都打烊後，隨便找個牆邊躺下來就可以睡了，也沒有人會趕你。不過話雖如此，還是有比較好睡的地方。

① 免費休息室：

1號航站樓：位於3樓離境轉機大廳東側。

2號航站樓：Santuary貴賓休息室，離境轉機大廳北側登機走廊(E5對面)；Oasis休息室，離境轉機大廳北側登機走廊(E11對面)。

3號航站樓：1樓至2樓中間夾層，離境轉機大廳北側(新加坡美食街旁)。

4號航站樓：2M樓，離境轉機大廳。

② 各航廈的轉機大廳：

旅客諮詢處後方和轉機櫃檯前，都各有沙發和躺椅可以睡。

③ 祈禱室：

就在第一航廈的3樓，你可看到相關的標示。祈禱室是給回教徒禱告的地方，但很少有人會去，晚上就更不用講了。你可以帶著睡袋到這裡睡覺。大概只能睡在毯式的地板上，躲在椅子下方比較陰暗一點，會比較好睡。

④ 中轉酒店：

不在乎花錢的話，可以在出發前到Agoda或Booking預訂樟宜機場的中轉酒店。T1航廈的中轉酒店是Aerotel Singapore；T3航廈的中轉酒店是Ambassador Transit Hotel。另外還有一間叫JetQuay Suites。中轉酒店雖然可以睡得很舒適，不過一晚不便宜就是了。

轉機行李

轉機不入境新加坡：

從台灣辦理出境時，可於Check-in櫃檯詢問地勤是否可以行李直掛到目的地澳洲，這樣在新加坡轉機時，就不用再為了重掛行李而重新辦理登機。請注意，若在新加坡轉機時間超過24小時，仍需要重新辦理登機。

轉機有入境新加坡：

若不想要帶著行李趴趴走，以下是新加坡航廈有提供行李寄放服務的位置。

1.T1、T3航廈：Departure Hall和地下2樓

2.T2航廈：Departure Hall的2樓、Arrival Hall

North的1樓

3.T1航廈外的星耀樟宜：
星耀樟宜1樓的Bag-
gage Storage

其實行李放在轉盤上遲遲沒有人領取，機場服務人員最後會將行李送到失物招領處(Lost & Found)，隔天你再到失物招領處，憑機票和護照領取行李即可(記得要預留一些緩衝的時間以備登機)。

因為實在太多人都這麼做，所以這幾乎已經變成機場的固定服務項目了，失物招領處的行李多得像山一樣，是個壯觀的景象。如果你擔心行李被人偷走，那麼建議還是隨身攜帶或找個安全的地方寄放。

機場內的飲食

機場內有賣宵夜的攤位，不過不會賣到很晚就是了。平常時間可以到第一航廈地下一樓的員工餐廳，是條巨大的美食街，不同餐廳營業時間不太一樣，最早營業的餐廳是早上5點開始；晚上10點過後，大部分的餐廳都會結束營業。

新加坡不承認台灣是國家，所以變通地將出入境資料蓋在白色的入境卡上。請好好保管。

機場網路服務

機場內有免費無線網路「WiFi@Changi」，可免費使用3小時，或是使用機場內的免費電腦(直接問服務人員在哪裡)。如果要充電，機場內有3,400個USB接口和環球通用電源插座，可以在各大航站樓的座位區旁、候機區、商務休息廳找到。

過境旅遊

因為入境新加坡30天內免簽證，所以有人會選擇在新加坡停留個幾天，玩一下再走。坐機場捷運到武吉士(Bugis)或是小印度(Little India)，附近有便宜的客棧可以住。入境時官員會給你一張入境簽證卡，在卡上蓋入境章，記得把卡收好，出境的時候再拿出來蓋章就好。

過境旅遊不算是純粹的轉機旅客，而是有入境出境的動作，所以也必須遵守新加坡針對入境旅客的最新規定。

新加坡針對「過境旅客」的最新規定
http safetravel.ica.gov.sg/transit/overview

新加坡針對「入境旅客」的最新規定
http safetravel.ica.gov.sg/arriving/overview

新加坡樟宜機場的轉機指南
http cn.changiairport.com/guide/transit.html

● 吉隆坡LCCT機場(KLIA2)

吉隆坡有兩個機場，一個是豪華的國際機場KLIA，一個是看起來有點寒酸的廉價航空轉機機場LCCT。亞航會經過的都是LCCT，這裡不像新加坡那麼豪華，機場內部也不大，說真的還滿無聊的。因為航班的關係，也會有從台灣剛到吉隆坡，馬上就要再飛澳洲的情形。基本上沒有差錯的話，2個小時的轉機時間都還來得及。不過你如果打算待久一點，那就得做一點準備囉！

免簽證

從民國100年開始，到馬來西亞玩可以免簽證停留30天。所以你也可以趁著轉機的時候，免費到這裡來玩一下。

在機場過夜

LCCT機場並不大，其實滿不好睡的，但是如果你是半夜來，凌晨走的話那就沒辦法，將就一點打開睡袋還是可以睡的。機場有警衛，算是滿安全的，不過白天的時候會遇到大陸來的詐騙集團，兩人一組說什麼錢包都弄丟了要你好心借錢之類的老套話術，這個時候伴言要陪他們去找警衛他們就會跑掉了。

如果你的時間比較充裕一點，可以在訂機票的時候就在網站裡順便一起訂機場旅館住宿TUNE HOTEL，價錢並不貴，而且提早訂的話，房價還會更便宜。

TUNE HOTEL是亞航的關係企業，紅白相間的旅館就在機場旁邊，非常顯眼(要不顯眼也很難，因為附近只有這一間旅館)。而TUNE HOTEL也秉持著和亞航一樣的精神——什麼都要錢！毛巾、吹風機、連吹冷氣也要錢。真是嘆為觀止了。

不過如果有入住的話，可以使用他們的寄物服務，比起機場的寄物便宜多了。跟櫃檯拿密碼還可以免費使用網路30分鐘。旅館內也有在賣吃的，還有7-11，應該是不至於會餓死。

轉機行李

轉機不入境馬來西亞：

從台灣辦理出境時，可於Check-in櫃檯詢問地勤是否可以協助行李

1. 機場餐廳的燈飾設計得很漂亮。
2. 吉隆坡華人聚集的茨廠街。

直掛到目的地澳洲，這樣在馬來西亞轉機時，就不用再為了重掛行李而重新辦理登機。請注意，若轉機時間超過24小時，仍需要重新辦理登機。

轉機有入境馬來西亞：

若不想要帶著行李趴

趴走，以下是馬來西亞航廈有提供行李寄放服務的位置。

1. KLIA航廈：Satellite Building有Smart Lockers
2. KLIA航廈：Main Terminal Building Arrival Hall的3樓
3. KLIA2航廈：International Departure Hall

機場內的飲食

機場有餐飲店，24小時營業，口味滿多元的，大部分都很辣。價錢基本上還算公道。

機場網路服務

LCCT裡有無線網路，用多久都沒問題。不過插座和台灣、澳洲都不一樣。

過境旅遊

機場到吉隆坡市區的主要交通是捷運、巴士和計程車這3種。捷運的話，有機場快線(KLIA Ekspres)，只有停靠T1、T2跟吉隆坡市區的中央車站(KL Sentral)；以及機場轉運線(KLIA Transit)，會途經較多站才到吉隆坡市區。

巴士的話，你可以搭Express Coach到吉隆坡市區的中央車站(KL Sentral)。除外，還有可以到Banting的「Cityliner」，可以到Muar/Batu Pahat的「Airport Coach」，還有可以到Banting、Nilai Bukit及Changgang的「Sepang Omnibus」，以及可以到許多地方的「Star Shuttle」。

入境規定時有修正，入境前請務必上台灣外交部網站查詢最新規定。

1. 售票窗口多到嚇死人的公車總站。
2. 馬來西亞有許多有特色的食物。
3. 茨廠街裡的龜苓膏便宜又好吃。

LCCT機場的住宿
http www.lcct.com.my/hotels
網站內列出了LCCT機場(又名Klia2)附近所有的旅館，還有簡單的比價，很貼心。

KLIA Ekspres及KLIA Transit時刻表
http www.kliaekspres.com/schedule

馬來西亞吉隆坡機場的轉機指南
http airports.malaysiaairports.com.my →Transit

馬來西亞針對「過境旅客」的最新規定
http www.roc-taiwan.org/my/post/13433.html

如何向外國人介紹台灣
背包客是行走的外交官

推廣台灣到全世界，不僅僅是外交部的事，一個小小背包客也能貢獻不少力量。不過，很多人等到要介紹台灣時，才發現自己對台灣不是很了解，更不知道怎麼用英文跟外國人介紹，所以本篇要來解救大家！除了分享實用的英文單字和會話，還會教如何用英文描述台灣與中國的關係(很多外國人會很想了解喔！)既然走出台灣了，就烙幾句英文，推廣我們引以為傲的Taiwan吧！

● 台灣小檔案

台灣的位置

台灣的基本資料

①**面積：**

台灣總面積是36,000平方公里(Square Kilometers)，面積和荷蘭的41,526平方公里、瑞士的41,285平方公里比較接近。澳洲的國土總面積是7,686,850平方公里，大約是台灣的213.5倍大；塔斯馬尼亞是台灣的2.5倍大。

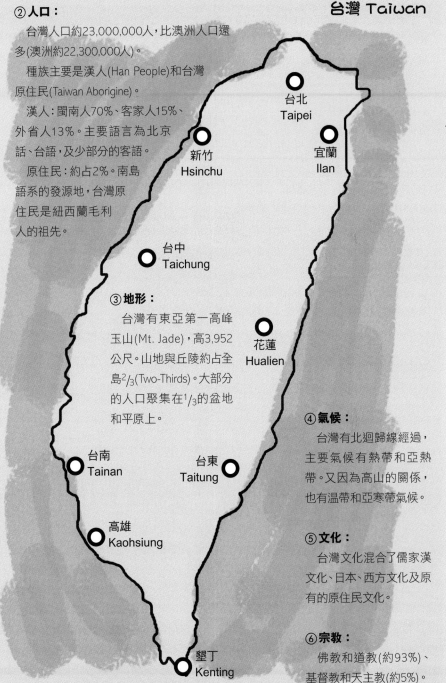

② **人口：**

台灣人口約23,000,000人，比澳洲人口還多(澳洲約22,300,000人)。

種族主要是漢人(Han People)和台灣原住民(Taiwan Aborigine)。

漢人：閩南人70%、客家人15%、外省人13%。主要語言為北京話、台語，及少部分的客語。

原住民：約占2%。南島語系的發源地，台灣原住民是紐西蘭毛利人的祖先。

台北
Taipei

宜蘭
Ilan

新竹
Hsinchu

台中
Taichung

③ **地形：**

台灣有東亞第一高峰玉山(Mt. Jade)，高3,952公尺。山地與丘陵約占全島2/3(Two-Thirds)。大部分的人口聚集在1/3的盆地和平原上。

花蓮
Hualien

④ **氣候：**

台灣有北迴歸線經過，主要氣候有熱帶和亞熱帶。又因為高山的關係，也有溫帶和亞寒帶氣候。

台南
Tainan

台東
Taitung

⑤ **文化：**

台灣文化混合了儒家漢文化、日本、西方文化及原有的原住民文化。

高雄
Kaohsiung

⑥ **宗教：**

佛教和道教(約93%)、基督教和天主教(約5%)。

墾丁
Kenting

介紹台灣的實用英文

台灣的地理特色

由於台灣位於板塊交界帶，台灣至少有100個溫泉區。
The island of Taiwan sits on a collision zone between two tectonic plates. There are at least 100 major hot springs in Taiwan.

台灣島嶼的形狀很像一個番薯。
The island of Taiwan is shaped like a sweet potato.

台灣5個主要山脈 5 primary mountain ranges
- 中央山脈 The central
- 東海岸山 East coast
- 雪山 Xueshan
- 玉山 Yushan
- 阿里山 Alishan

台灣的種族

台灣是一個多元文化的國家。
Taiwan is a fusion of multiple diverse cultures.

台灣有4個主要族群 4 major ethnic groups
- 漢族 The Han Chinese
- 客家人 The Hakka people
- 福建人 The Hokkien people
- 台灣原住民 Taiwanese indigenous people

台灣的著名景點

- 台北101 Taipei 101
- 九份 Jiufen
- 士林夜市 Shilin Night Market
- 龍山寺 Lungshan Temple
- 日月潭 Sun Moon Lake
- 墾丁 Kenting

- 故宮博物院 National Palace Museum
- 北投溫泉度假村 Beitou Hot Spring Resort
- 太魯閣國家公園 Taroko National Park

台北101是台灣最高的建築。
Taipei 101 is the tallest building in Taiwan.

你有機會一定要去台灣的士林夜市。士林夜市是台灣最大且最有名的夜市之一，夜市有很多便宜的街頭小吃。
You have got to visit Shilin night market one day. The Shilin night market is one of the largest and most popular night markets in Taiwan. You can see a lot of street food with reasonable price in Taiwanese night market.

台灣的美食

- 滷肉飯 Minced pork rice
- 牛肉麵 Beef noodles
- 水餃湯 Soup dumpling
- 臭豆腐 Stinky tofu
- 蚵仔煎 Oyster omelette
- 蔥油餅 Scallion pancake
- 珍珠奶茶(泛指手搖) Bubble tea

台灣是舉世聞名的珍珠奶茶發源地。
Taiwan is the birthplace of the world-famous bubble tea.

台灣的其他特色

- 便利的捷運系統 Efficient Mass Rapid Transit
- 隨處可見的便利商店 Convenience stores are everywhere
- 充滿活力的民主社會 Vibrant democracy
- 宗教多樣性 Religious diversity
- 婚姻平權 Marriage equality
- 廟會遊行 Temple fairs parade
- 摩托車文化 Scooter culture

● 台灣和中國的關係

不少外國人會好奇台灣人對於兩岸議題的看法，以及台灣和中國的關係，如果對方有興趣進一步了解，以下是用英文介紹兩岸關係的參考文案，你們可以拍下來放在手機，等到需要的時候，就可以派上用場了。

台灣和中國的歷史淵源
A SHORT VERSION OF TAIWAN - CHINA HISTORY

1 西元前221年秦始皇於中國建立秦朝開始，中國歷經兩千多年的帝國王朝。直到1911年10月，中國南方有一群革命者成功推翻最後一個帝國王朝—清朝，建立了由國民黨(KMT)領導的中華民國政府(ROC)。

Qin Shi Huang of the Qin dynasty ruled China from 221 BCE, at that time China started the imperial system that ran for over 2,000 years. Until in October of 1911, a group of revolutionaries in southern China led a successful revolution against the Qing Dynasty, the last dynasty in China, establishing in its place the Republic of China(ROC), the dominant party was the Nationalist Party(KMT).

2 後來，1927～1949年爆發國共內戰，這場戰爭迫使國民黨政府(KMT)多次在大陸遷都，直到1949年12月，毛澤東及其勢力打敗了國民黨，國民黨戰敗後從大陸撤退到台灣。如今，國民黨(KMT)成為了台灣主要政黨之一，另一主要政黨為民主進步黨(DPP)。

Afterwards, the Chinese Civil War outbreak lasted from 1927 to 1949, this war forced the KMT to move its capital several times on the Mainland, until in December 1949, Mao Zedong's forces defeated the KMT, Following its defeat the KMT retreated from the mainland to Taiwan.

Nowadays, the KMT has become one of major political party in Taiwan. Another major political is Democratic Progressive Party(DPP).

3 1949年10月，毛澤東宣布中華人民共和國(PRC)成立，也就是如今的中國共產黨(CCP)。1971年10月，中華人民共和國在聯合國取代中華民國(ROC)，從此產生了台灣政治地位問題和「兩個中國」的問題。

In October of 1949, Mao Zedong declared the creation of the People's Republic of China(PRC) which is the founding party of the Chinese Communist Party(CCP). And in October 1971, the PRC replaced the Republic of China(ROC) in the United Nations, so creating the problem of the political status of Taiwan and the Two Chinas issue.

註：文中年分參考自維基百科

世界主題之旅 65

澳洲打工度假聖經

作　　者 陳銘凱

總 編 輯 張芳玲
發想企劃 taiya旅遊研究室
編輯部主任 張焙宜
修訂協力 一瓶 Irene Ü (尤譯平)
企劃編輯 張敏慧
主責編輯 徐湘琪
修訂主編 鄧鈺澐、黃琦
封面設計 蔣文欣、許志忠
美術設計 蔣文欣
地圖繪製 蔣文欣
修訂美編 許志忠

太雅出版社
TEL：(02)2368-7911　FAX：(02)2368-1531
E-mail：taiya@morningstar.com.tw
太雅網址：http://taiya.morningstar.com.tw
購書網址：http://www.morningstar.com.tw
讀者專線：(02)2367-2044、(02)2367-2047

出 版 者　太雅出版有限公司
　　　　　台北市106辛亥路一段30號9樓
　　　　　行政院新聞局局版台業字第五〇〇四號

讀者服務專線：(02)2367-2044 / (04)2359-5819#230
讀者傳真專線：(02)2363-5741 / (04)2359-5493
讀者專用信箱：service@morningstar.com.tw
網路書店：http://www.morningstar.com.tw
郵政劃撥：15060393(知己圖書股份有限公司)

顧問律師　陳思成律師

印　　刷 上好印刷股份有限公司　TEL：(04)2315-0280
裝　　訂 大和精緻製訂股份有限公司　TEL：(04)2311-0221

三十九版　西元2023年10月01日
定　　價　450元
(本書如有破損或缺頁，退換書請寄至：台中市工業30路1號　太雅出版倉儲部收)

ISBN 978-986-336-463-4
Published by TAIYA Publishing Co.,Ltd.
Printed in Taiwan

國家圖書館出版品預行編目資料

澳洲打工度假聖經 / 陳銘凱作.
-- 六版. -- 臺北市：太雅, 2023. 10
面；　公分. -- (世界主題之旅；65)

ISBN 978-986-336-463-4 (平裝)

1.CST：旅遊　2.CST：副業
3.CST：澳大利亞

771.9　　　　　　112012041

澳洲打工度假聖經

https://pse.is/49cyx5

編輯室：本書內容為作者實地採訪資料，書本發行後，開放時間、服務內容、票價費用、商店餐廳
營業狀況等，均有變動的可能，建議讀者多利用書中網址查詢最新的資訊，也歡迎實地旅行或居住
的讀者，不吝提供最新資訊，以幫助我們下一次的增修。聯絡信箱：taiya@morningstar.com.tw